土地與生活的交響詩

台灣地區客語聯章體歌謠研究

本論文獲國立傳統藝術中心籌備處

第一屆碩博士論文獎助

謝玉玲◎著

目　次

第一章 緒論

第一節 研究動機

在現今一片關懷鄉土文化的聲浪中,民間文學也受到大家的重視。民間文學的重要性在於它容易深入人心,影響著民眾的生活;同時卻也因人們生活型態的改變,面臨不斷流失的危機。隨著學界強調本土文化的研究趨勢,有關客家研究的論述日受關注,然相較於閩南族群與原住民族群研究,客家族群研究仍有待加強。我們可從歷年舉辦之民間文學研討會研究篇目看出一些端倪:如 1997 年臺灣民間文學學術研討會發表論文十八篇,其中客家相關議題作為研究對象者有兩篇,閩南部分有七篇,原住民部分有五篇;1998 年臺灣民間文學學術研討會論文二十篇,與客家相關者只有一篇;1998 年民間文學與作家文學研討會二十篇論文中,與客家相關者共兩篇;1999 年傳統藝術研討會十六篇論文,以客家為研究主題者有兩篇[1],可見客語民間文學研究尚有極大的努力空間。

集體創作與口頭傳播是民間文學的特質,其使用的語言當然是創作者、傳播者所操持的母語。尤其「歌謠」更是一種語言的延伸,

---

[1] 見林松源編:《台灣民間文學學術研討會論文集》,台灣磺溪文化學會印行,1997 年 6 月;胡萬川總編輯:《台灣民間文學學術研討會論文集》,台灣省政府文化處發行,1998 年 6 月;胡萬川等編:《民間文學與作家文學研討會論文集》,清華大學中文系發行,1998 年 12 月;1999 年 5 月 22、23 日,國立傳統藝術中心籌備處主辦之「傳統藝術研討會」議程及單篇論文。

也是展現豐富內容與生命力的民間文學作品。今所知見，民間歌謠大抵以小調歌曲為主[2]，其形成往往與地區使用的語言、歷史與獨特文化有著密切的聯繫。以客家族群為例，一提到客語民間歌謠，馬上即能聯想令人津津樂道的歌仙劉三妹傳說[3]。「河邊洗衫劉三妹，借問阿哥那裡來？自古山歌從口出，那有山歌船載來？」客家民間歌謠素有「九腔十八調」[4]之稱，其內容表現多以民間日常生活事物為主體，歌詞富有地方色彩和生活情趣，經過長久的流傳，形成具有結構完整、內涵生動感人及曲調婉轉的穩定形式[5]。

在客語民間歌謠中，有一部份是結合時間與數字作為鋪排的作品，相較於一般客家歌謠，尤顯特殊。這些作品在形式方面，有部

---

[2] 此處「小調」之義為：「產生在群眾生活的休息、娛樂、集慶等場合中，流傳最廣泛、普遍，形式較規整，表現手法較多樣，具有曲折、細致表現特點的民間歌曲。」見江明惇：《漢族民歌概論》（上海：上海音樂出版社，1991年），頁173。

[3] 關於歌仙劉三妹或劉三姊的傳說，見（清）屈大均：《廣東新語》卷八（北京：中華，1985年），頁261；鍾敬文：〈劉三姊傳說試論〉，收於《鍾敬文民俗學論集》（上海：上海文藝，1998年），頁101-127。

[4] 歷來關於「九腔十八調」的說法甚眾，如：楊兆禎認為客家民謠因種類繁多，內容豐富，素有「九腔十八調」之稱，見楊兆禎：〈九腔十八調〉，收入《八十三年度全國文藝季苗栗縣活動成果專輯》（苗栗縣：苗栗縣立文化中心，1994年），頁68；鄭榮興站在戲曲的角度上來說，認為「九腔十八調」是台灣三腳採茶戲之中的唱腔，「傳統的三腳採茶戲，它有固定戲碼，每個戲碼則有固定唱腔（類似主題曲），如上山採茶，有一個旋律，採茶又是另一個旋律，所以在傳統的戲碼中，共唱出九種不同的腔，十八種不同的小調，因而稱之為『九腔十八調』」，見鄭榮興：〈客家戲曲音樂概述〉，收入《徘徊於族群和現實之間》（台北：正中，1991年）頁74；賴碧霞則認為「九腔十八調」之稱是因為廣東省有九種不同的口音，因鄉音的不同導致唱腔的不同，十八調則是指歌謠裡的十八種調子，嚴格說客家民謠不只九種腔，十八種調，但由於其他腔調較無特色，以致湮沒失傳無法考據罷了，參見賴碧霞編著：《台灣客家民謠薪傳》（台北：樂韻，1993年），頁7。

[5] 在歌詞部分，除了「老山歌」、「平板」、「山歌子」三大調歌詞並不固定外，其他多傾向歌詞較固定的小調風格，如病子歌、撐船歌、五更歌等。

分是直接展現在題名上，如〈十二時辰歌〉、〈十勸哥〉、〈鬧五更〉等；有些作品則是形式結構為時序或是數字順序鋪排，但題名中並未明確說明者，如〈撐船歌〉、〈清水歌〉、〈繡香包〉等。這些歌謠有些至今仍被廣為傳唱，其中亦有一些曲調是閩客族群所共有者，如〈桃花過渡〉、〈病子歌〉等，足見二者之間曾經相互影響。

從客語民間歌謠發展的歷程來看，其中消長的過程與社會環境息息相關。之前由於政府推行國語政策，因此母語方言被忽略，造成年輕一代無法流利地以母語交談或是聽講。同時客語民間歌謠作為一種通俗的口傳文學，向來不受知識分子的重視，加上近年來因國語流行歌曲的盛行，造成年輕一代學習意願的低落，現在雖因政府對傳統文化的重視，及傳播媒體的興盛，相對以往得到較多的關注，然而民間文學的傳承只要出現斷層，就容易流失，尤其在年長傳唱者逐漸凋零，新生代學習者不多的狀況下，對客語民間歌謠的收集並進行系統性的研究，至為重要。由於「聯章體」歌謠形式無論在閩南語系、客語系或是整個漢民族民間歌謠的系統中，都是很有特色的類型，在閩南語民間歌謠研究中，已有學者關注此類材料[6]。

故筆者嘗試由民間文學角度，針對客語民間歌謠中的聯章體歌謠進行整理與研究，以微觀的角度探討客語民間歌謠體式與內涵，同時也希望能從文學與文化的宏觀角度進行整體性的省視，進而呈現臺灣地區客語聯章體歌謠的特色與價值。

---

[6] 如臧汀生：《臺灣閩南語歌謠研究》，（台北：臺灣商務，1980 年）；盧佑俞：《臺灣閩南語歌謠與民俗研究》，台北：臺灣師範大學國文研究所碩士論文，1993 年 12 月。此二篇在材料運用上，曾使用這類型的歌謠，例如十二月花胎、病子歌、新樣天干歌等。

第二節　研究範圍

在中國音樂文學的概念中，歌辭不僅是合樂的，同時具備詩歌的形式，與徒詩（即不合樂者）形成相對的概念。因此民間歌謠在民眾即興徒歌的基礎上，形成一種以固定形式與固定曲式音樂流行於民眾之間的發展趨勢[7]。杜文瀾清楚地對「歌」「謠」作出區別：

> 謠與歌相對，則有徒歌合樂之分，而歌字究係總名；凡單言之，則徒歌亦為歌。故謠可聯歌以言之，如史記秦始皇本紀集解引嘉平謠歌，晉書五行志載建興中江南謠歌。亦可借歌以稱之[8]。

至於「歌謠」聯為一名則始見於《淮南子‧主術訓》，文云：「古聖王……出言以副情，發號以明旨，陳以禮樂，風之以歌謠。」朱自清認為這是從樂的關係上解釋歌謠的意思[9]。

歷來對於歌謠意義的討論，常是合樂與徒歌不分，民間歌謠與個人詩歌不分，然從音樂文學的角度上，吾等可將徒歌視為歌謠的基礎，而歌謠又可分為民間歌謠與文人歌謠[10]兩大部分。其中在民

---

[7] 謠歌是徒歌和無章曲之歌，其特徵是不配入器樂，無一定譜式，結構不穩定。它是流行過程中的民間集體創作。文人即興徒歌，亦屬謠歌。民間謠歌，通過集體歌唱，以較固定的曲式流行，稱「歌謠」；歌謠的含義較謠歌寬範。見王昆吾：《隋唐五代燕樂雜言歌辭研究》，（北京：中華，1996 年），頁 4-5。

[8] 見（清）杜文瀾輯、周紹良校點：《古謠諺》，（北京：中華，1984 年），頁 4。

[9] 見朱自清：《中國歌謠》，（香港：中華，1982 年），頁 2。

[10] 歷代作家由於文學發展的需要，常會向民間文學中吸取學習，豐富其作品。如唐代劉禹錫竹枝詞，為最明顯之例，再如李白、白居易、韋應物等著名詩人也有許多此類作品。

間歌謠範圍包括三種[11]：（一）、原始歌唱：其中包含山歌、樵歌、漁歌、田歌……（二）、團體歌唱：包含號頭歌、軍中歌……（三）、流行歌謠：包含風俗歌、里歌……。王昆吾進一步提出，「謠」具備了兩種基本屬性：它是一種「天籟」，在即興歌唱的同時又是集體的歌唱，這就決定了它的地方性和流傳性。相和歌唱之所以成為每一時代謠歌的重要形式，正因為它體現即興歌唱和集體歌唱的統一。另外，謠歌本身的歷史發展，常依賴不同地方謠歌的相互影響，並且通過作為流行媒介的歌曲，始得以展現互動關聯。因此，謠歌向歌曲的發展是一個必然的趨勢。透過以往的經驗，歌謠體制的流演具有一種普遍性的特點：每一種謠歌藝術，總會得到稍晚時代歌曲的利用和總結。如《詩經》是對以往時代謠歌的總結；楚聲則是醞釀漢以來的歌曲體制。六朝清商曲的和送聲是漢代相和歌的發展；魏晉時代盛行的五言和三七言句式的短篇謠歌，則繁榮於北朝，並直接成為隋唐曲子體裁的一個支流[12]。

　　經由對於中國歌謠演變歷史的了解，可知客語民間歌謠本身的發展並非獨立於此歷史之外，它不只承繼了以往歌謠的傳統，同時在發展的過程中，更吸收其他不同族群的歌謠，使其歌曲內容豐富而多元。同時因時空環境的變遷，無論是源自原鄉大陸地區，或是在台灣地區創作的客語歌謠，皆能展現獨具一格的特殊色彩與風土民情。

　　客語聯章體歌謠屬於民間歌謠的一部份，同時山歌、小調分屬於原始歌唱與流行歌謠的層次，其中也包含後來歌者或有識之士加以紀錄，或本有記名者。因此在材料選擇的範圍界定上，以此做為依據。

---

[11]　同註 7，頁 7。
[12]　同註 7，頁 314-315。

　　本文研究主題為「台灣地區客語聯章體歌謠」，首先我們必先
關注的重心在於何為「聯章體」？「聯章體」之意，即透過二首以
上的歌詞，依照一定的方式組合起來，使之成為套曲，用以歌詠同
類題材，就是「聯章」主要的意義。「聯章體」成為民間歌謠的重
要表現形式，早在《詩經》中就已經普遍運用，成為《詩經》之基
本形式，如〈國風‧周南‧樛木〉：

> 南有樛木，葛藟纍之，樂只君子，福履綏之！
> 南有樛木，葛藟荒之，樂只君子，福履將之！
> 南有樛木，葛藟縈之，樂只君子，福履成之！

　　此篇共三章，每章四句，每句四字，原詩三章中，分別僅改二
字，依序為「纍、綏」、「荒、將」、「縈、成」，其餘諸字相同，形
成三章，透過重複的連環方式，歌唱時反覆迴環，便有一唱三嘆之
妙。這種別有風味的形式，便是國風民謠的獨特風格，而國風中其
他各篇，大多從這種基本方式變化出來，如〈周南‧芣苢〉、〈周南‧
螽斯〉、〈魏風‧碩鼠〉等亦是[13]。從以上所舉《詩經》篇章來看，
這些篇章中，各章歌詞相似，詞意重複，章數不固定，章與章之間
彼此有關聯性，可見此時已有「聯章」概念存在。
　　聯章歌謠的發展，以月令格最早，《詩經‧豳風‧七月》就以
「月令」最為鋪敘主軸，如第四、五、六章的第一句即以四月、五
月、六月作為起首：

---

[13] 「這種重複字句的連環式，本來是十五國風民間歌謠的特徵，但這種形式，
同樣表現於大小雅，周頌中的有客等篇，魯頌四篇中的駉、有駜、泮水三
篇，也都是這種歌謠體，所以這重複連環式的歌謠體，也就成為詩經的
特徵之一。」見糜文開、裴普賢著：《詩經欣賞與研究》（改編版），（台北：
三民，1991 年）頁 21。

　　四月秀葽，五月鳴蜩。……

　　五月斯螽動股，六月莎雞振羽。……

　　六月食鬱及薁，七月亨葵及菽，……

　　這種以「月令」、「季節」和「數字」順序作為對章數規範依據的情況，在歷代的民間歌謠中，仍不斷被普遍運用。「運用『四季』、『五更』、『十二月』等來聯綴多段歌詞，是我國小調的特色。這種特殊的方法在中國歷史上早就為一般民眾創造出來。」[14]我們在《樂府詩集》的西曲歌中，可看到屬於月令形式的〈月節折楊柳歌〉[15]，及吳聲歌曲中之四季形式〈子夜四時歌〉[16]；在敦煌俗曲歌辭中，如〈五更轉・南宗讚〉、〈十二時・天下傳孝〉形式運用普遍；如宋歐陽修〈漁家傲十二月鼓子詞〉、洪适〈生查子盤洲曲〉[17]，已是非常完整的月令聯章歌曲；之後我們在明清的俗曲資料中，如《白雪遺音》、《霓裳續譜》裡，這種形式的歌謠更是不斷繁衍，同時體制也更為固定完整，如〈七香車〉、〈補雀裘〉、〈一更裡盼郎〉等[18]。由此可反映出時人對於時間與數字的認知外[19]，用固定的時序作為敘事或抒情的形式，對民間歌者來說，也便於記憶。

　　朱自清在《中國歌謠》中指出，歌謠結構為鋪陳式且有定疊者，以小調為多，各疊除首句外，都不相重複。此種歌謠常以自然的數

---

[14] 見郭乃安：《民族音樂概論》，（台北：丹青，1986 年），頁 34。

[15] 此篇十三首各有小標題，由第一首正月歌開始，到十二月歌，第十三首則為閏月歌。（宋）郭茂倩：《樂府詩集》卷 49，（北京：中華，1996 年），頁 722-723。

[16] 如梁武帝、李白，皆有〈子夜四時歌〉作品。同註 15，頁 649、653。

[17] 「正月斗杓初轉勢，金刀剪綵功夫異。……二月春耕昌杏密，百花次第爭先出……」見劉宏度撰：《宋歌舞劇考》，（台北：世界，1979 年），頁 50-56。

[18] 見（明）馮夢龍、（清）王廷紹、華廣生編述：《明清民歌時調集》，（上海：上海古籍，1987 年），頁 720-724、701-702、238-242。

[19] 見胡紅波：〈台灣的月令格聯章歌曲〉，收入胡萬川總編輯：《台灣民間文學學術研討會論文集》，（南投市：台灣省政府文化處，1998 年），頁 95-115。

目為疊數，故有所限制，如「四季相思」、「五更調」、「十二時」、「十二月」等。同時自然的限制最基本的自然是數字，以數字為結構者，也有定疊式，如〈七朵花〉、〈十杯酒〉、〈六十條手巾〉等，大概「十」數用的最多，但此種就不屬於「自然的限制」[20]。

於對「聯章」形式歌謠做一明確的定義，並提出「聯章」這個專有名詞者，則是由學者任二北為始。敦煌學興起之後，於敦煌石室遺書中所發現的文學作品，有一部份屬於民間俗曲歌辭及佛曲歌讚的範圍，正因為這個發現，為民間文學中的歌謠研究，提供了許多寶貴的線索。由於學者對於佛曲歌讚的看法不同，因此曾有摒除〈五更轉〉、〈十二時〉、〈百歲篇〉、〈十恩德〉、〈散花樂〉、〈悉曇頌〉等類作品不錄的情形產生[21]。任二北在《敦煌曲校錄》中，將這些具有特定格式及擁有共同名稱的歌辭，如以夜間五個更次為單位，形成五章聯章歌曲的〈五更轉〉，或以一天十二時辰為單位，作為十二章聯章歌曲的〈十二時〉等前佛曲歌讚納入校錄，並加以分類，進而將〈五更轉〉、〈十二時〉、〈十恩德〉、〈百歲篇〉等作品，稱為「定格聯章」[22]。而任二北在《敦煌曲初探》一書中，已先行將「聯章」區分為三種，分別命名為「普通聯章」、「定格聯章」、「和聲聯章」，並加以解釋。任氏云：

> 敦煌曲做聯章形式者，有普通聯章、詳第五章論體裁。定格聯章與和聲聯章詳下文述散花樂調後三種。此處所舉之四調，定格聯章也。五更轉、十二時、百歲篇三曲，根據其所詠內容之限制，與前人已表現之體裁，知其主曲皆必守一定

---

[20] 同註9，頁174-177。
[21] 此類作品雖為佛曲歌讚，然亦頗有用做普通小曲以歌唱非佛教內容之作品存焉，是以整理敦煌曲詞實不能捨佛曲歌讚而不論。見鄭阿財：〈敦煌寫卷定格聯章「十二時」研究〉，木鐸第10期，1984年6月，頁229-260。
[22] 同註21。

之章數，不容增減，十二時於主曲外，有附加之曲，數則無
定。有別於普通聯章，故名之曰「定格聯章」[23]。

> 敦煌曲內之聯章，本不擇調而施。如五更轉、十二時、百歲
> 篇、十恩德等之限辭數或段數者，曰定格聯章；如散花樂、
> 好住娘、悉曇頌等，既限多篇，又皆有和聲，曰和聲聯章；
> 各詳上文。尚有不拘種種，祇以辭意一首未盡，遂爾多篇相
> 連者，因劃為「普通聯章」[24]。

　　他將聯章形式清楚分為三種，並加以定義，之後學者多於此基
礎上，進一步提出對聯章形式的看法。例如一九六五年日本學者加
地哲定將佛教文學中的民間歌謠分成兩大部分，一為「定格聯章」，
探討重點如同任氏，對象為〈五更轉〉、〈十二時〉、〈十恩德〉、〈百
歲篇〉等篇章之樣貌；另一則為「和聲聯章」，探討對象則為「讚
佛歌」。加地哲定的分類，在「定格聯章」方面和任氏大致相同，
而「和聲聯章」方面，則在任氏的基礎上，將大多數於任氏沒有收
錄，而形式上附加了「和聲」的「讚佛歌」歸納進來[25]。

　　學者鄭阿財進而提出「定格聯章」必有定格，且須以自然之數
目作為限制的看法[26]：

> 「五更轉」，全篇五首，分寫五更，每更一首，不得少於一
> 更，亦不得多一更；「十二時」，全篇十二首，每時辰一首，
> 亦有全篇多至一百三十四首，而每時辰多首，然必得分寫十

---

[23] 見任二北：《敦煌曲初探》，（上海：上海文藝，1954 年），頁 53。

[24] 同註 23，頁 316。

[25] 見加地哲定著，劉衛星譯：《中國佛教文學》，（高雄：佛光，1993 年），頁
　　237-282；林仁昱：〈由唐代淨土讚歌看敦煌聯章俗曲歌謠套用曲調的原則〉，
　　收入項楚主編：《敦煌文學論集》，（四川：四川人民，1997 年），頁 143-176。

[26] 同註 21。

二時辰，多一時不可，少一時亦不成；「十二月」，亦必每月一首或數首，然不得加一月，亦不得減一月；「百歲篇」則以每十歲為一階段，每階段一首，全篇十首，亦不得增減。

至於任氏「敦煌曲校錄」定格聯章中之「十恩德」，其與「五更轉」、「十二時」、「十二月」、「百歲篇」等有異，實不宜視為「定格聯章」。蓋以我國雜曲歌謠每喜用數目字調，且以佛教歌讚運用最廣，如：「三囑歌」、「四十八願」、「十勸」等，而其中尤以「十」數為有定疊式者居多。此類作品，敦煌石室遺書中為數亦多，如：「十空讚」、「十無常」、「十勸鉢禪關」、……等。其體制形式均與「五更轉」、「十二時」、「十二月」、「百歲篇」等有別。

以前賢之研究成果為基礎，對於客語聯章體歌謠材料進行檢別，首要條件在於各篇歌詞必須超過一首以上，同時每章內容意義必須貫穿，而非重疊反覆。其次必有定格，且以自然之數目做為限制，為兩大要件。但由於客語數目調歌謠的形式與其他客語聯章歌謠形式幾乎完全相同，同時內容意義聯貫，並有定疊，故數目調歌謠於本論文中，亦屬於範圍之內，而不將其除外。基於民間歌謠有其即興與變異性的特質存在，故篇幅中有所增減，例如十二月型歌謠多增加一首成了十三月，或是中間有說白夾雜等變化，只要符合以上之大原則者即可。因此選出「十二月」、「十二時辰」、「四季調」、「五更調」、「數目調」等五類聯章體歌謠，作為研究對象。且因歌謠中尚有章數出入的現象，不若「定格聯章」之嚴格限制，故稱以上五種形式之客語歌謠為「聯章體」歌謠。

本論文所稱之「客語民間歌謠」，蓋指在客家族群中所傳唱的歌謠，同時具備集體性、口頭性、流傳變異性、匿名性、傳承性、

平民性、民族性等等民間文學特徵者[27]。而「聯章體」歌謠的出現
主要是便於表現敘事抒情，因為傳統口傳歌謠篇幅載體太小，不足
以表現內心所感所思，故需用多首來表達。客語「聯章體」歌謠本
身具備客家山歌與小調的特質，同時在目前所見客家山歌中具有一
定的數量，其所呈現出客家生活樣態與情調，影響整體風格的程度
甚大。故客語「聯章體」歌謠在整個客家民間歌謠中，是不能被輕
忽的一個部分。

　　本篇論文的研究範圍鎖定在台灣地區目前流傳，及資料中可見
之客語民間歌謠，並以這些歌詞內容進行討論。以「台灣地區」的
客語民間歌謠作為研究範圍，乍看之下似乎會造成來源與一脈相傳
的割裂，但民間文學的特質就在於流傳過程中，基於時空背景與社
會條件不同，民間文學的內容和形式常因時而異，因地而異，形成
它的地方性、民族性、社會性和歷史的複雜性[28]。因此在研究的過
程中若有涉及淵源與其他相關問題，會加以探究與澄清，因為了解
客家族群的歷史背景、生活習性、風俗習慣和過往事件，皆有助於
我們理解民間歌謠的涵義，同時歌謠本身有時也被賦予記錄事件的
功用。一般論及客家山歌盛行地區，大抵指桃竹苗地區，如每年正
月二十日俗稱「天穿日」，在竹東鎮固定舉行盛大的山歌比賽，便
相當具有代表性[29]。南部六堆、美濃地區的與北部桃竹苗山歌互有

---

27 「民歌是經過長期而廣泛的群眾性的即興編作、口頭傳唱而逐漸形成和發
　　展起來的。」同註2，頁4。關於民間文學特徵，學者說法大體相同，即集體
　　性、口頭性和流傳變異性。見譚達先：《中國民間文學概論》，（台北：貫雅，
　　1992年），頁28-61；段寶林：〈論民間文學的立體性特徵〉，收入《立體文學
　　論》，（台北：文津，1997年），頁1-16；羅肇錦：〈客語民間文學的界域－一
　　個無可遁逃的爭議〉，客家民俗文化研討會單篇論文，1998年5月。
28 見段寶林：《中國民間文學概要（增訂本）》，（北京：北京大學，1998年），
　　頁11。
29 關於「天穿日」的由來，據說與女媧煉石補天的神話有關。相傳女媧補天
　　之日為正月二十日，當時天破了一個大洞，客家人的傳統習俗中認為天穿

異同，透過資料可知，二者共同點在於皆唱老山歌、山歌子、平板
及所謂的「九腔十八調」類的小調客家山歌[30]。目前據吳榮順等人
採集的結果，得知南部美濃山歌特有的山歌調有「半山謠」、「大聲
門」、「新民庄調」、「大埔調」、「美濃小調」、「送郎」、「十想挑柴歌」、
「搖兒歌」、「哥去採茶」等九種[31]。再者，美濃地區說「四縣話」
的客家人與台灣地區其他說四縣話的客家人一樣，皆來自廣東省嘉
應州（鎮平、平遠、興寧、長樂）[32]，應該會擁有共同的歌謠。此
外，台灣光復以後南北客家人頻繁的接觸和演唱上的相互觀摩也是
一個原因。至於在差異方面，主要則指唱腔方面上的特徵，有研究
者認為北部與南部的山歌已有相當的差別，原因在於二百多年來
（客屬來台）北部山歌已變得婉轉纏綿，細膩優雅，而南部山歌
則較為開朗豪放，粗獷沉厚，似乎更保留了大陸山歌的韻味與風
格[33]等。

　　目前筆者所收集之客語聯章體歌謠，依文獻或是之前研究者的
田野調查資料顯示南北地區此類型歌謠幾乎沒有差異，因此在資料
的選擇和運用上，便不加以區分南北地區。同時經由對照共時平面

日是「天穿地漏」之日，這天所做的一切都會失漏白費，不如放假較有意
義。客家俗諺與天穿日相關的如：「有食無食嬲天穿」、「天穿無嬲做到死」，
都是說天穿日必須休假不工作。竹東鎮的山歌比賽選擇天穿日舉行，也是
配合客家人的假日而來。見黃榮洛：《渡台悲歌》，（台北：臺原，1997 年），
頁 275。

[30] 之前研究者曾認為美濃地區無「九腔十八調」的稱呼，雖然當地客家人會
唱十八調中的某些歌曲，但卻不屬於美濃地區。不過在美濃當地卻有所謂
「美濃四大調」的名稱，四大調是指：「大埔調」、「半山謠」、「正月牌」、
「送郎」。見方美琪：《高雄縣美濃鎮客家民歌之研究》，國立台灣師範大學
音樂研究所碩士論文，1992 年 5 月，頁 265。
[31] 見吳榮順、謝宜文製作：《美濃人美濃歌－客家山歌八音現場紀實》解說手
冊，（台北：風潮，1997 年），頁 27。
[32] 見陳運棟：《台灣的客家人》，（台北：臺原，1998 年），頁 114。
[33] 見胡泉雄：《客家民謠與唱好山歌的要訣》，（台北：育英，1980 年），頁 4。

上其他地區的歌謠，可得出客語聯章體歌謠中，何者為本有所承，源自大陸地區，何者則為本地新創歌謠。

　　本論文歌謠資料來源，以目前坊間可見各種客家山歌歌本為主，大體可分成書面資料和有聲出版品部分，計有一百七十五首。書面資料部分，包括民俗、音樂學者相關著作、經文人採集編輯出版的民歌集，與散見於各種期刊文獻中的客語民間歌謠。如賴碧霞編著《台灣客家民謠薪傳》、楊兆楨《客家民歌》、黃榮洛《台灣客家傳統山歌詞》、《苗栗縣客語歌謠集》、《石岡鄉客語歌謠》、《東勢鎮客語歌謠》、苗友雜誌社編《客家歌謠專輯》、吳瀛濤《台灣諺語》[34]、及《鍾理和全集》中鍾理和個人收集的山歌資料等等，期刊方面則如《臺灣文獻》、《臺灣風物》、《民俗曲藝》、《客家雜誌》、《中原週刊》、《台北文物》、《台南文化》等[35]，並以近年來學術論文中的民間歌謠資料作為對照補充。同時早期尚有一些存於民間流通歌本小冊，如竹林書局印行的《夫妻相好歌》、《送郎十里亭歌》等。

　　有聲出版品方面，如吉聲影視音有限公司出版之客家歌謠錄音帶、風潮有聲出版公司發行之《美濃人美濃歌—客家山歌、八音現場紀實》CD 等。

　　此外筆者亦進行訪談採錄，這些結果將與所蒐集資料進行比對。

---

[34] 《臺灣諺語》一書中，收集了台灣地區閩南語及客語民間歌謠、俗諺、童謠、格言與歇後語等。其中以閩南語民間歌謠為主，客語民間歌謠並不多。

[35] 其中《台北文物》與《台南文化》等期刊中，偶爾零星出現與客語歌謠相關的資料。

第三節　文獻回顧

一、民間歌謠專集

民國以後，歌謠的搜集整理與研究，進入一個新的階段。首先是民國七年（1918 年）北京大學成立歌謠研究會為發軔，以劉復為首，進行全國性的歌謠徵集，並於同年發行《歌謠周刊》。當時北大歌謠研究會的成績，在近十年時間的搜集中，共收到歌謠一萬三千九百零八首[36]，這個時期出版的歌謠集有顧頡剛編《吳歌集》、常惠編《山歌一千首》等，同時研究歌謠的專著也已出現，如董作賓《看見她》（1924 年 7 月）。

接著民國十六年（1927 年）中山大學語言歷史學研究所成立民俗學會，以顧頡剛、容肇祖、鍾敬文等人為首，接續北大時期歌謠研究的工作。這個階段屬於努力傳播時期，具有呈上啟下的意義，之後也影響了各地民俗學會團體的成立。在此時期，無論是歌謠搜集或是歌謠理論研究專著，成果豐碩，這個領域的出版品至少在十五種以上[37]，尚不包括期刊。在這種重視民間文藝的潮流基礎上，關於客家歌謠搜集成果的出現，可算是客家研究領域的另一個開端。當時重要的出版品有張乾昌《梅縣童歌》（1929 年 12

---

[36] 見譚達先：《中國民間文學概論》（台北：貫雅，1992 年），頁 460。
[37] 同註 36，頁 463-464。

月）、丘峻《情歌唱答》（1928 年 8 月）、李金髮《嶺東戀歌》（1929
年 4 月）、鍾敬文《客音情歌集》（1926 年）、李荐良《梅水歌謠》
（1928 年 9 月）等等[38]。然羅香林認為這些集子是「小書」,（其
1936 年 10 月曾集《粵東之風》一書）,「收集的篇幅不夠,失於
校考,所錄客音情歌實際未及百分之一。」[39]。這些問題雖然存
在,但其開創之功厥偉,在當時就已注意到區域性尤其是客音歌
謠的重要性,同時當時研究者已指出問題癥結所在,對之後從事
客家歌謠的研究者而言,相當具有啟發意義。

在中山大學出版的民俗學叢書中,有關台灣地區者有謝雲聲
《台灣情歌集》（1928 年 4 月）,其中卻難以區分客語歌謠及閩語
歌謠,這個狀況一直延續到日據時期日人所收集的民間歌謠,仍存
在這個問題。此階段日人對台灣歌謠的收集,如平澤丁東《台灣的
歌謠及名著故事》、片岡巖《台灣風俗志》（其中有〈二十四送〉、〈十
二按〉、〈十八摸〉等唱詞）、稻田尹《台灣歌謠集》和東方孝義《台
灣習俗》等。國人方面,民國十六年（1928 年）有鄭坤五在《台
灣藝苑》中闢〈台灣國風〉一欄;民國十九年（1930 年）洪鐵鑄
等所創之《三六九小報》有〈黛山樵唱〉一欄;民國廿年台灣新民
報社也曾公開徵集歌謠等等[40]。以上皆為唱詞的收集,偶有註解,
其他諸如曲譜的記錄或對歌謠之進一步分析,尚未得見。光復後部
分文史工作者如黃得時、林清月、廖漢臣、賴建銘等,亦陸續發表
民歌搜集研究相關文章。

[38] 同註 36,頁 475-476;及王文寶:《中國俗文學發展史》,（北京:北京燕山,
1997 年）,頁 268-269。
[39] 見羅香林:《客家研究導論》,民國二十二年興寧初版,（台北:南天,1992
年）,頁 21。
[40] 見廖漢臣:〈彰化縣之歌謠〉,台灣文獻第 11 卷第 3 期,1960 年 9 月。

目前可見資料中，對客語歌謠做一持續性的搜集，則以謝樹新主編之《客家歌謠專輯》（一至七集）為最早。此七集刊行時間從民國五十三年至民國七十年，其源於對客家歌謠自覺性的關心進而從事保存工作，較民國五十六年學界史惟亮、許常惠等人之「民歌採集運動」為早[41]，足見收集與研究者對民間文學的遠見。此套叢書包含歌謠的搜集與對客家歌謠的研究，所收資料相當豐富，其中包括現今已不流行，或其他文獻中不復見之歌詞，許多客語聯章體歌謠，也都在保存在其中。同時，此七集歌謠專輯展現出當時歌謠研究的面向，這些論點，無論是形式內容或是客家民謠的傳演定位等問題，後來的研究皆在此基礎上加以深入討論。但此書最大的問題在於當時對於民間文學的認知不是這麼清楚，在採集的過程中免不了「改詞」[42]的狀況。其次，對田野調查的方法上也有其缺陷，如未著撰者、采錄人、采錄對象、時間地點、有些有曲譜有些則無等等，對研究方面來說較為可惜。

近年來各縣市文化中心對民間文學相當關注，積極進行采錄工作，並將成果集結成冊，如胡萬川編，台中縣立文化中心出版之《石岡鄉客語歌謠》、《東勢鎮客語歌謠》；羅肇錦編，苗栗縣立文化中心出版之《苗栗縣客語歌謠集》等。這些專集只錄歌詞，並對特殊的客語詞彙加以註解，並無進一步之分析探討。

---

[41] 「本刊（中原苗友雜誌）自五十一年六月創刊首倡研究客家山歌，繼於八月首先舉辦客家民謠演唱大會以後，不唯引起了客家人士廣泛的注意和重視，並改變了一般人視山歌為游詞、鄙詞、淫詞的觀念，且有不少繼踵前武，群起作研究演唱比賽之盛舉，這對於客人日趨衰替文化之重振，至足令人喜慰興奮。」（不著撰者）〈客家山歌大合唱〉，收於《客家歌謠專輯（第二集）》（苗栗縣：中原苗友，1967年2月），頁39。

[42] 「所搜集的民謠要按照其地區、性質分類出來；把詞句中神怪、淫靡、頹廢的刪去，然後統一編印。」（不著撰者）〈民謠是否「淫」？〉，收於《客家歌謠專輯（第二集）》（苗栗縣：中原苗友，1967年2月），頁45。

二、研究專論

在研究專論方面，楊兆楨之《客家民謠—九腔十八調的研究》（1974 年）共分十二章，內容取材包括台灣北部客家民歌，及一部分南部客家民歌。論述重心放在客家民謠之音樂性問題，如音階與調式、曲式、曲調分析、演唱方式等，其後並附有歌譜。其後作者陸續出版相關著作有《客家民謠》（1979 年）、《台灣客家系民歌》（1982 年），內容皆偏重於音樂方面，實屬泛論性質。爾後胡泉雄《客家民謠與唱好山歌的要訣》（1980 年）、楊佈光《客家民謠之研究》（1983 年）、賴碧霞《台灣客家民謠薪傳》（1993 年）等書，內容未能超出楊兆楨的範圍。

民間文史工作者黃榮洛《台灣客家傳統山歌詞》（1997 年）出版，與之前的論著有所不同，書中最受關注者，為收入難得的客語敘事長歌，作者除為其作註外，尚對歷史事件與當時的社會環境加以說明，也加入個人的研究心得。雖然有些詮解只是個人意見，但角度和觀點卻提供後來研究者新的思考方向，也充實了客家歌謠的研究材料。

至於學院中研究「客家民間歌謠」的學位論文並不多見，陳雨璋《客家三腳採茶戲：賣茶郎之研究》（台灣師範大學音樂研究所碩士論文，1985 年），內容以討論客家三腳採茶戲賣茶郎故事的戲劇、演出及曲調伴奏，其中有一節是歌詞分析，這些歌詞在戲劇表演之外亦有傳唱，同時並收錄在一般客語民謠集中。

九〇年代初期開始產生數篇以「客家民歌」為主題之碩士論文：方美琪《高雄縣美濃鎮客家民歌之研究》（台灣師範大學音樂研究所，1992 年）；楊熾明《台灣桃竹苗與閩西客家民歌之比較研

究》（台灣師範大學音樂研究所，1992 年）；張禎娟《台灣時令歌謠初探》（台灣師範大學音樂研究所，1993 年）；古旻陞《台灣北部客家民謠之民族音樂學研究》（中國文化大學藝術研究所，1994年）。以上這些論文主要都是從音樂學的角度去探討客家民謠，關於文學性的部分則少有觸及。

彭素枝《臺灣六堆客家山歌之研究》（台灣師範大學音樂研究所，1995 年），主要以六堆客家山歌為範圍，探討其淵源、發展，及民間文學特徵與藝術特質，此篇論文是首度明確以「民間文學」角度，對客家歌謠進行文學性的探討，並討論歌謠與民俗關係的學位論文。此篇論文對當地的歌謠采錄收集相當用心，對歌謠的詮釋也相當仔細。根據作者所歸納出來的文學性特質，似乎是南北客家民間歌謠所共通的特點，並無法凸顯六堆客家山歌之獨特處。

謝一如《台灣客家戲曲之流變與發展—從客家三腳採茶戲到客家大戲》（中國文化大學藝術研究所，1997 年）及同年黃心穎《台灣客家戲劇現況之研究》（輔仁大學中國文學系碩士論文，1997年），主要是討論客家戲曲，其中偶有述及客語民間歌謠。

近年來與客家民間歌謠相關之單篇論文較以往增多，在音樂性方面，謝俊逢有多篇論述，如〈客家音樂的民族性〉、〈台灣客家民俗音樂所代表的意義及其價值〉[43]；文學性方面，有羅肇錦〈客家民間文學的界域〉、范文芳〈台灣客家民間歌謠中的詩詞表現〉、胡紅波〈台灣月令格聯章歌曲〉[44]等。

---

[43] 學者謝俊逢的相關論述很多，其他還有如〈台灣客家民間音樂的再發現〉，客家民俗文化研討會單篇論文，1998 年 5 月；〈客家的音樂與文化－以山歌為中心〉，收入《徘徊於族群和現實之間》，（台北：正中，1991 年），頁48-69；〈客家話與山歌－客家文化的保存與發展〉，收入《台灣客家人新論》，（台北：臺原，1993 年），頁 163-165 等。

[44] 羅肇錦：〈客家民間文學的界域〉，客家民俗文化研討會單篇論文，1998 年5 月；范文芳：〈台灣客家民間歌謠中的詩詞表現〉，客家民俗文化研討會

　　從以上述研究成果觀之，之前研究者無論在音樂方面、文學方面、戲曲方面已累積一些成果，單篇論述也進一步針對某一特定主題進行較深入的研究，而主題式研究正是目前學位論文方面尚待努力的方向。有鑑於此，故本論文選擇以客語民間歌謠中的「聯章體」形式歌謠作為研究主題。

　　目前所見客語民間歌謠研究中，對於特定類型歌謠，並未有專門研究，對客語民間歌謠的認知也是相當浮泛，故此研究課題，尚有許多討論的空間。相關學者的關注，如胡紅波之〈台灣月令格聯章歌曲〉，其內容材料雖然偏重客語歌謠部分，其所討論的範圍則閩客語歌謠兼具。故筆者期待於此研究主題上，先為客語聯章體歌謠歸納出內容、體式等特質，進而對客語聯章體歌謠作更全面與細緻的探討。

第四節　研究方法

　　本篇論文使用之研究方法以文獻學為基礎，先對書面資料作一整理，再以分析歸納法為經，橫向比較法為緯，作為研究進行方式。

　　論述時透過分析歸納法，對台灣地區之聯章體客家民間歌謠做一多角度的探究，歸結其文學與文化層面的獨特性，找出其中的規律，如體式結構、用韻、修辭技巧、起興的運用、語言風格等等，全面性看待歸納出的結果。民歌一直以來都是歷代文人學習的對象，古典詩歌的形式幾乎都從民歌而來，如五言詩、七言詩、詞與

單篇論文，1998 年 5 月；胡紅波：〈台灣月令格聯章歌曲〉，收入《台灣民間文學學術研討會論文集》（南投縣：台灣省政府文化處，1998 年），頁 95-115。

曲等形式開始時皆為民歌。因此對客家民間歌謠的研究，本篇論文採用傳統中國詩歌的分析方式，藉由對歌詞的討論，同時旁觸歌謠中民俗文化等相關問題。

　　進行民間文學研究中，除了需對客語聯章體歌謠本身有所了解之外，同時也需要進行橫向的比較研究，考察與閩南語歌謠或整體漢語體系民歌的共相與殊相。聯章體在閩南語歌謠中，也佔有一定的比例，如〈桃花過渡〉、〈十二月花胎歌〉、〈病子歌〉等；在大陸其他地區，聯章體歌謠也不斷被傳唱著，如雲南的〈放馬山歌〉、上海奉賢的〈長工苦〉皆是，因此透過類同研究，藉同一形式作品做一檢視，對於相同或相似的文學現象做一比較。其次是以問題為核心，就數種相同題材進行比較研究，同時就使用技巧手法進行討論。再者是對背景、條件、種類、形式、居住環境以及語言區的交流種種方向，探究民間歌謠之間相互吸收、彼此影響的情況。透過這些方面的考察，我們可知客語聯章體歌謠對歷代歌謠的延續，同時也可證明民間文學的普遍性與變異性。

　　對客語聯章體歌謠而言，除了分析歸納和比較之外，我們還需透過宏觀的角度探究歌謠與社會、生活、心理、語言……種種層面相互之間的關聯性，也必須透過微觀的角度，對歸納出的內容、體式、特質等結果，層層剖析，以了解這些結果是否有其獨特之處，並探討內容、章句、修辭種種方面是否有密切的聯繫與規律。唯有如此，才能對客語聯章體歌謠有清楚的理解。

第二章　客語聯章體歌謠中的愛情　與生活

　　民歌是民眾直接表達情感的一種方式，也是社會生活形象的記實。優美的民間歌謠，能構成動人的樂章，這些熟悉的旋律無不發自內心，深深觸動唱者與聽者心坎，並記錄著生活的經驗與對生命的感受，故其內容與時代、地域及社會發展，實緊密相連。

　　客語聯章體歌謠呈現的內容相當豐富，包括情感上的悲歡離合，生活中的酸甜苦辣；可以說歷史，也可以道習俗，無一不可歌。因此針對客語聯章體歌謠內容進行歸納與分類，是相當重要的一個環節。

　　歷來關於歌謠內容的分類有多種，最早周作人主張的分類法為：情歌、生活歌、滑稽歌、敘事歌、儀式歌、兒歌、事物歌、遊戲歌[1]。朱自清曾加以檢討分析上述的分類，他在周作人的基礎上，將歌謠內容分成情歌、生活歌、滑稽歌、敘事歌、儀式歌、猥褻歌和勸誡歌等[2]，這種分類法至今仍受重視，之後鍾敬文亦以此標準來分析歌謠，共分六類：勞動歌、儀式歌、時政歌、生活歌、情歌、兒歌，與上述六分法相似[3]。至於近年編纂的《中國民間歌曲集成》在「歌詞題材索引」中則分為以下幾類：勞動生產類、

---

[1]　見周作人：〈歌謠〉，收於《歌謠周刊》第十六號第七版，1923 年 4 月 29 日。

[2]　見朱自清：《中國歌謠》，（香港：中華，1982 年），頁 136。

[3]　見段寶林：《立體文學論》，（台北：文津，1997 年），頁 68。

社會鬥爭類、愛情婚姻類、世情風物類、傳統故事類、兒童生活
類等。

　　客家人稱客語民間歌謠為「山歌」，並非意味著它僅在山上唱，
或只唱與山有關的內容，蓋因當時所居環境，山多田少，為了維持
生計，男女都必須上山下田工作，在辛勤工作之餘，唱歌能紓解心
情，也足以消除煩悶，因此客語聯章體歌謠所呈現的內容豐富而且
多面。基於個人所掌握的資料，在前人的基礎上，將台灣地區客語
聯章體歌謠的內容依主題大別為五類，即：情歌、生活歌、歲時習
俗歌、歷史歌與時事歌。有些歌謠在內容主題的呈現上，具有多種
面貌，不能只拘泥於一類，往往必須在不同類別中互見，每一大類
又可分為若干小類討論之，因此本章討論的重心即在於客語聯章體
歌謠中所表現的愛情與生活。

第一節　唱不完的相思情意：歌謠中的愛情

　　對民間歌謠而言，情歌佔了絕大部分。兒女之情是人人百詠不
厭的題材，故歌頌美好的愛情，便成為民間歌謠的重要內容，同時
透過歌詞，以達互訴衷情的目的。民間情歌是活在民眾口中的，通
過民眾對愛情的歌唱，表達他們對幸福生活的嚮往，也表現對愛情
的堅貞，或分離時的苦痛。

　　歷來民歌對愛情的追求與歌頌所在多有，早在國風中就有動人
的情誓民歌，歌頌愛情的堅貞。如《王風・大車》中，表現了「穀
則異室，死則同穴。謂予不信，有如皦日」的決心，縱使生不能共
室同床，死也要合葬同穴。這種堅定誓約的表現，之後最著名者莫
過於漢樂府〈上邪〉：

> 上邪！我欲與君相知，長命無絕衰！山無稜，江水為竭，冬
> 雷震震夏雨雪，天地合，乃敢與君絕！

透過五種不可能出現的自然狀況，抒寫女子發誓忠於愛情，永恆不變，其連用五個比喻，表達對愛情的堅貞不渝，在文學史上獨領風騷。此處語言生動，鏗鏘有力，也呈現出女子性格的鮮明。

在客語聯章體歌謠中，情歌部份可細分成以下幾個層次，包括交往的過程、男女的熱戀、相思之情、分離與情變種種，不一而足。情歌類在客語聯章體歌謠中佔的份量很重，佔已收集資料的三分之一左右，約六十首。

一、交往

交往是男女情感發展的必經階段，因此有關交往情景與心情的描寫，自然成為情歌的主要內容。在情感萌芽之後，情歌一開始就提到交往的過程，交往時二人的互動有很多種，可以含蓄的讚美或暗示，也可以直接表達情意。在客語聯章體歌謠中的情歌部分，在愛情萌芽時，無論眼所見耳所聞，每一件事物都是無限美好，因此常以「讚美」的方式稱讚對方的人品，來表達內心的愛慕之情，或是內心獨自默想對方的長處，期待能夠共結連理。

表現交往的方式可由多角度進行描寫，以下舉例說明之。

〈十想妹子歌〉[4]

一想妹子正後生，身材又好貌又靚，走到塘邊來照影，蝦公老蟹都來爭，難怪阿哥心咁生。

---

[4] 引自吳瀛濤編：《臺灣諺語》（台北：臺灣英文，1996 年），頁 671。

二想妹子正當時，頭髮剪來齊目眉，牙齒相似銀打個，眼線
丟來笑迷迷，好比蓮花出水皮。

三想妹子咁苗條，細嫩嬌小無幾高，肌骨生得有咁正，畫眉
眼來鐵尺腰，眼角割來利過刀。

四想妹子年紀輕，唔高唔矮相貌靚，妹子姻緣有偃份，水浸
天門也愛行，行路唔得轎來迎。

五想妹子性情柔，妹個惟情難得有，雖然姻緣天注定，同得
妹到前世修，唔曾上手心唔修。

六想妹子人分明，句句言語都動人，鏡箱落甄蕪梳格，棉紗
串針難捨情，老薑炒酒熱死人。

七想妹子一朵花，著個衫褲又儒雅，年紀不過十七八，嫩過
當朝綠豆芽，人人看到都想蔥。

八想妹子好顏容，又咁白來又咁紅，行起路來極端正，言語
講來極從容，格外比人過唔同。

九想妹子好人才，好比前世祝英臺，一身肌骨我逐意，好比
壁上魚顙顙，貓公看到想落該。

十想妹子結姻緣，肯結姻緣唔論錢，總愛兩人情義好，只羨
鴛鴦不羨仙，只羨鴛鴦不羨仙。

此例是針對戀人的內在與外在二方面，運用具體的意象進行抒寫。
此類的讚美方式通常是針對整體印象、模樣、身材等方面，進行具
體而生動的描述。歌謠一開始就稱讚「妹子（客家人稱女子為妹）
正後生（年輕）」，年輕的女子身材好又美貌，就算到池塘邊，她在
水面美麗的倒影，連蝦蟹都來爭相目睹，這麼美的女子，阿哥當然
會心動。接著就是對頭髮、眼睛的形容，如「頭髮剪來齊目眉」、「眼
線丟來笑迷迷，好比蓮花出水皮」，女子的美就有如出水芙蓉一般，
何況她的皮膚白裡透紅，更為動人。作品中並不拘泥於靜態的描

摹，這裡將女子的形態與神氣緊密結合，活靈活現地展現青春女子的嬌媚。再如「三想妹子咁苗條，細嫩嬌小無幾高，肌骨生得有咁正，畫眉眼來鐵尺腰，眼角割來利過刀。」此處敘述女子身材苗條，雖然嬌小又不高，但是形體端正，眼神靈活。由上觀之，就外在條件而言，當時普遍的審美觀認為皮膚好、形體端正有笑容、打扮整齊相當重要，至於身高不是必要條件。

　　就內在方面來說，其表現方式往往與外表結合：如「五想妹子性情柔，妹個惟情難得有」、「八想妹子好顏容，又咁白來又咁紅，行起路來極端正，言語講來極從容，格外比人過唔同。」性情的柔和、言語的得體、甚至是知書達禮，在表達內心愛慕的過程中，衡量的標準不只是個人主觀意識，也帶有整個社會認知的共性與要求。

　　「交往」的方式有很多種，在歌謠中有含蓄的暗示，也有積極主動的表現。一般而言，追求通常是男生較為主動，但在客語聯章體歌謠中，有以女子口吻訴說交往過程的忐忑不安，有些擔心害怕，有點掌握不住對方的意向，也有一點猜心，卻充滿期待。如：

〈單月排〉[5]

正月來排是元宵，打扮佢郎上高樓，
打扮佢郎上高樓嘜，難得佢郎賞年宵。
三月來排三月三，請得亂彈做一棚，
做得貂嬋弄董卓，弄得久來也會成。
五月來排是端陽，打扮佢郎看龍船，
打扮佢郎河邊來嘜，手拿肉粽請哥嘗。
七月來排過雲河，搭信佢郎有到無，葵花有心來向日，問哥

5　引自賴碧霞編著：《台灣客家民謠薪傳》，（台北：樂韻，1993 年），頁 103。

有心向妹無。

（以下各段略）

這首歌透過各個時節特定節日的機會，如元宵節時一起去賞燈、端
午節時一起去看龍船，趁機遞個粽子等，藉由種種含蓄的行為來表
達自己的心跡。再透過託人帶信、葵花向日的特徵，對女子來說，
「問哥有心向妹無」，說明了雖然心中充滿不確定之感，卻又充滿
了期待。

〈十想連妹〉[6]

……

六想連妹笑融融，風吹日炙嫩蔥蔥，
妹個姻緣有哥份，出門三步都跟蹤。
七想連妹笑迷迷，阿哥搭信妹唔知，
唔個朋友同妹講，火燒心肝無藥醫。
八想連妹心放開，阿妹轉哩汝愛來，
莫信兩邊人唆慫，水流燈草放心來。
九想連妹久久長，爺娘打罵哥痛腸，
心中都想來救妹，恐怕雪上又加霜。
十想連妹連得長，久久連個有情娘，
有情阿妹嫐得久，有看無食心也涼。

這首歌向對方直接表明心意，男子一想到能和情人在一起，就非常
的開心，二人若能有機會結姻緣，就更加的放心。話雖如此，但託
人帶信，女子卻不知道，又沒有朋友可以轉告她，此時心裡的焦急
就如同火燒心肝一般，擔心無法讓女子得知他的情意，同時也希望

---

[6] 引自謝樹新主編：《客家歌謠專輯（第二集）》（苗栗縣：中原苗友，1967
年 2 月），頁 11。

二人都能堅定意志，不要受到別人言語上的挑撥。這麼多的不安情緒蘊藏心中，又得知女子在家受父母的責罰，儘管想去幫忙，又怕引起更多的不悅，只好作罷。最後一章表達男子仍然覺得只要能和女子在一起，哪怕只是聊天，就算是不吃不喝，心情都是愉快的戀愛心情。

二、熱戀

　　熱戀時期意指是男女雙方的戀情進展至最高潮的時候，彼此之間理智、思緒、愛惡完全被戀愛的感覺所遮蔽，彷彿全世界只剩下二人一般，所以在歌謠中呈現出的景象，絕對都是兩人之間的互動，及對未來生活的憧憬。熱戀在文學中的表現，不外乎就是對未來積極進取，二人之間總是難捨難分，充滿濃情蜜意。在客語聯章體歌謠的情歌，到了熱戀這個階段，共通點皆呈現出男女交往的愉快心情。茲舉例如下：

　　〈思戀歌〉[7]

　　……

　　三月思戀真思戀，打扮三妹來蒔田，

　　阿哥蒔秜妹蒔糯，兩人共蒔一坵田。

　　四月思戀真思戀，打扮三妹入茶園，

　　嫩茶摘來哥去賣，老茶摘來作工錢。

　　……

---

[7]　引自賴碧霞編著：《台灣客家民謠薪傳》，（台北：樂韻，1993 年），頁 32。

　　此首歌感情真摯而樸素，歌中的男女已有共識，無論在田間或是茶園，都要分工合作，無論是共耕一塊田也好，一人採茶一人賣也好，都是為兩人未來的生活而努力。

　　至於傾訴相互依戀之情的作品，表現出的情感就更為熱烈。如：

〈十二月春〉[8]

正月花開滿園春，男歡女愛各情鍾；
卿卿我我真情好，偎偎依依投懷中。
二月到來杜鵑紅，含苞吐蕊各爭榮；
等待情郎來採摘，好好安掛在郎襟。
三月園裡月季紅，情妹候郎在房中；
輕施脂粉塗面頰，唇膏抹淡唔抹濃。
四月裡來牡丹紅，等得情郎日正中；
不知情郎幾時到，莫教情妹心重重。
五月石榴火樣紅，美男淑女熱戀中；
芳心無主郎意淡，日日相思懶慵慵。
六月扶桑朵朵紅，山盟海誓不變心；
海枯石爛情永在，水盡山窮又一春。
七月菊花透心紅，心心相印金石盟；
情海波濤不掀浪，愛河永浴心一同。
八月大麗花影紅，天上月圓地人同；
郎情妹意互見愛，賞花覽月在園中。
九月紅花唐菖蒲，雙雙同奏鴛鴦譜；
花前月下常相見，只待佳期蜜月度。
十月紫苑花吐紅，花月良宵情正濃；

8　引自謝樹新主編：《客家歌謠專輯（第六集）》，（苗栗縣：中原苗友，1976年9月），頁70。

郎才女貌長相配，吉日良辰喜相逢。
十一月來茶花紅，舉案齊眉效梁鴻；
琴瑟和諧出歌奏，閨房樂趣笑語融。
十二月裡臘梅香，投懷送吻溫柔鄉；
濃情蜜意成佳耦，富貴壽考百年長。

這裡所描寫的情感已經到了如膠似漆、難分難捨的地步，如「矛妹早晚難入寐，朝來夕至愛到狂。」、「卿卿我我真情好，偓偓依依投懷中。」，情感進一步發展，就有互訂終生，表達永不分離的誓願，如「山盟海誓不變心；海枯石爛情永在，水盡山窮又一春。」「心心相印金石盟；情海波濤不掀浪，愛河永浴心一同。」這種熱烈情感的抒發，是人們自然情感的流露，轉化為美好動人的情歌，使人得以一再咀嚼、回味。

〈十想交情〉[9]
一想交情講妹知，恁遠路頭來尋汝，
人人講哥風流子，前生姻緣註定裡。
二想交情喜歡歡，阿哥喊心妹喊肝，
老妹姻緣有哥份，永久千秋情莫斷。
三想交情笑哈哈，恁遠來摘牡丹花，
老妹姻緣有哥份，兩人團圓來共家。
四想交情笑融融，恁遠路頭來尋雙，
阿哥好比長江水，唔知那日得相逢。
五想交情笑呵呵，共桌食飯共凳坐，
老妹姻緣有哥份，先交後娶結公婆。

---

[9]　引自謝樹新主編：《客家歌謠專輯（第二集）》（苗栗縣：中原苗友，1967年2月），頁4。

> 六想交情笑嘻嘻，阿妹看哥哥看汝，
> 老妹姻緣有哥份，鴛鴦枕上結夫妻。
> 七想交情笑吟吟，心肝對口口對心，
> 接泥洗手唔湯喙，春宵一刻值千金。
> 八想交情笑連連，同妹交情幾多年，
> 百般言語都講過，團圓快活像神仙。
> 九想交情年紀來，賺有田業併家財，
> 先日交情共枕睡，百年偕老莫分開。
> 十想交情團團圓，同妹交情萬萬年，
> 在先交情共枕睡，百年歸仙共香煙。

此例從一到十章皆說明二人的交往已接近水到渠成，雖然有人認為歌中的男子是「風流子」，但二人已有共結連理的想法，因此整首歌謠都充滿了喜悅與歡樂，期待二人可以琴瑟和鳴，白首偕老直到永遠，每一歌詞都充滿信心與力量。

三、思念

思念是內心裡對自己在乎的人產生關心的舉動，不由自主而且無法控制，因為思念的對象已深深佔據內心的世界，因此時時刻刻在腦海中浮現對方的模樣。正因為這種感覺經常是刻骨銘心，所以「相思」主題在歷來情歌中，出現的比例很高，同時亦是最直接對愛情表露的方式。中國古典文學中「相思」是相當重要的主題，因為受現實生活條件的限制，男女彼此對另一方遙訴思慕、眷戀、懷念、追憶之情的作品，所在多有。在客語聯章體歌謠中，此類相思情歌亦是情歌類很重要的主題，以女子口吻敘述者為多，大體上皆

是表達思念之苦。其中以男子口吻訴說的相思歌謠亦有幾首，以下分別舉較特殊之二例說明之。

〈十二月相思－仿孟姜女調〉[10]

正月到來是新春，恁久見妹到如今；
燈草拿來打鞋底，枉為妹子過得心。
二月十九觀音生，相思妹子快發癲；
上村人講姻緣定，滿堂菩薩笑漣漣。
三月到來是清明，舊年想妹想到今；
別人都有雙雙對，虧俚偃來打單身。
四月到來禾苗青，相思得病得人驚；
又燒又冷睡唔得，唔知死來唔知生。
五月五日是端陽，相思得病睏眠床；
百般藥草醫唔好，偃妹一瞟心就涼。
六月來到暖洋洋，郎今無雙正淒涼；
妹子肯來共枕睡，當過食齋去燒香。
七月七日銀河溪，傳言寄信有到麼；
葵花有心來向日，問妹有心向郎麼？
八月十五是中秋，妹子前世麼修；
阿郎相思病倒哩，成雙有願願難酬。
九月九日是重陽，偃今想妹想斷腸；
半夜三更睡唔得，一直醒眼到天光。
十月到來小陽春，一心想妹結成雙；
到底妹子肯唔肯，也愛畀偃來回音。
十一月來是殘冬，相思得病苦難當；

---

[10] 引自謝樹新主編：《客家歌謠專輯（第五集）》（苗栗縣：中原苗友，1973年5月），頁16。

三餐茶飯難下肚，北風東大唔知涼。

十二月來過年忙，家家戶戶爭排場；

可憐偃郎想思妹，孤單一人正淒涼。

此例是以男子的口吻說明對情人的思念，正月這一章點出二人已經有好一段時間沒有見面，到了二月因為相思之故，整個人都快要瘋了，雖然上村的人都說二人已經好事近了，然而妹子卻仍然沒有任何的表示。男子的心情相當難受，因而發燒生病，卻沒有人聞問，感到無比的淒涼。等不到女子的回音，男子睡也睡不好，吃也吃不下，就如同最後一章所言「可憐郎想思妹，孤單一人正淒涼」，整首歌都充滿為情所困，孤單落寞的氣氛。

〈五句落板十二月相思歌〉[11]

正月相思想親郎，孤枕獨眠夜又長，三更兩點思想起，兩腳縮下又縮上，谷種生芽會作秧。

二月相思想親郎，單身隻影苦難當，一心都想守婦節，那知住倒花地方，火燒博壳黏熱槍。

三月相思想親郎，目汁雙雙濕衣裳，這條床秆妹眠爛，久裡床秆會生秧，雞公啼啼夜更長。

四月相思日子長，妹在家中掛念郎，黃蟻草蟒有雙對，蝴蝶雙雙花下藏，鳥雀都會結鴛鴦。

五月相思是端陽，龍船落水把槳揚，兩岸人多看景致，無個人情在心腸，看去看轉矛見郎。

六月相思是熱天，麼柴燒火嘆矛緣，啞子食倒單隻筷，心想成雙口難言，自嘆婚姻東遲緣。

---

11 引自謝樹新主編：《客家歌謠專輯（第七集）》（苗栗縣：中原苗友，1981年12月），頁43。

七月相思起秋風，心中想念結成雙，有緣千里來相會，矛緣
對面不相逢，恰似畫眉困在籠。

八月相思是中秋，夫妻團圓人人有，惟獨阿妹身矛主，樣般
前世東矛修，幾時雲開見日頭。

九月相思菊花香，夢見夫妻共眠床，夢中幻影空歡喜，醒來
攬著係被囊，夢想成真渺渺茫。

十月相思是立冬，看著天晴又起風，風寒矛衣矛要緊，連郎
唔倒幾時雙，這裡怨嘆矛老公。

十一月相思天氣寒，時時掛念佢心肝，請倒潮洲畫相客，畫
你相貌床上安，樣得團圓過三餐。

十二月相思年到裡，各人婚姻註定裡，銀錢註定么人使，婚
姻註定么人連，佢嘅姻緣么人牽。

　　此首是女子訴說丈夫已逝，只剩獨自一人思念丈夫的寂寞心
情。歌謠中「孤枕獨眠夜又長」、「單身隻影苦難當」、「目汁雙雙濕
衣裳」，每一句都形象性的呈現思念的苦楚。寡妻對丈夫的掛念是
無法記數的，一心只期待丈夫早日回到身邊，但卻再也不可得。儘
管到了端午節這麼熱鬧的日子，大家都開開心心地去看划龍舟，，
有好的景致，身邊卻沒有陪伴的人，因見蝴蝶鳥雀的雙雙對對，更
襯托出自己內心的寂寞。白天思念丈夫，晚上也夢見與之共眠，然
醒來時卻只是抱著棉被無限的惆悵。整首歌都充滿了遺憾與掛念之
意，最後只好請畫師畫下丈夫的相貌，以此作為思念時的憑藉。此
例感嘆二人姻緣的不長久，認為必定是自己前世修行不夠，今生才
會無依無靠地過一生，除了思念，還有感嘆與怨懟。

四、其他

在客語聯章體歌謠中，情歌除了前三個層次之外，尚有分離、斷情等種種情感波折的敘述。

分離是情歌的另一個重要主題，男女無論是否只是戀人或已成眷屬，總免不了有分開的情況，如：

〈分群歌〉[12]

正月裡來係年宵，同哥分群心肉焦，
同哥分群來去轉，大路一人行一轉。
二月裡來春又深，同哥分群無甘心，
兩人分群愛去轉，誰人拆散恩婚姻。
三月裡來三月三，同哥分群愛起行，
今日兩人分群轉，等到奈日正團圓。
四月裡來採茶花，同哥分群差了差，
今日分群回家轉，目汁雙雙衫袖遮。
五月裡來係端陽，同哥分開各一庄，
阿哥轉去有雙對，老妹無雙睡冷床。
六月裡來小半年，同哥分群真可憐，
阿哥同妹分群轉，恰似紙鷂飛上天。
七月裡來係立秋，同哥分群真無修，
今日兩人分群轉，心肝恰似煎豬油。
八月裡來月團圓，同哥分群淚連連，
月光都有團圓日，兩人奈久結姻緣。

---

[12] 引自賴碧霞編著：《台灣客家民謠薪傳》，（台北：樂韻，1993 年），頁 23。

九月裡來係重陽，同哥分群妹痛腸，
今日兩人分群轉，肚裡無刀割斷腸。
十月裡來割冬禾，同哥分群無奈何，
今日兩人分群轉，等到奈日結公婆。
十一月來冬至下，同哥分群轉屋下，
今日兩人分群轉，老妹心肝亂如麻。
十二月來又一年，同哥分群來過年，
今日兩人分群轉，明年兩人結姻緣。

歌謠題目中的「分群」就是分別，在這類的作品中，通常是以女方
的口吻作敘述表達不捨與煩惱。同時這些表達離情的作品，最生動
精采的就是表現當事者的揪心之痛，如面對分離各自回家時，內心
的煎熬就如同「煎豬油」一般，傷痛的程度，就算是肚裡無刀，卻
能夠割斷腸，每當想起，就心亂如麻。

〈十想情郎歌〉[13]
一想情郎日落西，郎去出門妹孤淒，
一對鴛鴦失一隻，何日成雙共樹棲。
二想情郎月帶闌，別時容易見時難，
關山阻隔江河遠，為郎思想正艱難。
三想情郎黃昏時，只見烏鵲樹上棲，
烏鵲也有成雙對，妹今同郎兩分離。
四想情郎夜燒香，為郎思想淚汪汪，
燒香來拜天和地，願同情郎永久長。
五想情郎月出東，千山萬水信難通，
有話寄託風送去，吹入情郎耳朵中。

[13]　引自吳瀛濤編：《臺灣諺語》（台北：臺灣英文，1996 年），頁 670。

六想情郎夜半天，枕邊思想淚漣漣，
三魂七魄歸何處，歸到情郎左右邊。
七想情郎月正中，交情難捨信難通，
思想阿哥情義好，牡丹金菊對芙蓉。
八想情郎月轉西，無情恨煞五更雞，
夢中正好談心事，驚覺窗前雞亂啼。
九想情郎天大光，山河遠隔兩分張，
人居兩地難見面，割妹心肝割妹腸。
十想情郎東片紅，想郎難見眼朦朧，
情郎唔知妹心事，唔知何日有信通。

太陽日落西（黃昏）時分、到夜半、月落、天亮、太陽升起，透過大半夜的時間，女子思念遠方的丈夫，心情是如此的起伏，卻又對現況莫可奈何，如「關山阻隔江河遠，為郎思想正艱難」、「三魂七魄歸何處，歸到情郎左右邊」，每當想起丈夫總是淚眼汪汪，孤獨無助的時候，只好燒香拜拜祈求夫君的平安，二人能夠早日見面。歌謠表達千山萬水阻隔，書信不通，而有別時容易見時難的唱嘆。偶爾夢見夫君，總在擁有一絲絲甜蜜時，雞卻突然啼叫，無情地把人喚回現實。面對夫君不知何日才歸，書信又因相隔遙遠而難以聯絡，女子只好把話託給風兒，期待能夠吹入夫君的耳中，讓他知曉。這種想法有點天真，雖然不可能達成，又流露出思婦難抑的感傷。

下例亦為夫妻分離，抒發等待丈夫歸來的歌謠。

〈老採茶歌－自嘆〉[14]

一更鼓來響嘩嘩，當初勸郎去賣茶，囑咐一年半載轉，奈知

---

[14] 引自謝樹新主編：《客家歌謠專輯（第三集）》（苗栗縣：中原苗友，1969年5月），頁5。

三年亡轉家。

郎一去兩三年，丟撇妹妹淚漣漣，朝思夜想無見面，越思越痛心油煎。

二更鼓來響非非，催郎賣茶無見歸，朝晨燒香夜點燭，庇祐催郎早早回。

郎賣茶走他鄉，公婆頭髮白如雙，倘有不幸誰人理，滿妹年長未嫁郎。

三更鼓來響淒淒，不知催郎在哪裡，一去三載無形影，銅心鐵肝就是你。

公婆有子似無子，奴奴有夫像無夫，萬丈高樓看唔倒，一家大小淚雙流。

四更鼓來響盈盈，催郎賣茶無處尋，高堂差幸身康健，離家三載少佳音。

催郎當日去賣茶，雙雙囑咐千般話，到處風光到處好，出外貪花會忘家。

五更鼓來響連連，催郎一去兩三年，三更半夜思想起，苦到雞啼又早天。

一夜想郎到天光，眼中流落淚汪汪，萬望蒼天相保佑，保佑催郎轉回鄉。

這篇歌謠敘述丈夫出外賣茶賺錢，原本說好一年半載就會回家，然而三年還不見身影，妻子在家，強耐分離之苦，獨立挑起家庭重擔，照顧一家老幼，所期盼的就是望夫君早歸。這裡表現出中國典型夫妻的角色定位，男人就該外出奮鬥，女人則要有堅毅的美德，持守家園，這樣才是所謂的「賢妻」。歌中女子亦是如此，忍受丈夫離家，辛苦持家，卻又擔心害怕路遙時久，丈夫移情別戀而再三叮嚀，充分流露出其內心複雜的情緒。

其次客語聯章體歌謠中也出現所謂的「斷情」歌，這種「情變」，是已經徹底分開，不再有繼續的可能。如：

〈十想斷情〉[15]

一想斷情哥唔留，做人男子志氣有。此數無花他樹採，茉莉無花牡丹有。

二想斷情就斷情，唔管阿妹連別人。大船唔入小港口，貴腳唔踏賤門庭。

三想斷情心頭開，求官唔倒秀才在。藤斷還有蔑來接，情斷還有新情來。

四想斷情也平常，今日斷情倨敢當。天上仙桃倨食過，地上野花唔算香。

五想斷情無相干，再好人情也會斷。紅花恁好也會謝，甜酒好食也會酸。

六想斷情笑呵呵，情義斷了運氣多。天上仙女難得到，地下阿妹唔怕無。

七想斷情笑嘻嘻，別人妻子莫想欺。墊高枕頭睡加目，莫來思想牽掛佢。

八想斷情笑微微，斷情回家正有理。少年賺錢畀妹使，老裡艱苦在後時。

九想斷情實在真，個人立志做贏人。留轉精神養身體，留轉面目見六親。

十想斷情笑連連，各人歸家好團圓。先日交情都恁好，莫來路上結成怨。

───────────
[15] 引自謝樹新主編：《客家歌謠專輯（第一集）》（苗栗縣：中原苗友，1964年2月），頁33。

　　對於「情變」這個主題，在客語聯章體歌謠中不是一般戀愛分手之後的呼天搶地，如同天塌地陷的痛苦感受，也不是指責、詛咒或痴心。在這裡，歌謠中展現出的是一種積極面，帶有天涯何處無芳草，何必單戀一枝花的心態，雖然會有痛苦，也有一些怨懟，如「大船唔入小港口，貴腳唔踏賤門庭」，總是要將自己稍微抬至一定的地位，心中才能稍稍紓解怨氣。只要看開後，一切都將是海闊天空，就算天上的仙女難得到，凡間的女子怎麼會沒有呢？既然情人已經是別人的老婆了，睡覺時就放心睡，不用再相思牽掛了，況且年輕的時候賺錢追女朋友，沒有儲蓄的話，這個時候也很吃虧，想來好好立志才是實在的，不需難過傷心，各自有自己的生活，想到曾有過的交情，在路上相見也不需要像仇人一般。用這麼積極的態度去呈現出失戀的失意，在一般歌謠中很少見，也是客語聯章體歌謠中相當獨特的。

　　透過以上的討論，我們可以發現，雖然早期的禮教嚴格，但是透過歌謠，客家女性的情感得以自由的表達，豁達的秉性得以抒發，實由於客家女性需下田耕種或上山採茶，有較多機會與男子接觸之故。在客語聯章體歌謠的「情歌」部分，內容表現豐富而且具備多樣性，這些歌謠的共通點，就是採合蓄暗示與直接表態的方式並用，表現出真摯的感情，遇到情感上的困難會努力不懈，而非趨於軟弱、放棄。

第二節　道不盡的人生百態：歌謠中的生活樣貌

　　生活類歌謠最能展現一般民眾的喜怒哀樂，反映人們日常家庭生活和工作狀況，內容豐富，題材廣泛。在早期社會裡，田間

山上的農事勞動，是民眾賴以維生的基礎，這些工作歌謠，敏銳
而且真實地全面反映出民眾的思想，這一點特別值得重視。《詩
經・豳風・七月》描寫豳地農民四時生活頗為詳備而生動開始，
到〈敕勒歌〉「天蒼蒼，野茫茫，風吹草低見牛羊」的北方牧歌，
都抒發了民眾在工作勞動中的感受和詩意。同時因為農事是民眾
的生活重心，所以山歌、秧歌、田歌、牧歌等作品自然傳唱不絕，
連日常娛樂的歌謠，也都與勞動有關。此外，屬於社會中下階層
的老百姓，常常受到不平等的待遇如貧窮，或是富人在工作方面
的剝削，因此生活歌也常與苦歌結合在一起，如《詩經》中的〈黃
鳥〉、〈碩鼠〉、〈伐檀〉，或是明代的〈富春謠〉等等皆是[16]。雖然
如此，但是民眾的生活畢竟是多方面的，除了日常的勞動之外，
須待農暇時的休息娛樂活動，才能盡情地透過歌謠抒發自己的情
感，同時增添生活情趣，從中身心能得到適當的調劑。此外，歌
謠往往具備教育民眾的作用，故可透過歌謠讚美某種優良的品
德，或是對不良的現象與醜陋的事物進行批評。因此歌謠可以啟
迪民眾的知識，同時對民眾進行規勸，並且作為民眾生活行為及做
人處世的引導。

　　在客語聯章體歌謠中，生活類型歌謠數量僅次於情歌，其
中所表現的內容繁多，也具有深刻的教育意義。其中以規範民
眾的日常行為、反映生活上的問題與工作狀況為三大主要內
容，因此以下將區分成三部分，再各分小類進行討論，並舉例
說明之。

---

[16]見段寶林：《中國民間文學概要（增訂本）》，（北京：北京大學，1998年），
　頁125。

一、日常生活的行為與規範

　　生活類歌謠本身與民眾的生活息息相關，因此歌詞必須能夠表達當時人對於一些事物的認知與做法，同時也呈現出當時社會對於一般民眾的行為要求與規範，對於優良的美德加以讚揚，對於不良的習染加以規勸。在客語聯章體歌謠中，日常生活的行為與規範可分為三方面，一為夫妻相處之道，二為對婦女的勸戒，三為對男子行為的規範等。

（一）夫妻相處之道

　　家庭生活的展現，是歌謠中值得關注的主題，夫妻關係是家庭關係的基礎，夫妻間的和睦與否，對家庭氣氛影響甚大。通過歌謠，可以了解族群的生活型態與認知觀念。我們從客語聯章體歌謠的表現，看到臺灣客家族群傳承了中國傳統重視家庭倫理的美德，呈現出舊有文化與客族民情互相融合的特色。

　　客語聯章體歌謠中有關於夫妻相處的歌謠有幾首，首先是期勉夫妻感情要融洽，如〈夫妻相好歌〉[17]：

　　　正月裡來是新年，夫妻相好應當然，得到爺娘心歡喜，雖然
　　　貧窮當有錢。好正好，相好靚這也麼嫌。
　　　二月裡來是春分，夫妻相好係精功，家中事業同心做，串錢
　　　串銀水幹雙。好正好，相好不怕家裡窮。
　　　三月裡來是清明，夫妻相好好名聲，夫妻相好名聲好，麼錢

---

[17] 引自竹林書局廣東語唱本《夫妻相好歌》（全二本），1986 年 3 月第 6 版。

當得有錢贏。好正好，有錢麼錢命聲城。

四月裡來水忙忙，夫妻相好敬爺娘，叔公阿伯也歡喜，名聲
當得桂花香。好正好，恰似織女對牛郎。

五月裡來端陽時，夫妻相好正道理，大聲喊來細聲應，汝錫
我來我錫汝。好正好，己多生趣麼人知。

六月裡來係景工，夫妻相好好家風，有事兩人扛等做，雖然
辛苦也雙容。好正好，牙玄彈起滿身雙。

七月裡來七月秋，夫妻相好前世修，男不貪花女不賤，係窮
係苦做到有。好正好，暗夜麼米也無憂。

八月裡來瞯月華，夫妻相好做成家，早生男女心歡喜，妻做
哀來夫做爺。好正好，手攬孩兒笑些些。

九月裡來是重陽，夫妻相好共心肝，日裡相敬如賓客，夜時
相牽上眠床。好正好，鴛鴦枕上好風光。

十月裡來小陽天，夫妻相好當過仙，出門半月十日轉，星子
落月一般般。好正好，兩人牽手就入間。

十一月裡冬至來，夫妻相好心頭開，別人過靚我麼愛，愛講
愛笑兩人來。好正好，可比仙伯對英台。

十二月裡又一年，夫妻相好成成仙，汝攬女來我攬子，一家
和氣大團圓。好正好，榮華富貴萬萬年。

　　夫妻間的互動是建立在感情與生活的相互配合，因此上例中
對夫妻間的相處之道描述甚詳：「正月裡來是新年，夫妻相好應當
然，得到爺娘心歡喜，雖然貧窮當有錢。好正好，相好靚這也麼
嫌。二月裡來是春分，夫妻相好係精功，家中事業同心做，串錢
串銀水幹雙。好正好，相好不怕家裡窮。」夫妻以彼此的情愛相
互扶持作為基礎，同心克服經濟上的困難，共同為了未來美好生活
而努力。再如「七月裡來七月秋，夫妻相好前世修，男不貪花女不

賤，係窮係苦做到有。好正好，暗夜麼米也無憂。」也都是同樣的意義，透過這種辛勤努力相互扶持的信念，最後才能達到「十一月裡冬至來，夫妻相好心頭開，別人過靚我麼愛，愛講愛笑兩人來。好正好，可比仙伯對英台。十二月裡又一年，夫妻相好成成仙，汝攬女來我攬子，一家和氣大團圓。好正好，榮華富貴萬萬年。」這種只羨鴛鴦不羨仙的程度，若是沒有夫妻同心的信念，是不可能達成的。

其他尚有另一篇〈夫妻相好歌〉[18]，展現夫妻之間平日的相處態度：「五月裡來端陽時，你疼我來我疼你，開聲來老妹小聲應，夫妻相好才有理。」如果能夠彼此敬愛，互相包容體貼，不為了一些事而故意爭吵鬥嘴，夫妻都能有這種共識的話，情感自然融洽，婚姻生活必定和諧愉快。

至於歌謠中也有〈夫妻不好歌〉[19]，則是與上二例相互對比，以其最後三章為例，以資參考。

> 十月裡來小陽春，夫妻不好會失魂，三分事情又喊打，聲聲句句喊離婚。苦正苦，麼面見人難出門。
> 十一月裡又一冬，夫妻不好敗家風，屋下事務麼愛做，百萬家財了得空。苦正苦，怒氣不怕家裡窮。
> 十二月裡又一年，句句相勸無虛言，生男育女傳後代，榮華富貴萬萬年。苦正苦，聽我相勸出頭天。

這篇歌謠中認為夫妻之間無法好好相處，吵架打架喊離婚等等狀況，是相當沒面子的事。同時因為二人不能同心協力，只因為怒氣，就讓家裡的錢財敗光，事業荒廢，是一件相當要不得的事。因此歌

---

[18] 引自徐木珍、羅玉英對唱，《夫妻相好歌》歌詞，吉聲唱片公司。
[19] 引自竹林書局廣東語唱本《夫妻相好歌》（全二本），1986 年 3 月第 6 版。

謠最後一句點出主旨，說明這首歌主要就是勸夫妻都要好好相處，互相扶持，才能家庭和樂，一切順利。

在客語聯章體歌謠中，也表現了夫妻至死不渝的深情。如〈去探娘歌〉[20]就是令人印象深刻之例：

> 初一朝晨去探娘，胭脂水粉打面光，
> 頭上梳起龍鳳髻，頭插金釵十二行。
> 初二朝晨去探娘，娘子得病在哥床，
> 催今問妹是何病，頭慇耳啞苦難當。
> 初三朝晨去探娘，衫裙帕米入間房，
> 左手推開紅羅帳，右手扶妹食粥湯。
> 初四朝晨去探娘，手捉雞子入間房，
> 盤中裝來人看到，蕉葉包來又無湯。
> 初五朝晨去探娘，手拿西瓜入間房，
> 娘食肉來催食核，問娘心中涼不涼。
> 初六朝晨去探娘，我娘得病苦難當，
> 郎子牽手來打脈，手中無脈哭斷腸。
> 初七朝晨去探娘，十字街頭尋藥方，
> 百般藥方食不好，三年老米煮粥湯。
> 初八朝晨去探娘，一頭茶飯一頭湯，
> 揣在十字街頭過，人人問催到何方。
> 初九朝晨去探娘，神明廟裡去燒香，
> 郎子合手求聖筶，無个聖筶保佑娘。
> 初十朝晨去探娘，齋功師父排兩行，
> 手拿鼎鍾并牛角，鏗鏗鏘鏘到天光。

---

[20] 引自黃榮洛：《台灣客家傳統山歌詞》，（新竹縣：新竹縣立文化中心，1997 年），頁 93。

　　十一朝晨去探娘，我娘身苦在高床，
　　粗裙布衫拿開去，綾羅綢疋拿來妝。
　　十二朝晨去探娘，只見棺材無見娘，
　　就買果品道場執，無見我娘親口嘗。
　　十三朝晨去探娘，只見棺木無見娘，
　　千拜萬拜一張紙，千哭萬苦一爐香。
　　十四朝晨去探娘，請到先生踏地方，
　　前嶺尋到後嶺轉，九龍江山葬我娘。
　　十五朝晨去探娘，四門六親送我娘，
　　三十六人擎番子，四十六人抬我娘。
　　十六朝晨去探娘，只見墳墓無見娘，
　　先日有妹萬言語，今日來到無商量。

　　這篇歌謠表現出丈夫在妻子生病之初，就很關心她的病情，照顧妻子的飲食，還噓寒問暖不斷。後來妻子病重，丈夫焦急的心情表現在一面忙著尋其他可能有用的藥方，一面求神問卜，然而得到的回應卻都沒有聖筶，一點希望都沒有。經過這些努力，妻子還是病歿了，此時重情意的丈夫為妻子換上綾羅綢緞，祭拜的果品妻子也不再能親嚐，剩下的只有自己獨自的哀傷。身為丈夫最後能為妻子做的，就是請地理師選一塊風水好的地方，當作是妻子長眠之所。通篇由丈夫的口吻述說哀痛，他對妻子的深情不只是活著時，從妻子有病痛，到最後往生之際，他都為其好好打點，下葬後也到墓前弔祭，最後一句「先日有妹萬言語，今日來到無商量」表現出無窮的哀思，感人至深。
　　以上各例，都是透過歌謠的表現呈現出夫妻的相處之道與情深義重，這些都可供一般民眾作為榜樣，以資學習效法。

（二）一般民眾行為規範

1、對婦女的規範

　　長期以來敘述家庭生活的歌謠，大量反映出女性在家庭的處境和心聲，表達婦女對現實生活的感受，無論是快樂或痛苦，皆扣人心弦，引起眾多的共鳴。在社會或是家庭中，對婦女的要求很多，其中如行為須依循著古訓「三從四德」、「不孝有三無後為大」等，並且要一心一意侍奉公婆、妯娌和睦、教養子女，不可多言，對人對事要自謙自抑等[21]。

　　在儒家文化傳統的制約下，建立許多對婦女言行舉止方面的支配，使得婦女在家族地位或是男女尊卑問題上，皆處於一種從屬地位。我們從所謂的「三從」[22]之禮、「四德」[23]之教來看，目的都是要求婦女能夠溫順賢良，達成「婦順」的要求。就男女地位言，這種要求並不合理，也容易形成婦女的婚姻悲劇。在《大戴禮記·本命》定出了休妻的七大理由：「不順父母去，無子去，淫去，妒去，有惡疾去，多言去，竊盜去」，「不順父母去，為其逆德也；無子，為其絕世也；淫，為其亂族也；妒，為其亂家也；有惡疾，為其不

---

[21] 見黃得時：〈臺灣歌謠與家庭生活〉，臺灣文獻 6 卷 1 期，1955 年 3 月，頁 31-36。

[22] 「三從」，見《禮記·郊特牲》：「婦人，從人者也。幼從父兄，嫁從夫，夫死從子。」《儀禮·喪服·子夏傳》也有「婦人有三從之義，無專用之道，故未嫁從父，既嫁從夫，夫死從子。」見《十三經注疏·禮記》及《十三經注疏·儀禮》（台北縣：藝文印書館），

[23] 「四德」，見《儀禮·士昏禮》：「是以古者婦人先嫁三月，祖廟未毀，教於公宮；祖廟既毀，教于宗室，教以婦德、婦言、婦容、婦功，教成，祭之，牲用魚，茅以蘋藻，所以成婦順也。」見《十三經注疏·儀禮》（台北縣：藝文印書館）。

可共粢盛也；口多言，為其離親也；竊盜，為其反義也。」當時所制訂的「七出」原則或許有其需要，但用現在的眼光來看，是相當不合理而且自私。同時由「婦順」所延伸出來的道德標準就是「節烈」，對婦女的要求為「從一而終」，並在夫死不嫁的基礎上，強調了守寡的重要性。

這些觀念影響我們至為深遠，在客語聯章體歌謠中，我們清楚明顯地看到這些觀念滯留的痕跡。賢良勤勞、少言與貞節等，是衡量婦女品德的標準，因此以此四點分別舉例說明客語聯章體生活類型歌謠中對婦女規範的刻畫。

首先，家庭和睦是最為要緊的事，女子出嫁前，父母會再三的叮嚀，然而真正進入另外一個家庭展開新的生活時，面對一個大家庭，人際關係如何處理，如何應對得宜，這恐怕是女子個人能力的一大考驗。因此婦女若要能夠達成人人口中「好媳婦」的讚美，首先就是要勤勞。如以下之例：

〈十勸妹〉[24]

一勸妹，妹在家，切莫上家遊下家。上家有個懶尸嫂，下家有個懶尸嬸，學懶身體害自家。

二勸妹，心莫野，愛學裁縫並繡花。一來打扮妹身體，二來打扮相好儕，同妹相好愛掩遮。

三勸妹，妹有緣，園中小菜賣有錢。莫學街頭賤婊子，三十過了唔值錢，那有老人轉少年？

四勸妹，愛顧家，莫來一心轉妹家。路上遭逢打劫漢，打劫漢子會採花，弄壞身體正知差。

五勸妹，妹有情，同了佢時莫同人。一來爭風怕人打，二來

---

[24] 引自謝樹新主編：《客家歌謠專輯（第一集）》（苗栗縣：中原苗友，1969年 5 月），頁 31。

會打爭風人，平地無風會起塵。

六勸妹，妹無雙，汝愛善待惹老公。東西至怕人眼賤，湖蜞專望水浪深，細妹有了莫露風。

七勸妹，莫怕羞，阿哥過苦妹過有。妹子有錢貼郎用，貼來貼去一樣有，河裡出水望長流。

八勸妹，莫粗鹵，妹子好比何仙姑。阿哥好比洞賓樣，洞賓還愛弄仙姑，汝愛遮掩親丈夫。

九勸妹，倛話汝，切莫上墟走下墟。上墟有個風流子，下墟有個大跳皮，多少銀錢莫同佢。

十勸妹，叮囑汝，切莫想等介問題。朝晨早起理家務，夜裡服事小孫兒，件件周到正可以。

上述歌謠中之「切莫上家遊下家」的意思就是不要到處去鄰居家串門子，為什麼呢？因為上家和下家都有一個懶惰的婦人，作丈夫的深怕自己妻子被帶壞，也學著她們懶惰不好好理家。我們發現歌謠中很具體的點出「好媳婦」的標準，就是「勤勞」。歌謠中認為只要勤勞，靠勞力種菜賣菜都能賺錢，不要像街頭妓女雖然賺錢容易，卻是作賤自己。同樣的，如〈思戀歌〉的歌詞：「三月思戀真思戀，打扮三妹來蒔田，阿哥蒔粘妹蒔糯，兩人共蒔一坵田。」對客家人來說，婦女與丈夫都是一起工作，一起打拼，「勤勞」的觀念在客語歌謠中，最被強調的觀念，也是最重要的美德。在《中國歌謠・諺語集成廣東卷》中有一首歌謠〈懶尸婦道〉，其中有幾句相當傳神：「懶尸婦道，講起好笑，半晝項（起）床，嘮嘮叨叨。頭髮蓬鬆，冷鍋死灶；面也唔洗，地也不掃；……又無菜食，又無柴燒；不理不管，只顧自煲。不知洗物，不知磨刀，鍋鑴生鹵（鏽），飯甑生毛，不知煮汁，養豬成貓，人話唔知，偷時又曉。不畏翁

姑，不聽教詔，老公一打，大吵大鬧⋯⋯」[25]，這是反面之例，將以往對客家婦女的賢妻良母的要求，透過反諷的說法表現，除了使人印象深刻外，也具有強調的作用。故〈十勸妹〉的最後一章就說得很明白，「朝晨早起理家務，夜裡服事小孫兒，件件周到正可以。」

由以上的歌謠內容可看出客家人對女性的要求，注重「家頭教尾」、「田頭地尾」、「灶頭鍋尾」、「針頭線尾」四項婦工[26]。傳統中認為女子學會這些事務才能算是能幹的婦女，因此在當時的客家社會，如果婦女不能達成這些妥善處理日常生活家務，且要件件做到周到的要求，就容易被家族中人排擠。

其次，人際關係方面，要注意長輩與親戚間的相處問題，舉例如下：

〈十囑妹〉[27]

四囑倕妹同心機，家娘打罵愛受理；

鹹酸苦辣容易過，日後享福也唔奇。

---

[25] 轉引自李泳集，《性別與文化：客家婦女研究的新視野》，（廣州：廣東人民，1996 年），頁 36。在《客家歌謠專輯》，也有一首〈懶尸婦道〉，內容與正文所引歌詞在意思方面大同小異，只有詞語上有些許出入，引自〈客家歌謠新譜〉，謝樹新主編：《客家歌謠專輯（第七集）》（1981 年 12 月），頁 36。

[26] 所謂「家頭教尾」，就是要養成黎明即起，勤勞儉約，舉凡內外整潔，洒掃洗滌，上侍翁姑，下育子女等各項事務，都料理得井井有條。「田頭地尾」就是播種插秧，駛牛犁田，除草施肥，收穫五穀，不要使農田耕地荒蕪的意思。「灶頭鍋尾」是指燒飯煮菜，調製羹湯，審別五味，樣樣都能得心應手，兼需割草打柴以供燃料。「針頭線尾」就是對縫紉、刺繡、裁縫等女紅，件件都能動手自為。參見陳運棟：《客家人》，（台北：東門，1992 年），頁 19。

[27] 引自謝樹新主編：《客家歌謠專輯（第四集）》（苗栗縣：中原苗友，1971 年 3 月），頁 22。

婦女婚後首先就必須面對婆媳之間的相處，傳統中對於婆婆的教誨，身為媳婦者都要欣然接受，如果是遇到會疼愛體諒媳婦的婆婆，可說是前輩子修來的好福氣。萬一遇到的婆婆重權威又保守，對於媳婦的要求特多，動輒打罵，做媳婦的以只能苦往肚裡吞，默默承受。就如同歌中所言，面對家娘（婆婆）的打罵，媳婦實在難為。日後等到媳婦熬成婆後，自然也是可以享福的。話雖如此，眼前的痛苦畢竟相當難耐，但這是成為好媳婦的要求，只能忍耐下去。

再來是與家中其他的成員間的相處，如〈勸良言〉[28]中的第三章：

> 三來奉勸姊嫂人，姊嫂唔好按真等，有事愛來想共做，切莫唔好有私心。

早期人與人之間的社交，多與大家庭中之家族成員往來，尤其是婦女，所接觸的對象更多為家族中女性成員，其中除了婆媳之外，尚有姒娌之間的互動。傳統大家庭中的烹飪洗掃，通常由媳婦們分擔，每人輪值時日或半月，逢年過節則一起合作。歌謠中的「姊嫂」是姒娌的意思，大家族中姒娌如果不和睦，就會影響兄弟的感情，甚至是整個家族的氣氛都會因此而受影響。通常姒娌間的問題不外是出在家務的分工，或是兄弟財產分配這類的經濟問題，如果姒娌間能夠和諧，不要計較太多，能互相體諒，糾紛和不和之處自然會減少許多。傳統的要求裡，總是不希望女子太多意見，多言就容易有口角，姒娌之間要能和睦相處，並能愛護照顧小姑小叔，家庭才會和樂。

傳統賦予為人媳者相當多的責任與義務，然而，如果娶到惡婦，又有另一番景象，舉例如下：

---

[28] 引自邱玉春唱，《勸良言》歌詞，吉聲唱片公司。

〈十娶妻〉[29]

一娶妻，娘家狠，聘金索取兩萬元，
結婚三日溜也走，騙婚官司打兩年。
二娶妻，好模樣，美容打扮巧梳妝，
媒婆講係紅花女，事後正知二嫁娘。
三娶妻，起禍殃，搬弄是非真在行，
子嫂不和時口角，兄弟分家割心腸。
四娶妻，唔好講，妻曾生活在歡場，
煤手早被千人枕，珠唇已經萬客嚐。
五娶妻，難隨唱，食飽專講人短長，
汝敢罵佢兩三句，一睡三日唔起床。
六娶妻，性善妒，打夫罵姑惡聲著，
左右芳鄰怕三分，大家喊作雌老虎。
七娶妻，妻放浪，開口就像機關槍，
三餐飯菜懶得煮，日夜打牌真緊張。
八娶妻，娶來苦，娘家開間棺材舖，
嬌生慣養獨生女，四海揚名長舌婦。
九娶妻，多風波，水性楊花醜聞多，
不守婦道罵兩句，愛生愛死愛跳河。
十娶妻，妻賢良，性情端淑名聲香，
情親恩愛相尊敬，美滿良緣福祿長。

這篇歌中所描寫的妻子，兼具悍婦與惡婦於一身，結婚三天就有溜走的紀錄，本身就是嬌生慣養的獨生女，可想而知其懶惰不打理家務，最大的原因就是在娘家當慣了大小姐。這樣就罷，她還成天打

---

[29] 引自謝樹新主編：《客家歌謠專輯（第三集）》（苗栗縣：中原苗友，1964年2月），頁38。

牌，不務正業；雖然模樣美，後來才知道她其實是第二次結婚，之前曾在歡場中生活，對於重視貞節的家庭來說，這真是一件難以忍受事的大事。同時在家裡她喜歡搬弄是非，論短說長，與妯娌不合，導致兄弟分家；對待家人則是打夫罵姑，連鄰居都受不了。這麼多的風波和醜聞，加上不守婦道，完全不合乎一個媳婦的標準，難怪會有好事者編了歌謠，加以傳唱諷刺。

除此之外，貞節的觀念一直以來都是大眾相當強調的觀念，因此客語聯章體歌謠中的〈雪梅思君〉[30]就是很好的例子：

> 唱出一歌給您聽，雪梅做人真端正，堅心為大守清節，人流傳好名聲；奉勸大家姊妹聽，要學雪梅此樣行，莫學別人做壞子，沒丈夫生子壞名節。
> 正月十五人迎龍，橫街小巷鬧容容，紅男綠女雙對雙，手相牽看迎龍；雪梅守節在房中，目汁流來淚雙雙，希望我兒趕緊大，作成人守節正有功。
> ……

當時人認為女子要有從一而終的觀念，因此不只有男子娶妻時相當重視妻子的貞節，同時大眾對於守節之人會給予相當多的讚美。在客家地區，寡婦很少再嫁，就算是年紀輕輕就守寡，通常也不再改嫁，況且只要有了孩子，她們大多含莘茹苦，將孩子撫養長大。在道德的規範中，大多數婦女都有好女不事二夫、嫁雞隨雞等貞節的觀念，因此在這種道德的氛圍中，這些守節的婦女備受世人尊敬，也成為婦女的模範。在客語聯章體歌謠中，從一而終的觀念，時時刻刻都不斷提醒著婦女，如前引之〈十勸妹〉中的第五章和第九章：

---

[30] 引自徐進堯編著：《客家三腳採茶戲的研究》（台北：育英 1984 年），頁 77。

五勸妹，妹有情，同了倨時莫同人。一來爭風怕人打，二來
會打爭風人，平地無風會起塵。

九勸妹，倨話汝，切莫上墟走下墟。上墟有個風流子，下墟
有個大跳皮，多少銀錢莫同佢。

歌謠中提到作丈夫的要求妻子不要與別的男子有來往的情況發
生，因為會引起爭風吃醋的問題之外，還會造成許多不必要的糾
紛，也會讓自己有不好的名聲。為了避免這些問題，最好的方法還
是不要到處去串門子，「風流子」與「大跳皮」都是指客語中男子
比較風流愛玩者之意，以免招惹麻煩。同時客語聯章體歌謠中，也
要求婦女不要與別人的丈夫有所牽扯，除了沒有保障之外，更重要
的是不被允許，有違善良風氣。舉例如下：

〈拾勸從夫（之二）〉[31]
一想種竹竹生根，戀人丈夫一時新，
男人採花為目的，奈有顧恩一生人。
二想種竹斷開椏，戀人丈夫正如差，
青春花開無幾久，花謝正來害自家。
三想種竹葉轉青，戀人丈夫人看輕，
甜言蜜語一時好，緊想緊真得人驚。
四想種竹漸漸高，戀人丈夫是非多，
無多錢銀奔妹使，害人家庭起風波。
五想種竹葉轉黃，戀人丈夫無久長，
阿哥不像別人介，人心難測水難量。
六想種竹尾翹翹，別人丈夫莫亂交，
千介妻子難諒解，交得情來得人惱。

---

[31] 引自謝樹新主編：《客家歌謠專輯（第六集）》（苗栗縣：中原苗友，1976
年 9 月），頁 122。

七想種竹尾彎彎，別人丈夫久會懶，
對妹較好也難講，唔係老妹靠壁山。
八想種竹葉會潮，戀人丈夫得人愁，
貪到青春花亂採，看過幾多無出頭。
九想種竹肚裡空，戀人丈夫無威風，
自己來尋一介主，日後老裡骨頭重。
十想種竹葉轉鳥，莫來想爭人丈夫，
一夫一妻天註定，榮華富貴一生有。

此例十章歌謠皆是勸女子不要眷戀別人的丈夫，站在男子的角度來說，新鮮感很重要，但就女子而言除了破壞別人家庭，被別人看輕之外，也會引來社會輿論的非議，一切都對女子不利，這種行為本來就不符合社會道德，因此透過歌謠來對婦女做一勸誡。

總括這一部分，家庭生活對於婦女的規範要求很多，這些規範不是客家地區所獨有，它是基於中國傳統倫理道德觀念，並加以實際的運用，對當時的社會來說，是一般婦女立身處事的準則，透過歌謠可了解時人對婦德觀念的重視。

2、對男性的規範

雖然歷來對於男子的要求並沒有像婦女一般多，迄今社會上仍充斥著許多足以腐蝕人性的不當行為，和破壞善良風俗的場所，而賭博、酗酒等等不良習染，常常使民眾沉淪，因此歌謠中有一些規勸性的作品，作為對民眾教化之用，這些大部分是針對男性而言。以下舉例說明。

（1）戒嫖賭

在一般的社會規範裡，對於男子要求首先就是戒「嫖賭」這兩種惡習，以下〈十勸郎歌〉和〈收心歌〉主要就是針對社會上男子沉浸於賭博和女色，所產生的諸多社會問題而言。

〈十勸郎歌〉[32]
一勸郎君莫賭嫖，嫖賭兩字麼出頭，
百萬家財嫖賭盡，老裡麼錢正知愁。
二勸郎君你愛知，嫖賭兩字有時期，
雖然女子情義好，心肝不會專向你。
三勸郎君不好花，勸君賺錢愛顧家，
賺錢可比真挑莉，用錢可比水打砂。
四勸郎來不可開，莫做壞子擊爺哀，
愛想錢銀按難賺，想愛萬富麼按該。
五勸郎君笑洋洋，你愛回心轉家鄉，
轉去事業認真做，奉孝堂上老爺娘。
六勸郎來笑嘻嘻，貪花娛樂麼了時，
雖然小妹情義好，她人女子好一時。
七勸郎君笑連連，少年莫來亂開錢，
一知銅錢三點汗，辛苦賺錢難了難。
八勸郎君笑台台，有錢不可來盡開，
家財百萬來開盡，想妹做妻麼按該。
九勸郎來久久長，莫想小妹做埔娘，
小妹實在假情義，有錢使到浪蕩光。
十勸錢銀有按多，阿哥有錢使到老，
有錢盡下嫖賭盡，老裡麼錢受冰波。

---

[32] 引自劉守松：《觀光日記與客家民謠》，（新竹：先登，1981年），頁202。

再勸郎君勸得多，不知小妹心肝好，
百般言語勸不盡，聽不聽來由在哥。

〈收心歌〉[33]

一想收心莫貪花，貪花誤了後生儕，
請看貂嬋弄董卓，皆因好花誤自家。
二想收心就了然，未行人情先行錢，
無錢無銀莫講起，地下無雲難上天。
三想收心係道理，乖巧立志你愛知，
戀人妻子無了日，免致日後受孤稀。
四想收心管少年，莫貪好色來延纏，
蘇木煎花因色死，風流因為嫩嬌蓮。
五想收心花有情，流花落水誤自身，
天師都會著色迷，奈有人無貪色新。
六想收心改前途，莫行此路早收心，
此路原來透陰府，魚投羅網命歸陰。
七想收心莫延遲，紂王因為蘇妲己，
杯中歡樂被下藥，鐵桶江山敗了裡。
八想收心愛實言，莫等一年又一年，
河水難求回頭轉，人老難求反少年。
九想收心唔會差，無情妹子你莫惹，
交情楊波抱太子，斷情可比刀切瓜。
十想收心係神仙，閒事莫插較清閒，
貧居鬧市無人識，日後苦來人看輕。

---

[33] 引自謝樹新主編：《客家歌謠專輯（第六集）》（苗栗縣：中原苗友，1976 年 9
月），頁 121。

歌謠中直接點出嫖賭之惡，導致家財散盡到老無依之外，也提醒人們幾個重點，煙花女子不是可以一生為伴的對象，雖然現在看起來似乎有情有意，但其目的僅為了賺錢而逢場作戲，當然比不上一般良善女子，沉溺其中只有自己吃虧。其次賺錢不易，男子原本就該努力工作孝養父母，而不是隨意把金錢如同打水漂兒般的浪費，否則到老貧窮的生活是非常難過的。

　　〈十勸郎〉以女子的口吻，透過實例加以規勸，除了是一種提醒外，也有一些是基於物質金錢上的原因。早期社會民眾的所得普遍不高，追求財富上的滿足，便能有相當程度的生活依靠。「十勸錢銀有按多，阿哥有錢使到老，有錢盡下嫖賭盡，老裡麼錢受冰波。」在有限的金錢來源限制下，節儉成為一種美德規範，若是千金散盡，老來淒涼日子亦是可期，故歌謠都用正反兩面進行對照，時時提醒眾人嫖賭的嚴重性。就如〈收心歌〉中藉由幾個歷史上因美色而導致敗亡的例子，如紂王和妲己的故事，來提醒男子要收心，因為色字頭上一把刀，花錢和別人的妻子有瓜葛，最後落得一無所有，因此勸人還是要及早懸崖勒馬，盡自己應盡的本分，不要多惹事非，以免浪費了青春時光。

　　（2）戒毒

　　道光年間林則徐禁鴉片，才使得當時沉淪在煙毒之中的民眾，有了一線生機。以下的〈紅毛番歌〉就是敘述吸食鴉片的壞處，藉此勸人遠離鴉片之害。

　　〈紅毛番歌〉[34]
　　壹想長山紅毛番，紅毛番來真不癲，
　　百般頭路都好做，樣般來做鴉片烟。

---

[34] 引自黃榮洛：《台灣客家傳統山歌詞》（新竹縣：新竹縣立文化中心，1997年），頁54。

式想食烟真出奇，倕娘男婦尋到佢，
百姓都知大藥草，不知烟鬼尋到裡。
三想鴉片真可憐，食到鴉片整了錢，
有錢食到閒好得，擔柴賣火斷火烟。
四想鴉片不好惹，食到鴉片正知差，
一日三餐點燈火，冷笑熱天被鋪下。
五想食烟真肖涼，手扛烟盤上眠床，
手扛烟斗腳踹起，恰是奎生點斗方。
六想鴉片不好惹，食到鴉片了身家，
一日三餐豬肉酒，鴉片過願冰糖茶。
七想食烟命愛憐，有錢牢靠莫食清，
烟斗鴉片熱過火，龍虎相鬥食壞人。
八想食烟面皮黃，手軟腳黎上眠床，
兩頭方介鴛鴦枕，每夜成雙今世單。

所謂的紅毛番意指清代的外國人，當時大陸上有許多外國租界，而
鴉片也是由國外傳入，因此歌謠的首句就用質問的口吻，認為可經
營的事業這樣多，為何要賣鴉片煙來殘害民眾健康？接著就開始敘
述鴉片的壞處，如中了毒癮會全身發冷發抖，大熱天還得睡在棉被
裡等等，也同時形象寫實的描寫吸食鴉片的景況，如扛起煙盤上
床，手扛起煙斗腳也架起，一派舒服閒情樣。然而吸食鴉片的後果
是面黃肌瘦不算，最後還有許多人因吸鴉片而身亡，歌謠直接寫出
吸食鴉片最後的下場，無非就是要直接使人心生警惕，早早遠離毒
害。事實上遠離毒品不只是針對男性而言，只是歌謠中通常是用來
勸郎或勸夫，極少在客語聯章體歌謠中出現此點為勸婦女者，故歸
入此類。

　　由以上的歌謠及數量可看出，社會上對於男性的要求其實並不多，基本上男子所擔負的責任就是成家立業和勤勞，透過歌謠的呈現，幾乎此類型歌謠的著重點都在於以上兩項。以下之例〈十勸俚哥愛知機（懂規矩）〉[35]雖然還強調別的重點，但拒嫖賭和拒毒品仍是最重要的兩點，舉例如下：

> 一勸俚哥要知機，交朋結友重義氣；
> 循規蹈矩走大路，安分守法辨是非。
> 二勸俚哥要知機，結交邪惡害自己；
> 嫖賭食著非上策，俚就不講虞也知。
> 三勸俚哥要知機，花街柳巷莫徘徊；
> 煙花女子拉上手，唔死也要脫身皮。
> 四勸俚哥要知機，酒家茶室莫入佢；
> 酒不醉人人會醉，茶孃酒女像狐狸。
> 五勸俚哥要知機，出門辦事愛早歸；
> 旅館客棧少去歇，溫柔鄉內防妖姬。
> 六勸俚哥要知機，脫衣歌舞莫看佢；
> 春宮電影傷風化，走火入魔悔已遲。
> 七勸俚哥要知機，麻雀紙牌莫賭佢；
> 政府早經有禁令，學會賭錢傷元氣。
> 八勸俚哥要知機，鴉片嗎啡莫沾佢；
> 煙毒上癮傷身體，骨瘦如柴像殭屍。
> 九勸俚哥要知機，酒色財氣惹是非；
> 遊花浪蕩麼了日，經營事業正情理。

---

[35] 引自謝樹新主編：《客家歌謠專輯（第五集）》（苗栗縣：中原苗友，1973年 5 月），頁 29。

十勸佢哥要知機，待人處世應守禮；

天下本無為難事，成功立業靠自己。

歌謠中強調交友的重要性，同時要人循規蹈矩，安分守法，明辨是
非。同時要遠離損友，不到不良場所，不賭不嫖不吸毒，好好經營
自己的事業，成功自然可期。此處說明社會對男性的共同期望，讓
人銘記在心。同時從用語可看出此首歌謠應是近代才創作，因其中
出現如麻雀紙牌為常見之賭博用具、嗎啡為較近代的毒品，春宮電
影、脫衣歌舞這些名詞出現皆距今不遠，可見這些道德規範，不論
古今，都非常重要。

（3）其他

在民間歌謠中勸誡類的歌謠相當多，除了針對男女個別的要求
外，在客語聯章體歌謠中，也對特定對象有一些勸誡，舉例如下。

〈十囑司機〉[36]

一囑司機講天良，生活規律莫荒唐，

小心駕駛莫闖禍，天天安樂喜洋洋。

二囑司機莫嫖娼，早眠早起保健康，

節儉儲蓄打長算，討個賢妻幫你忙。

三囑司機莫賭錢，賭場無法又無天，

荒工費業傾家產，有何面目見親朋。

四囑司機莫酗酒，酒醉就會亂性情，

撞倒別人要賠償，壓死人家要服刑。

五囑司機莫吹煙，大煙犯法又花錢，

一來損壞好身體，二來賣盡好田園。

---

[36] 引自謝樹新主編：《客家歌謠專輯（第三集）》（苗栗縣：中原苗友，1973
年 5 月），頁 25。

六囑司機守規章，保持距離要正常，
牢記安全為第一，鬧區彎巷莫慌張。
七囑司機應切記，違規超車無道理，
粗心大意出亂子，車毀人傷悔就遲。
八囑司機莫大意，行車事事有定規，
校區不亂鳴喇叭，平交道上莫奔馳。
九囑司機心莫狠，空檔行車不安全，
為了節省汽油量，多少生命赴黃泉？
十囑司機要細心，開車之前檢查清，
幾多車禍原因在，剎車機械失了靈。

此例相當特殊，針對特定的對象「司機」進行勸說，也作為提醒和
叮嚀。這首歌由內容推知為較近期者，但由收集成為書面資料的時
間來看，距今也接近三十年，當時能夠有車、而且會開車的人是相
當少，而當時必定有這些不好的狀況，才能成為歌謠用來勸誡的
對象。但這些情況在現今社會仍是屢見不鮮，實令人感嘆。

其他特殊情況，亦舉例如下：

〈**奉勸世間人歌**〉[37]

……

六來奉勸世間人，為人買賣愛公平；秤愛平來斗愛正，天上
鑑察有神明；各人存心守本分，不可枉來欺騙人。

……

---

[37] 引自謝樹新主編：《客家歌謠專輯（第六集）》（苗栗縣：中原苗友，1976
年 9 月），頁 41。

〈勸良言〉[38]

……

六來奉勸生理（生意）人，買賣特確愛公平，秤坪斗滿為標準，莫用秤斗考刂人。

八來奉勸師阜人，傳教愛來存良心，工夫決定愛盡放，學徒永念恩義深。

九來奉勸藥店人，抾藥要來照本心，藥錢麼人來講價，莫用假藥來騙人。

……

以上二例是提醒一般人，無論是做生意也好、開藥房也好，或是收徒弟傳手藝，做任何事都要能夠誠實和有良心，這種道理是每個人都該具備的。

編歌勸世在往昔教育未普及時，具有社會教育的意義，傳達出當時的社會價值觀和所認可的行為模式。勸世歌謠通常非個人所創，而是透過所謂眾人的社會經驗，以實際生活中的人際關係作為基礎，將這些認知歸納成歌謠，勸人修善改惡。聽者不分男女老少，透過歌謠巧妙順暢的句韻，進而設身處地，受到感化或是反省。

勸世歌謠主要是針對社會脫序的現象，利用道德向上超越的自我提昇，來化除經驗界的生活困頓，在約定俗成的行為規範中，約束或加強百姓的道德理念，養成足以應付人生的生活法則[39]。但是這一切都要在民眾現實生活基礎上，配合其處世態度和社會變遷，順時去追求有效用的實踐，否則一切只會流於空談。

---

[38] 引自《勸良言》歌詞，吉聲唱片公司。

[39] 見鄭志明：〈台灣勸善歌謠的社會關懷〉，民俗曲藝 45、46 期，1987 年 1、3 月，頁 142-151、103-119。

二、反映生活問題與工作情況

　　民間歌謠的重要功能在反映民眾心聲，除了可以表達民眾對生活的感受之外，還可以具體的揭露社會現象，抒發處於社會下層被壓迫的痛苦遭遇。以下分別舉例說明。

（一）控訴婚姻的不幸

　　早期男女在婚姻上都要由父母做主，因此幸福於否取決於父母的觀念，在客語聯章體歌謠中有一些例子反映當時擇夫選妻的條件及觀念。

　　　〈十嫁夫〉[40]
　　　一嫁夫，夫家苦，一日作到兩頭烏，
　　　無好食來無好著，油鹽柴米件件無。
　　　二嫁夫，看錯樣，西裝畢挺空排場，
　　　正當事業唔肯做，強迫老婆當茶娘。
　　　三嫁夫，喚奈何，狂戀舞女做老婆，
　　　四門六親勸唔醒，掛名夫妻有當無。
　　　四嫁夫，夫不仁，詭計多端法律精，
　　　空頭支票三四本，專騙忠厚老實人。
　　　五嫁夫，夫荒唐，三餐紅露和高梁，
　　　今朝有酒今朝醉，無管老婆餓斷腸。

---

[40] 引自謝樹新主編：《客家歌謠專輯（第三集）》（苗栗縣：中原苗友，1973
　　 年 5 月），頁 38。

六嫁夫，性更浪，不愛家妻愛舞孃，
花錢可比燒金紙，傾家破產人也亡。
七嫁夫，名小狗，日裡睡目夜裡蹓，
刑警破案捉將去，身分原來是小偷。
八嫁夫，蠻如牛，娼樓茶室裝風流，
生活長年靠拳腳，稱雄為人做打手。
九嫁夫，我心傷，正事丟撇開賭場，
天九四色並麻將，日賭夜賭賭到光。
十嫁夫，如我願，有屋有地有良田，
美滿姻緣歌好合，夫唱婦隨慶百年。

〈十娶妻〉[41]
一娶妻，娘家狠，聘金索取兩萬元，
結婚三日溜也走，騙婚官司打兩年。
二娶妻，好模樣，美容打扮巧梳妝，
媒婆講係紅花女，事後正知二嫁娘。
三娶妻，起禍殃，搬弄是非真在行，
子嫂不和時口角，兄弟分家割心腸。
四娶妻，唔好講，妻曾生活在歡場，
煤手早被千人枕，珠唇已經萬客嚐。
五娶妻，難隨唱，食飽專講人短長，
汝敢罵佢兩三句，一睡三日唔起床。
六娶妻，性善妒，打夫罵姑惡聲著，
左右芳鄰怕三分，大家喊作雌老虎。
七娶妻，妻放浪，開口就像機關槍，

---

41 引自謝樹新主編：《客家歌謠專輯（第三集）》（苗栗縣：中原苗友，1973
年 5 月），頁 38。

　　三餐飯菜懶得煮，日夜打牌真緊張。
　　八娶妻，娶來苦，娘家開間棺材舖，
　　嬌生慣養獨生女，四海揚名長舌婦。
　　九娶妻，多風波，水性楊花醜聞多，
　　不守婦道罵兩句，愛生愛死愛跳河。
　　十娶妻，妻賢良，性情端淑名聲香，
　　情親恩愛相尊敬，美滿良緣福祿長。

　　〈十嫁夫〉與前引例子〈十娶妻〉，皆反映在父母做主的包辦婚姻下，表面所看與實際有很大的出入。許多婦女因為媒婆的哄騙或因父母之意而誤定終生，只要收了聘禮，舉行了儀式，就算丈夫是跛子、身患惡疾，或是有賭博、嫖妓、偷竊等惡習，甚至是花甲老翁都不能改變事實，因為生米已煮成熟飯，無可挽回。自古女子嫁人莫不以夫家富貴為榮，一但所嫁窮困拮据之餘，就不免怨天尤人。從歌謠第一章到第九章所敘述者，皆是嫁錯郎的苦痛，配合最後一章「十嫁夫，如我願，有屋有地有良田，美滿姻緣歌好合，夫唱婦隨慶百年。」，我們可以歸納出當時客家婦女的擇婿標準，首先就是考慮生存的基本條件，如住房、田地等，使將來生活有保障。如果有手藝或是有較高的教育程度的個人能力，這樣就更為理想。

　　其次當時擇婿的另一個條件就是「人品」，而「人品」中又把「忠厚老實」放在重要位置。當時對於人品的考慮，還是從家庭經濟方面著眼，如果男方忠厚老實，就不會去尋花問柳，吃喝嫖賭，家庭才能和睦安寧；一但碰上既不能勤勞簡樸又有惡習，甚至因為吃喝嫖賭而將家中田地變賣一空的男人，到頭來女性就會受苦一生。所以擇婿的標準是以生活安定、經濟無虞為主要考量，至於感情基礎的建立，反而不是這麼迫切的問題。

　　一般而言控訴包辦婚姻的民間歌謠，主角通常是婦女的控訴與怨懟，但上例中出現男子錯娶惡妻，是一般民間歌謠中較少出現的。此例可證明早期透過媒妁之言的婚姻，造成許多弊端，並不只有婦女才深受其害，男性也有可能受騙。至於選妻的要件，最重要的是要「賢良」。賢良標準的意涵，包括要孝敬公婆，尊敬丈夫，遵守三從四德的規範。比如說對公婆生活上要做到無微不至的關懷和照顧，對於婆婆的訓示，即便是老生常談，或是不愛聽的逆言，都要耐心聽完，不能表現出不屑和鄙視，更不能出言頂撞、譏諷和批評。對丈夫要敬重、溫柔、寬容、噓寒問暖，並且要思量體貼，照顧得無微不至。

　　以上所述是一般的情況，在以父母之命為重的時代，客家妹中亦有為了追求執著的愛情而不顧一切者，如：

> 〈清水歌〉[42]
> 一想同哥清水坑，路途佧險妹唔驚；
> 行進幾多河壩路，過盡幾多萬重坑！
> 二想同哥清水河，同生同死同風波；
> 雖然唔會煎樟腦，捨哥唔得樣奈何？
> 三想同哥來到今，寫封書信轉家庭；
> 有心唔怕路頭遠，切莫挂念就係真！
> ……

這首歌唱出女子為了愛情不怕艱辛的決心，就算路途再遠再難走也不怕。她也不怕貧窮，就是因為割捨不掉這份情感，故願意與情郎同甘共苦面對未來所有的困難。

---

[42] 引自謝樹新主編：《客家歌謠專輯（第二集）》（苗栗縣：中原苗友，1967年2月），頁17。

（一）反映社會的不平

經濟因素是影響生活的重要原因早期農業社會需要以勞動換取溫飽，因為客家人居住的環境平原較少，在環境困苦的狀況下，要生存就必須更勤勞，如果本身沒有田地，或家鄉沒辦法有賺錢的機會，一般客家男子都會想辦法離家到外鄉工作賺錢，謀求改善家裡的生活狀況。然而並不是努力就會有等值的回饋，因此在歌謠中反映了民中內心的無奈與不平。

1、貧窮與剝削

〈十二月梅花歌〉[43]

正月裡來是新年，梅花兄弟結團圓，
丟別父母妻兒子，千山萬水來賺錢。
二月單鳥叫哀哀，父母家中寫信來，
家中父母妻兒望，回家不得心傷哀。
三月裡來是清明，到處山林草木青，
百鳥飛來尋起陣，倕今出屋打單身。
四月禾苗漸漸青，到處無錢都難行，
走盡天下無人問，家在深山有遠情。
五月五日是端陽，出屋郎君細思量，
丟別父母妻兒子，日夜思想轉家鄉。
六月六日六陽陽，到處青禾幾時黃，
到處有禾出白米，到處有錢好風光，

---

[43] 引自謝樹新主編：《客家歌謠專輯（第二集）》（苗栗縣：中原苗友，1967年2月），頁31。

思量出屋無衣伴，父母喊催轉家鄉。

八月十五月中秋，梅花兄弟結朋友，

不想夫妻多快樂，只望父母淚雙流。

九月九日是重陽，人家梅酒菊花黃，

丟別父母日多久，催今思想淚茫茫。

十月裡來人割禾，催今出屋甚冰波，

無錢寄轉屋家使，一張書信苦言多。

十一月裡來到本庄，就看瓦屋白如霜，

屋上蓋有琉璃瓦，廳上石灰抹上牆。

十二月裡來又一年，催今出屋賺無錢，

到處庄中人割禾，轉到家中真可憐。

歌謠中的男子因為家中經濟因素，需要他離家出外謀求賺錢的機會，儘管家中父母妻兒的思念殷殷切切，目的未成是不能回去的。然而在外工作奔波一年，卻沒有賺到什麼錢，沒辦法寄錢回家。回到自己家裡，看到村莊中人在收割，而自己卻還是一文不名，家中環境依舊困苦，貧窮的苦楚自然從歌中流洩。

經濟因素對生活的影響甚大，貧苦的人感受特別深，因此客語聯章體歌謠中有另外一首〈麼錢歌〉（沒錢歌），舉例如下，以資比較。

〈麼錢歌〉[44]

一想麼錢難又難！同人轉借等人閒；

又愛三擔四保證，又驚日後麼好完。

二想麼錢真艱辛！麼錢做事難認真；

---

[44] 引自謝樹新主編：《客家歌謠專輯（第六集）》（苗栗縣：中原苗友，1976年 9 月），頁 21。

好多事業做唔到，錢多機會謀唔成。

三想麼錢心正煩！人窮似鬼一般般；

有心去尋親戚嘟，遠遠看到把門關。

四想麼錢麼人情！親戚唔肯牽成人；

有錢唔敢借倻用，急抱佛腳也無靈。

五想麼錢愛認真，認真立志作成人；

有錢划算認真使，面目留來見六親。

六想麼錢莫靠人，罕得將錢照顧人；

各人食飯各人飽，切忌窮人莫窮心。

七想麼錢不用愁，認真賺錢用機謀；

一勤天下無難事，自有雲開見日頭。

八想麼錢志氣高，賺錢成家討老婆；

公婆省儉勤力做，榮華富貴唔愁麼。

〈麼錢歌〉共八章，前面有一段「本事」，說明歌謠的由來，大意是：有個開百貨店的「阿福伯」，他父親早亡，母親也積勞成疾病逝。他年輕時，人窮志短，為求三餐溫飽，請親戚幫忙，有時能夠如願，更多時候得到的是冷言冷語，認為他「好好後生（年輕人）沒志氣」，或是「唔知羞恥得人惱」等。當他氣憤過後，決定要勵志，做給大家看，於是賣了一些東西做本錢，到外鄉做生意。六七年後，阿福有志竟成，成功回鄉，娶了妻子，拜望親戚，修理房舍並在前面開一家百貨店，親戚鄰居覺得「皇天不負苦心人」，對白手起家的阿福，改稱「阿福伯」。他後來編了這首〈麼錢歌〉，請人代書，貼在牆上用來「三省吾身」。

這首歌謠和本事所表達的就是一種腳踏實地的做人處世觀念，以及重視「坐而言不如起而行」的實際態度，呈現「勤勞」的正面道德價值觀。誠如歌謠所言，向人借錢的問題很多，無

論是個人心理層面或是別人的人情壓力，總比不上自己的自立
自強，最要緊的就是「窮人莫窮心」，惟有靠自己的認真努力
和志氣，才有成功的可能，從歌謠中我們可以深刻的體認到這
一點。

　　另外，客語聯章體歌謠中，有專以長工為主角的歌謠，「長
工」或「長年」所指的意義相同，偶爾夾雜在歌謠中。長工在早
期的社會相當常見，通常會牽下長工契約者，都是家境不好，
無以為繼，只好給地主當長工，受盡辛苦與淒凌。長工題材在
傳統歌謠中相當常見，不僅是客家歌謠，在大陸地區也很普遍。

　　這類型的歌謠通常按十二月、四季、五更分段細數受地主欺壓
的情形，有的訴說長工的身世，有的用諷刺手法揭露地主的偽善與
醜惡，有的則直接抒發內心的氣憤、怨恨等。他們共同的特點在於
情緒雖然悲痛、深沉，卻仍給人堅強的感受；有的雖以諷刺為主，
卻並不使人感到輕鬆；有的雖以敘事為主，卻有較多感情的抒發[45]。
以下就是客語聯章體歌謠中反映長工的生活與工作情況，同時此篇
長工嘆苦歌謠，也清楚表現出社會階層差距的現象。

〈農村長工嘆苦歌〉[46]
　　正月十外酒肉空，手巾一條鞋一雙，
　　人人問偃去奈位，偃講上街接長工。
　　二月長工係可憐，頭家帶偃到田邊，
　　上坵巡到下坵轉，喊偃趕緊做秧田。
　　三月長工係可憐，掮擔秧苗去蒔田，
　　十指尖尖插落去，背囊彎彎向上天。

[45] 見江明惇：《漢族民歌概論》（上海：上海音樂，1991 年），頁 206。
[46] 引自謝樹新主編：《客家歌謠專輯（第一集）》（苗栗縣：中原苗友，1964
　　年 2 月），頁 31。

四月長工係可憐，揹擔肥料去落田，
四個田角落到轉，湖蜞老蟹喊五天。
五月長工係可憐，手夯钁頭去巡田，
田頭田尾都麼水，頭家怨偃偃怨天。
六月長工係可憐，揹擔穀子打腳偏，
過個田缺倒了穀，頭家又罵扣工錢。
七月長工係可憐，抬張耙子去耙田，
牛軛掛起牛肩上，大汗流來跌落田。
八月長工係可憐，揹擔月餅擺街前，
一年一個中秋節，唔准長年聊一天。
九月長工係可憐，揹擔茶簍上茶園，
上山爬到下山轉，扯爛衫褲又麼錢。
十月長工係可憐，霜雪打下白連連，
頭家在內偃在外，冷風入骨喊王天。
十一月長工係可憐，夯張犁頭犁荒田，
上坵犁到下坵轉，愛喊頭家算加錢。
十二月長工又一年，檢齊衫褲轉過年，
轉去爺娘也歡喜，打開包袱沒隻錢。

歌詞中述說長工一年辛苦到頭，收入卻非常有限，試看「十二月長工又一年，檢齊衫褲轉過年，轉去爺娘也歡喜，打開包袱沒隻錢。」工作一年到年尾回家，卻沒錢可以帶回家孝敬父母。當時作長工，似乎就是意味著要為雇主做牛做馬，歌謠的第一句先點出「長工真可憐」這個概念，後面兩句便開始陳述工作的繁雜與艱辛，第四句則是點出雇主的奴役心態，如中秋節當天，長工也不被允許休息一天，「一年一個中秋節，唔准長年聊一天。」；再如工作時，擔穀子不小心腳扭了一下（打腳偏），「過個田缺倒了穀，頭家又罵扣工錢。」

71

過田埂時倒了穀子，雇主不會憐憫，反而急著罵長工又要扣他的工
錢，歌中全都是敘述這些長工不平之事，長工被這些工作和雇主嚴
厲的態度壓得喘不過氣，只能強忍滿腔的血淚苦情，只因貧窮，故
必須耐勞累苦寒，逆來順受。這些內心之苦無處訴說，只好透過歌
謠來宣洩，其中並無反抗意識，只求做完期限，回復自由之身。

　　這篇長工歌通過具體事件的敘述，使人感受到長工淒苦的深
重，從而激起聽者的憐憫，進而揭示窮人的苦難，實透顯出寫實的
價值與精神。

　　2、低下階層民眾之苦

　　民歌反映的生活層面很廣泛，社會底層的民眾生活也是民歌描
寫的對象，透過歌謠可使我們對他們的生活處境有深一層的認識，
也能微觀社會生活的面貌。在早期的農業社會中，地主佃農或工人
的生活差距很大，在這種貧富差距中，富者恆富，窮者恆窮，因此
窮人家除了貧窮之苦外，還有單身之苦。窮苦人家窮得無衣無食無
家產，人生自由少有保障，哪敢妄想成家？況且前面提過娶妻需要
一筆不小的費用，如聘金、禮金及其他一切費用，並不是窮人家所
能負擔的起的，既然沒有條件娶媳婦，只好獨身。下面的客語聯章
體歌謠就是一例：

　　〈無妻歌〉[47]
　　　一想無妻正孤悽，朝朝跣起來洗衣，
　　　手拿衣裳放落水，目汁流來無人知。
　　　二想無妻催自家，朝晨暗晡檢兜捱，
　　　睡到三更思想起，目汁流到枕頭下。

---

[47] 引自謝樹新主編：《客家歌謠專輯（第二集）》（苗栗縣：中原苗友，1967
年2月），頁29。

三想無妻好寒酸，鈕扣脫了沒人安，
衫爛褲爛無人補，每日無人理三餐。
四想無妻正可憐，像個野船在海邊，
日裡無雙走四海，夜裡沒雙眼看天。
五想無妻正淒涼，朋友勸偃討姑娘，
一邊行來一邊想，緊想緊真緊痛腸。
六想無妻正艱辛，因親探戚做媒人，

莫來討倒唔賢慧，害倒祖公一堂神。
七想無妻出外鄉，賺有錢銀並大洋，
當今阿妹無情義，留存多少做病糧。
八想無妻愛認真，賺錢無好顧別人，
後生時節還過得，老來無子正艱辛。
九想無妻正知差，有錢唔好亂去花，
三十年前唔轉想，香爐吊在竹頭下。
十想沒妻真可憐，句句講來無虛言，
流水落花無了日，總愛妻子正值錢。

幾句簡短的歌詞就表現出無妻的痛苦，歌中用「一想無妻正孤悽，
朝朝跣起來洗衣，手拿衣裳放落水，目汁流來無人知。」每天早上
都要一早自己起床洗衣，將衣服放入水中時，那種孤單無人照顧的
感受就突然湧上心頭，只有偷偷掉下眼淚。「三想無妻好寒酸，鈕
扣脫了沒人安，衫爛褲爛無人補，每日無人理三餐。」因為無妻，
鈕子掉了、衫褲爛了沒人管，三餐也沒人打理，這種寒酸只有自
己最清楚。歌謠突出和強化飢渴勞累的單身狀態和回家後的辛酸
苦楚，透過這些家務生活瑣事，準確的呈現單身者的悲慘淒涼，
使聽者對單身男子之苦有具體的了解和體認，也作為一種抒發的
出口。

　　再者，歌謠中針對「娼妓」，也做了深刻的描述。「娼妓」這個行業由來已久，隱藏於社會角落，屬於較底層的階級，在父系社會中，娼妓的存在有其必然性，而傳統娼妓行業的長存不息，也是肇因於女性在社會中處於弱勢地位，及貧窮的生活環境所使然。早期台灣物質生活貧困，許多女子在生活壓力之下，不得已被迫投入此種行業，人們看待娼妓一方面是懷著悲憐心態，為了賺錢而允許娼妓的存在，另一方面卻又以道德輿論來批判，以傳統道德禮教的眼光看待娼妓，整個社會對娼妓不僅是輕視，甚至是鄙視[48]。在這樣矛盾的心態下，娼妓的命運與處境相當乖舛不平。從以下歌謠內容可見一斑：

　　〈嘆煙花〉[49]
　　一更裡來嘆煙花，罵聲爺媽做事差，先日奴家八字來排算，算奴家命苦啊，八字犯桃花。恨一聲爺怒一聲媽，養大女兒就嫁人，嫁到貪苦奴家命呀，為什麼將奴家賣在煙花。
　　二更裡來淚茫茫，心肝呀思想呀愛從郎，乞食羅漢偃願嫁，甘願呀三餐呀吃介蕃薯湯。缺嘴孤腰嫁一介，勝過賣笑來當娼，想起其中悽慘事，唔知哪日正春光。
　　三更裡來淚紛紛，人客來到一大群，有介人家好款待，有介人家氣難忍。思想起來真悽慘，好好壞壞要忍渠，哪有一點無周到，己多冤枉無人知。
　　四更裡來淚如麻，人客來到亂亂摸，心內痛苦面帶笑，目汁流來衫袖遮。叔婆伯母聽言因，養大女兒愛嫁人，嫁到一介

---

[48] 台灣社會沿襲傳統中國職業階級觀念，而有「上九流」和「下九流」之分。「下九流」包括娼妓、優伶、巫者、樂人、牽豬哥、剃頭、僕婢、按摩、土工，他們是受人輕視的賤民。見片岡巖著、陳金田譯：《臺灣風俗誌》（台北：眾文，1990年），頁146-149。
[49] 引自賴碧霞編著：《台灣客家民謠薪傳》，（台北：樂韻，1993年），頁97。

傳後代，莫來耽誤一生人。

五更裡來天未明，人客來到鬧無停，心中有愁面帶笑，不敢怒氣得罪人。天地神明愛有靈，保佑奴家早嫁人，日後若係年幾大，奴家愛來靠何人。

〈無夫歌〉[50]

一想無夫真悽慘，幾多暗切無人知，
命歪出世來當界，好好壞壞著戀渠。
二想無夫真可憐，水鬼乞食做一間，
一句言語係無順，慘過前生結仇冤。
三想無夫做人難，做人按好人愛嫌，
言語少講無歡喜，講得多來人笑含。
四想無夫淚沉沉，無介丈夫做主人，
牛皮燈籠點蠟燭，點得光來外不明。
五想無夫妹知差，可比黃蜂採野花，
一點紅花人採走，老裡無雙害自家。
六想無夫妹難當，命歹出世來當猖，
必定前生有做惡，今生雪上又加霜。
七想無夫妹可憐，紅頭花赤唔知天，
有時有日得到病，無人敢到妹床前。
八想無夫命真歪，無人會來同情佢，
一心為錢無顧命，無當庵堂來食齋。
九想無夫無想長，父母年老在高堂，
爺娘生我多辛苦，樣般生佢無夫郎。
十想無夫妹想真，情願從良改嫁人，
嫁介丈夫會相惜，半飢半餓也甘心。

---

[50] 引自賴碧霞編著：《台灣客家民謠薪傳》，（台北：樂韻，1993年），頁117。

〈嘆煙花〉這首歌描述女子因為出生時算出命帶桃花，因此被迫聽從至親之命被賣至煙花巷的不幸遭遇。對於父母親的迷信，不顧女兒幸福，歌中流露出深重的怨懟和悲傷。歌中反映早期社會由於知識水準不高，先入為主底以為「命帶桃花」就不是良家婦女，不顧道德賣女為娼的悲慘情況，因而有許多少女成為迷信的犧牲品，一生名譽毀於一旦。

在〈嘆煙花〉的三、四、五段中描述娼妓生活的痛苦，必須放棄尊嚴，任由客人的要求，女子只能逆來順受，表現出身不由己的無奈。同時因為生活的苦痛，以及獨守空閨的寂寞，因此歌中的妓女透露出即便是乞丐、流浪漢，或者是身體有缺陷的人，她都願意嫁，就算三餐只有蕃薯可吃[51]，也勝過賣笑當娼妓，表明急欲脫離此行業的決心。

在〈無夫歌〉中同樣也是感嘆自己的命運差，「命歹出世來當娼，必定前生有做惡」，認為一定事前生有做惡，今生才落得如此不堪的命運，顯出迫於現實的無奈與認命的態度。同時點出從娼的目的是為了「錢」，如果不是這個原因，連出家食齋都要勝過這個行業。歌謠中同時也呈現為娼的痛苦，生病無人理，事事都要小心，無論何種客人都要接待，只怕一個不注意得罪客人，下場又是淒涼不已。因此歌中的女子透露出希望能夠從良的極大願望，只要能過著一般婦女的生活，就算物質上不豐裕也無所謂。

透過以上描述娼妓生活的歌謠，讓我們看到迫於生計或是不當觀念淪落為娼的苦痛與不幸。這些女子的遭遇值得同情，迫使她們為娼的最大因素是整個環境結構中的不平衡，貧窮和功利斷送了女

---

[51] 台灣早期社會有「笑貧不笑娼」的現象，妓女雖然在道德上受人輕視，但以收入來說，比社會上許多人都還高，同註48。

子的一生幸福,所有的無奈再加上道德眼光的鄙視,她們只好透過歌謠抒發身在風塵的心酸。

這類生活苦歌的呈現,可知民歌是民眾抒發心之所感的管道,展現出歌謠的普遍性與親和力之外,尚有反映社會現實狀況的功能。

（三）抒發工作時的情緒

民眾在工作中常透過歌唱來紓解工作時的勞累,但工作時所唱的歌不一定全屬於工作歌。這裡的工作歌主要意指以勞動生活作為題材的作品,其中能夠呈現工作勞動的過程和經驗、在工作中所表現出的情緒,以及表現職業本身的特性,故工作歌實為民眾用以紓解工作時的煩悶、傾訴工作辛苦與表達希望寄託的歌謠。

客語聯章體歌謠中最常見與採茶有關的工作歌,如〈茶山情歌〉和〈拾想摘茶歌〉:

> 〈茶山情歌〉[52]
> 正月裡來是新年,卜得今年大賺錢;
> 茶青定來十二月,茶哥茶妹結茶緣。
> 二月裡來正採茶,茶樹枝枝生嫩芽;
> 郎在左來妹在右,郎摘上來妹摘下。
> 三月裡來茶葉青,送哥一條花手巾;
> 繡個山茶花一朵,望哥只愛妹一人。
> 四月裡來日漸長,妹在家中焙茶忙;
> 郎家遠隔三里外,清風送到妹茶香。

---

[52] 引自謝樹新主編:《客家歌謠專輯(第六集)》(苗栗縣:中原苗友,1976年9月),頁26。

五月裡來茶芯濃，採了一叢又一叢；
茶芯做得茶味好，郎心愛比茶味濃。
六月裡來兩頭忙，家中少個使牛郎；
使得牛來茶又老，採得茶來秧又長。
七月裡來熱難當，郎汗酸來妹汗香；
多食茶芯少食水，看郎心頭涼不涼。
八月裡來桂花香，陣陣風來滿山香；
茶哥茶妹成雙對，桂花唔當茶花香。
九月裡來係重陽，妹家好酒噴噴香；
阿哥愛食重陽酒，阿妹愛同少年郎。
十月裡來係立冬，十處茶園九處空；
茶簍掛在金鉤上，妹心放在郎肚中。
十一月來雨雪飛，雨雪飛來濕郎衣；
妹心熱來茶更熱，一直熱到郎心裡。
十二月來又一年，算來賺到好多錢：
對哥多謝又多謝，明年再結好茶緣。

〈拾想摘茶歌〉[53]
一想摘茶真艱辛，袍袄傘你帶隨身，
頭家叫妹好去摘，兩腳雙雙到茶亭。
二想摘茶真孤希，無介朋友到來裡，
無介朋友來講唱，未得團圓日落西。
三想摘茶日落西，朋友來到茶亭企，
朋友講到錢好賺，皆因貧窮到來裡。
四想摘茶真宵涼，雞啼半夜就起床，
又想賺錢家中使，又愛賺錢制衣裳。

---

[53] 引自賴碧霞編著：《台灣客家民謠薪傳》，(台北：樂韻，1993年)，頁126。

　　五想摘茶嫩嬌蓮，手攀茶樹無時閒，
　　一世賺錢一世使，奈有兩世在陽間。
　　六想摘茶真艱辛，難啼半夜就起身，
　　露水又大目又澀，身體較好也難鼎。
　　七想摘茶熱壞裡，頭家喊妹好起裡，
　　頭家喊妹好去摘，兩日工作趕踢渠。
　　八想摘茶真奔波，袍袱傘子並襖婆，
　　霜雪又大茶又老，吃人頭路無奈何。
　　九想摘茶不及時，無介當畫嘲一時，
　　朋友間𠊎摘踢茫，心專日久摘踢渠。
　　十想摘茶又一年，手指摘痛賺無錢，
　　朋友姊妹要來嘲，愛摘唔摘過了年。

上引兩首歌謠主要是敘述採茶男女工作的情況，表現採茶的辛苦與在茶山工作的情趣。在〈茶山情歌〉前面還有採錄者提到當時耆老談採茶之事，「當時茶山上的男女工人多是山歌能手，口中唱得越起勁，手上採得越勤快。」[54]同時當時在茶山工作的男女除了採茶工作賺錢之外，還會互相調情，彼此對歌。因此這首〈茶山情歌〉的氣氛相當愉悅快樂，一年到了尾聲，算算也賺了不少錢，最後採茶的阿哥和阿妹還相約明年再結茶緣，呈現出對工作與生活的積極景象。

　　至於〈拾想摘茶歌〉則是表達受僱到茶園採茶的辛苦，若非是因為家境貧窮，需要賺錢，否則也不願一個人孤零零的上山採茶。由此可見，採茶的歡樂情調的產生還是要有許多採茶工一起工作，互相對唱歌謠或鬥嘴，工作的辛苦才容易排遣。同時在歌中也可知

---

[54] 引自謝樹新主編：《客家歌謠專輯（第六集）》（苗栗縣：中原苗友，1976年9月），頁26-27。

道當時採茶的工資應該不高[55]，故採茶女才有手都採痛了還賺不了什麼錢的喟嘆。

但工作不一定都是痛苦的，如果能夠有目標，仍會做得很起勁。如〈賣菜歌〉[56]：

> 正月賣菜蘿蔔甜，阿哥同妹去進城，
> 路途遙遙要唱歌，歌唱起來腳就輕。
> 二月賣菜豌豆鮮，行行走走又一天，
> 有𠊎阿哥同一路，行情唔好當賺錢。
> 三月賣菜甕菜長，阿哥同陣好商量，
> 青梅竹馬情難捨，皇天莫負兩情長。
> 四月賣菜有生薑，五更雞叫就起床，
> 只望將來好日到，甜酸苦辣也愛嚐。
> 五月賣菜苦瓜青，輕言細語你聽真，
> 莫看撈飛千隻眼，愛好蠟燭一條心。
> 六月賣菜豆角青，阿姆問妹唔敢聲，
> 佢講愛𠊎去臺北，嚇得阿妹盡著驚。
> 七月賣菜南瓜黃，阿哥想妹妹想郎，
> 一朝半日麼見面，行唔安來坐唔安。
> 八月賣菜白菜靚，阿姆希望賺大錢，
> 一心想妹去下海，盲奈妹心銅鐵般。
> 九月賣菜芥蘭花，求貴學賤在自家，
> 安貧守分稱淑女，賢妻多不慕浮華。

---

[55] 當時採茶女工資一天約 8 至 10 錢，而茶業墾田與粗製男工一天均為 25 至 30 錢，一般稻農工資為 20 錢。可見採茶女工的工資相較之下並不高。見林滿紅，《茶、糖、樟腦業與台灣之社會經濟變遷（1860-1895）》，（台北：聯經，1997 年），頁 101。

[56] 引自賴碧霞編著：《台灣客家民謠薪傳》，（台北：樂韻，1993 年），頁 33。

十月賣菜芥菜來，阿哥愛妹不貪財，
自古家貧出孝子，願撈阿哥做一堆。
冬月賣菜芹菜高，兩人生意都柬好，
有錢今日要儉用，節下存起好防老。
臘月賣菜葫蒜香，新年來到人更忙，
年三十日收齊帳，兩人成雙睡新房。

這首歌是賣菜女子與情郎阿哥一同進城賣菜，心有所感而唱出的歌謠。歌中陳述賣菜女子不慕浮華，能夠安貧守分，雖然一度母親為了希望賺大錢而希望女子下海為娼，但女子仍堅定意志，不為所動。女子與情郎二人都能不貪財，靠著賣菜維生，只要二人同心，勤儉持家，對賣菜女子來說就足夠了。歌謠呈現出一般民眾能夠安於現狀，期待生活穩定，家庭和樂的務實願望，也沒有太多非分之想，因此就算是賣菜，也能心情愉快。

另外早期的台灣除了採茶、賣菜、經商等等行業之外，較特殊的還有燒炭、製腦和做苧等，因此在客語聯章體歌謠中，一樣真實地為當時這些行業的生活，留下了一些紀錄。

〈十想造林歌〉[57]
一想造林起頭難，開墾種木大本錢，
來種相思有較快，都愛辛苦八九年。
二想燒炭極艱苦，九年辛苦到如今，
賺錢恰似針銚莉，鐵尺磨成繡花針。
三想燒炭在深山，深山蔭蔭不見天，
自己唔係燒炭客，燒炭怎得出頭天。

---

[57] 引自謝樹新主編：《客家歌謠專輯（第二集）》（苗栗縣：中原苗友，1967年2月），頁10。

　　四想燒炭日落西，日頭落山會暗裡，
　　日落西山無可望，心焦麻亂無人知。
　　五想燒炭一更深，夜風吹來冷到心，
　　單人獨馬情都盡，翻身無個痛腸人。
　　六想燒炭二更時，燒炭阿哥閑孤悽，
　　高床滑蓆無哥份，寒冷受苦肚又飢。
　　七想燒炭到三更，想起風流心不甘，
　　古稀日到日就老，風爐爛了還有圈。
　　八想燒炭夜又長，踏出踏入望天光，
　　舉頭待望太陽出，低頭想妹答心肝。
　　九想燒炭天會光，東片一帶白茫茫，
　　一夜五更無合目，緊想妹子夜緊長。
　　十想燒炭笑連連，木炭運出賣有錢，
　　將錢想愛買碗食，又想修心求壽年。

這首〈十想造林歌〉是敘述一個燒炭工，獨自在山裡燒炭工作，夜晚想起自己工作的辛苦，因而藉由歌謠表達自己孤寂不安又無可奈何的感受。木炭在早期台灣社會是相當重要的燃料，也是民生必需品，而製木炭的材料就是相思樹，相對其他樹種來說相思樹成長較快，故當時有許多人滿山種了相思樹，因此商機大好。製炭是早期台灣的特殊行業，到後來使用的能源逐漸進步，這一行也就也就慢慢沒落。不過在當時燒炭是相當辛苦的工作，除了必須忍受炭窯的高溫，也必須忍受燒製木炭的寂寞，因此只有在木炭運出，到了市鎮賺了錢，辛苦才算有了代價。

　　關於製腦行業，也叫焗腦，簡而言之就是從事樟腦的煉製。舉例如下：

〈焗腦歌〉（製腦歌）[58]

壹想焗腦淚盈盈，想著焗腦甚艱辛，
百般頭路都好做，切莫焗腦苦壞身。
式想焗腦到樹下，手擎鋒仔亂如麻，
臺灣焗腦千千萬，單淨命歪偃自家。
三想焗腦愛在行，天之晡光愛起身，
鍋仔缸仔愛添水，時時添火愛提防。
四想焗腦去踏樹，大家和記愛照顧，
尋到有樹共下鏈，好好歪歪共條樹。
五想焗腦真係愁，手擎鋒仔并斧頭，
一心愛來鏈斬口，不知尋有好樹頭。
六想焗腦鬧華華，初二十六愛做牙，
亦有豬肉雞仔酒，又有糯米打糍粑。
七想焗腦真不通，大家和記狀頭工，
頭工頭家賞明難，明難著竟係威風。
八想焗腦笑連連，不怕辛苦正賺錢，
一月賺有三个半，花近幾多嫩嬌連。
九想焗腦愛小心，看到有樹愛去尋，
自己焗有六斤半，不知別人焗七斤。
十想焗腦正知驚，從過明師看樹山，
從過明師來講破，大家和記你愛听。
十一想焗腦件件有，賺錢賺銀做生理，
賺到錢銀歸家嬲，不怕風來不怕水。

　　十二想焗腦真在行，賺到錢銀娶輔娘，

　　娶到輔娘生貴子，雙生貴子狀元郎。

　　我們要了解〈焗腦歌〉，就必須對當時的社會背景有所了解。
1868年到1895年間，茶、糖、樟腦是台灣地區的三大出口品，當
時樟腦的產地在1860年以前都分布在中北部平原，1860年以後製
腦地開始分布在漢「番」交界的內山地區[59]，因為樟木開採越來越
深入內山，漢「番」之間的衝突也日益激烈，因此腦丁（製腦工人）
遭「馘首」之事時有所聞，當時在內山製腦實須冒著被原住民出草
馘首的生命危險。後來為了避免這個問題，故製腦時便向原住民租
借土地，通常是透過懂得原住民語言的客家人或平埔族去交涉[60]。

　　當時製腦的方法是在砍伐樟木前，先鑑定其含腦量的多寡，當
腦丁選定含腦量較多的樟樹時，並不是將整棵樹砍下熬腦，而是爬
到樹上用刮刀將含腦多的部分刮下，這種採伐方式極為危險，常有
腦丁在刮掉含腦較多的樟木時，因整棵樟木傾倒而摔死。除了工作
風險大之外，山中多瘴疾，雨季與外界的聯絡交通困難，亦難取得
物資供應[61]。同時腦丁的工作除了砍伐樟樹、刨鋸樟片，生火熱灶
時要注意材薪不能中斷，冷卻器的冷水供應不得停止。況且身處腦
寮，雖然三面通風，但熾熱的灶火和熱氣，都非常人所能忍受，萬
一不小心則皮黑肉焦，灼傷慘重[62]。當時腦丁的工資，當腦價一
擔四十元時，其中二十四元為腦丁的報酬，佔總收益的百分之六

---

[59] 據《新竹廳志》記載：「轄區新埔、大湖、犁頭山、九芎林、樹杞林、月眉、
　　新城、北埔、斗換坪、三灣，所屬諸山之樟樹，自嘉慶、道光年間已著手
　　開採，越來越進入內山，到咸豐年間，惟有這些地區的極內山處才有樟林。」
[60] 同註55，頁130。
[61] 同註55，頁102、74。
[62] 見拙緣：〈樟熬腦〉，民俗曲藝60期，1989年7月，頁72-86。

十[63]。故由此可知當時樟腦業盛行之際，工資高，風險大，基於獲利的理由，歌謠所述「台灣焗腦千千萬」，可見當時還是有許多人願意從事這個行業。

透過對當時樟腦業的了解，對解讀這篇歌謠有很大的幫助，為什麼要大家一起去找樹和互相照顧，尋樹頭的意義在哪裡等等的問題才能獲得釐清。〈焗腦歌〉前面幾章談到的是提煉樟腦的工人製作樟腦的艱辛過程，同時也記錄了提煉樟腦要注意的步驟。透過歌謠可知當時的腦丁們彼此相互競爭提煉樟腦量的多寡，如「自己焗有六斤半，不知別人焗七斤」，顯示在當時人心目中焗腦這個行業的工資真的打動不少人，大家都希望透過辛苦焗腦多賺些錢後，就可以回家休息，也可改行做生意、娶妻生子，過安穩的生活。

至於另一種特殊的行業就是「做苧」，歌詞舉例如下：

〈做苧歌〉[64]

一想做苧就起身，包袱傘子出門庭，
人人問佢因何事，皆因賺錢正艱辛。
二想做苧真艱辛，生光半夜就起身，
三夜睡無兩覺目，十八後生都難當。
三想做苧真苦裡，已多目澀無人知，
好在朋友來講嫲，不知不覺日落西。

---

[63] 繁榮的樟腦業促使人們大量投入樟腦的就業市場，根據統計，西元 1894 年時樟腦的從業人口為一萬三千多人，當時臺灣人口約近三百萬。當時腦丁的收入高，墾首的收益更大，樟腦業成為開發史上過去的盛事。見曾絢煜：〈臺灣樟腦業今昔－走訪腦寮〉，收入《台灣的客家人專集》，漢聲雜誌 23 期，1989 年 12 月，頁 68-69。

[64] 引自黃榮洛：《台灣客家傳統山歌詞》（新竹縣：新竹縣立文化中心，1997年），頁 87。

四想做苧真蕭調，大家講起笑一場，
離往賺錢離往使，奈有賺錢來戀娘。
五想做苧真艱難，疲跎極蹶手無閒，
離往賺錢離往使，奈有賺錢來買田。
六想做苧真苦衷，無个當畫嬲一時，
人人問𠊎做㓾嬲，想心一日做還人。

七想做苧無道理，人客來到門背企，
一張凳子自己坐，莫講做苧怠瞞人。
八想做苧難又啼，頭家喊𠊎好跐裡，
頭家喊𠊎大家跐，想心一日做還人。
九想做苧鬼都驚，一身濕來一身冷，
朋友看到閒靠得，妹子看到命都冷。
十想做苧𠊎都驚，愛个朋友來教𠊎，
朋友弟兄來教𠊎，九重甄底萬事難。

　　這裡的「苧」就是「苧麻」，是早期織布的原料。苧麻所利用的是其韌皮纖維，撥取苧麻韌皮的工作就叫「做苧」。苧麻的纖維用途廣泛，舉凡布類、繩索、漁網等都需要苧麻，「做苧」的工作相當辛苦，需要通宵熬夜到雞鳴天亮，忙到連客人來到都只能端張椅子自己坐，主人還希望客人體諒因為做苧的緣故，不要覺得怠慢了他們。

　　透過文史工作者黃榮洛的說法可以得知，做苧的辛苦主要因為適當的收成期僅約二十日左右，過遲剝皮就較為困難，纖維的光澤和韌度都會退化，這樣不但影響品質，收穫量也會減少。同時雨天也不適宜收割，會影響曬乾之外，割下的莖必須在二十四小時之內完成剝皮的工作。當時栽種的面積很大，因此做苧工人在收割期間必須日以繼夜的趕工，才能爭取時效。昔日農業

社會勞動時間本來就很長，遇到做苧期間，為了要趕時效，天未明就必須開始工作，到天黑還要點燈加緊趕工，可見做苧的辛苦程度[65]。

三、其他

　　客語聯章體歌謠中所表現的生活樣貌，還包括了娛樂活動。民眾在社會生活過程中，除了食、衣、住、行等基本生活需求外，還有各種娛樂，它可以使民眾在日常生活中有所調劑，同時也使民眾心靈上得到滿足，所以娛樂是日常生活上不可或缺的要素。

　　在客語聯章體歌謠內，明確只做娛樂歌用者不多。在早期傳播媒體不發達的時代，客家人為生活而努力，在繁重的工作壓力下，閒暇之餘，所依賴的就是一群人坐在樹下或是廟口，唱唱山歌解解悶，或獨唱，或對答，或透過歌謠來猜謎等等。除此之外，當時也有三腳採茶小戲的搬演，為民眾的生活增添一些不同的情趣，客語聯章體歌謠裡具有娛樂性和趣味性成分為主的歌謠，茲舉〈鬧五更〉和〈撐船歌〉分別敘述之。

（一）鬧五更

　　　　〈鬧五更〉[66]
　　　　（男）娘呀娘（女）一更裡（男）相思悶（女）情哥來去睡
　　　　斯那唉喲（男）來呀來呀來去睡呀那唉喲（女）有聽到聽到

---

[65] 引自黃榮洛：《台灣客家傳統山歌詞》（新竹縣：新竹縣立文化中心，1997年），頁 86-87。

[66] 引自賴碧霞編著：《台灣客家民謠薪傳》，（台北：樂韻，1993 年），頁 42。

蚊蟲叫斯那唉喲（男）蚊蟲怎呀怎般叫呀叫給我聽（女）嗡
呀嗡呀嗡嗡叫斯那唉喲（男）嘻呀嘻呀嘻嘻叫斯那唉喲（女）
嗡嗡嗡，嗡嗡嗡，嗡嗡叫斯那唉喲（男）嘻嘻嘻，嘻嘻嘻，
嘻嘻叫斯那唉喲（女）叫得奴家傷了心（男）叫得阿伯開了
心（女）緊叫緊傷心斯那唉喲（男）緊叫緊開心斯那唉喲（女）
傷呀傷了心（男）開呀開了心（女）情事在（男）鴛鴦枕（女）
鴛鴦枕上（男）小妹好調情（合）鬧到二更裡。

（男）娘呀娘（女）二更裡（男）相思悶（女）什麼東西哭
斯那唉喲（男）什麼東呀東西哭斯那唉喲（女）有聽到聽到
寒蟲哭斯那唉喲（男）寒蟲怎呀怎般哭呀哭給我聽（女）即
呀即呀即即哭斯那唉喲（男）息呀息呀息息哭斯那唉喲（女）
即即即，即即即，即即哭斯那唉喲（男）息息息，息息息，
息息哭斯那唉喲（女）哭得奴家傷了心（男）哭得阿伯開了
心（女）緊哭緊傷心斯那唉喲（男）緊哭緊開心斯那唉喲（女）
傷呀傷了心（男）開呀開了心（女）情事在（男）鴛鴦枕（女）
鴛鴦枕上（男）小妹好調情（合）鬧到三更裡。

（以下各段略）

這是一篇透過男女對唱，呈現出在深夜聽到的聲響。它的內容很簡
單，最大的趣味在中間部分每一更都用一種昆蟲或動物的叫聲，一
更是蚊蟲，二更是寒蟲，三更是蛤蟆，四更是斑鳩，五更是雞仔，
從歌唱男女口中而出，一人一句的模仿，加上外頭昆蟲及動物的叫
聲，果真熱鬧。歌中對昆蟲及動物叫聲的模仿，其中尚有對男女之
情的抒表，具有較強的娛樂性。

（二）撐船歌

在早期的農業社會裡，客家村莊普遍風行「三腳採茶戲」這種娛樂活動，「三腳採茶戲」是三個腳色表演，一生一旦一丑，故稱「三腳」，當時的演員的裝備簡單，有劇情有表演，再配以簡單的伴奏下，表演古調山歌和小戲。根據研究者徐進堯的說法，三腳採茶戲主要的戲分十齣，而第十齣就是「桃花過渡」，其中包括撐船頭、尋夫歌、撐船歌三種曲調，同時桃花過渡是可以獨立演出，不與其他齣戲連貫[67]。由於近年來有不少學者專就客家採茶戲進行研究，本論文於此處僅就客語聯章體歌謠中，大家耳熟能詳，至今仍在民眾口中傳唱的〈撐船歌〉大略說明，並引全文，以資參考。

〈撐船歌〉[68]

正月裡來係新年，走路婦人真賺錢；老公走無三步腳，情郎阿哥帶滿間。

二月裡來人落秧，無情無義撐船郎；河邊搭介虎尾寮，無桌無燈無眠床。

三月裡來三月三，走路婦人路上行；
日裡食飽無在屋，瀉祖瀉公歹名聲。

四月裡來日頭長，撐船阿哥花樣多；
撐船阿哥了尾子，見到婦人哈哈上。

五月裡來是端陽，走路婦人壞心腸；

---

[67] 見徐進堯編著：《客家三腳採茶戲的研究》（台北：育英，1984 年），頁 1。此外據賴碧霞女士說法，〈撐船歌〉前尚有〈船夫歌〉（即撐船頭），二者是連貫的，1999 年 7 月 5 日筆者訪談。

[68] 引自賴碧霞編著：《台灣客家民謠薪傳》，（台北：樂韻，1993 年），頁 47。

　　日裡出門當世界，絕了祖公一爐香。
　　六月裡來人刈禾，撐船阿哥花樣多；
　　撐船恰似龜扒沙，頭搖尾動背又駝。
　　七月裡來是立秋，走路婦人不知羞；
　　日裡食飽四處走，老裡無人要收留。
　　八月裡來是中秋，撐船阿哥不知羞；
　　有時有日水溺死，身屍骨頭水上流。
　　九月裡來是重陽，走路婦人無想長；
　　本庄阿哥你無愛，打扮靚靚出外鄉。
　　十月裡來小陽春，無愛撐船做老公；
　　有時有日水溺斃，誤了老妹介青春。
　　十一月裡來又一冬，走路婦人按威風；
　　俚無想你做妻子，你今想俚做老公。
　　十二月裡來又一年，撐船絕對講體面；
　　老妹戀郎千千萬，撐船阿哥妹不戀。

　　這齣小戲有說有唱，〈撐船頭〉先由丑唱，再由旦接唱〈尋夫歌〉。〈尋夫歌〉唱畢進行大段的口白鬥嘴，再唱〈撐船歌〉。〈尋夫歌〉[69]歌詞如下：

　　一想尋夫在碼頭，俚夫出門妹心焦，
　　一心嫁夫同偕老，拆散夫妻水上浮。
　　二想尋夫到深坑，獅狼虎豹得人驚，
　　一步行來一步踢，因為尋夫捨命行。
　　三想尋夫石子江，腳趾踢到血洋洋，

---

[69] 引自徐進堯編著：《客家三腳採茶戲的研究》（台北：育英，1984 年），頁 61。

手撕羅裙包腳趾，因為尋夫出外鄉。
四想尋夫到路亭，來來往往按多人，
列位客官親眼看，大路同同愁死人。
五想尋夫北門下，催夫出門不顧家，
枕上妻子你不要，深花不採採野花。
六想尋夫到長江，山高路遠受風霜，
有人問俚愛乃去，一心尋夫轉回鄉。
七想尋夫到長鄉，放得傘子尋店場，
逢到客官來歇夜，驚得娘子心茫茫。
八想尋夫甘露亭，有想湘州過振平，
催夫出門日多久，丟別妻子無乃尋。
九想尋夫五里亭，再尋五里難捨情，
再尋五里情難捨，十分難捨有情人。
十想尋夫到河邊，水浪拋拋得人驚，
隔遠看見親夫面，行前看見撐船人。

　　在閩南語民間歌謠中也有類似的歌謠，即為〈桃花過渡〉，其原始的戲文推測應為潮州戲劇《蘇六娘》。內容梗概為蘇六娘寄讀西蘆，與書生郭繼春相愛，贈以羅帕金釵，兩人交往有五年之久，後蘇家將六娘許聘楊姓人家，才招桃花往西蘆去喚回小姐。之後各類戲文，將桃花奉蘇母命去西蘆的情節，添加一段桃花和渡船夫進伯的對唱小戲〈桃花過渡〉[70]。客家三腳採茶戲〈桃花過渡〉的女主角名叫洪桃花，故此齣戲名為「桃花過渡」。桃花奉了娘親之命去「西螺鄉」，尋官人郭其春，要官人回鄉同娘親和妻子團圓。中途遇到撐船的船夫，兩人開始對歌，歌中出現許多諷刺性的歇後

---

[70] 見周純一：〈桃花搭渡研究〉，民俗曲藝58、59期，1989 年 3 月、5 月，頁 55-97、85-108。

語。根據徐進堯所錄的〈撐船歌〉內容與上述的〈撐船歌〉並不同，雖然二者都是對歌形式，上述的〈撐船歌〉，歌詞是十二月調，但徐書所錄不是十二月調，亦非本文之聯章體。根據上述十二月調撐船歌的來看，〈撐船歌〉歌詞雖較俚俗，其針鋒相對，不失機智的情趣，屬於民間對唱的褒歌，客語也稱「對駁山歌」。透過旦角和丑角相互調笑，在對唱間展現男女之間調笑的情趣與奧妙的心理，詼諧有趣，同時調笑類的歌謠不問庸雅，提供了民眾生活上的娛樂。其中表達的男女愛情觀或道德觀，不全然是合情合理，但是在當時男女地位不同的社會，透過趣味的手法，其實蘊含道德教化的意義。

據楊兆禎所著《客家民謠》一書中紀錄，這首〈撐船歌〉又名〈撐渡船〉，作者將其歸入相罵類，「撐渡船是一首船夫與一位女乘客互相開玩笑的歌曲，可從一月唱到十二月。」[71]徐書的〈撐船歌〉到前引之〈撐船歌〉，內容由二人的對歌發展到後來有些戲謔俚俗的言語，這中間似乎受到閩南車鼓戲〈桃花過渡〉的影響[72]，但影射男女情愛的詞句二種〈撐船歌〉原本即有。這齣小戲流行於民間，無論閩南或者是客家地區，民間透過褒歌、說唱、車鼓等種種形式演出，中間或有變革發展，為時人提供娛樂，滿足觀眾的視聽需求是無庸置疑的。

透過以上之例，我們可知客語聯章體歌謠無論在愛情或是生活方面，其內容皆相當多樣，舉凡愛情的歡樂與痛苦、行為的規範與生活的苦悶，或者僅為娛樂，各種不同陳述對象的歌謠，都顯示出客語聯章體歌謠不僅貼近民眾生活，內容活潑生動，又不失教育意義。

---

[71] 見楊兆禎：《客家民謠》（台北：天同，1979年），頁69。
[72] 車鼓〈桃花過渡〉這種閩南地方小戲以最原始的基型傳承，與大戲的作風不同，甚且更加俚俗，故事從桃花為主人送信，與渡夫對歌，演變成老不休老渡夫用輕佻詞句去挑逗小女孩桃花。同註70。

第三章　客語聯章體歌謠中的歲時與習俗

　　根據學者段寶林的說法，「民間文學同勞動生產、風俗習慣、歌舞表演緊密結合，是一種活的文學，是立體性的。」[1]可見風俗習慣是從另一方面反映社會生活，是民間歌謠研究不可忽視的一環。歲時所指的就是就是分布在一年四季的各種節氣，也就是傳統所謂的二十四節氣，地方的歲時習俗能反映出民眾的信仰和文化意義，其中蘊含著對神明和祖先的敬意、親友之間的款敘之情，因此歲時節慶屬於整個族群，而且對族群生活也有不可抹滅的影響。

　　客家人的習俗中，春節、上元、清明、端午、七夕、中元、重陽、冬至都有或繁或簡的行事，依著歷時將農事、娛樂、信仰、節慶納入年度的行事中，形成有秩序的歲時生活。這些歲時習俗雖會受到時間空間的影響而有所差異，但這些節慶歌謠仍細緻地反映出歲時民俗的面貌。同時由於人們的生活長期按照習慣的方式進行，因此與一般婚喪習俗，就構成了民俗的主體。透過歌謠的描寫，除了作為紀錄之用外，同時還具備有文學上的獨特價值，並構成了民間歌謠的立體性。客語聯章體歌謠表現歲時習俗的比例雖不若前兩類多，然亦相當值得關注，以下就分成歲時節慶、生養習俗和婚喪習俗三大項進行討論。

---

[1]　見段寶林：《立體文學論》，（台北：文津，1997 年），頁 15。

第一節　歡喜慶年節：歌謠中的歲時節慶

　　歲時節慶在我國文化發展中，是先民生活的經驗累積，同時也與日常生活緊密結合，成為民俗活動中重要的一部份。我國民間的歲時節慶最早導源於夏曆的「節氣」[2]，同時加入的民間信仰如媽祖誕辰等宗教活動，使得歲時節氣與民間信仰結合，成為民眾生活的重心。在客語聯章體歌謠中，通常在月令類歌謠的首句，就以月份配合歲時排列，其中有專敘新年節慶的歌謠如春節歌，也有分敘一年十二個月份節氣特點的歌謠，以下分別敘述之。

　　首先是專敘新年的歌謠：

〈春節歌〉[3]

初一天光人拜年，清香蠟燭拜祖先，
保佑𠊎哥平安福，出門到處賺大錢！
初二婿郎來上廳，頭顱低下唔敢聲，
𠊎在房裡偷眼看，斯斯文文面貌靚！
初三窮鬼送出門，各人在家嬲新春，
斟壺燒酒𠊎哥飲，引得𠊎哥醉醺醺。
初四神明降下天，家家廟廟盡香煙，
一年四季平安順，求得上籤笑漣漣。

---

[2]　二十四節氣依序為立春、雨水、驚蟄、春分、清明、穀雨、立夏、小滿、芒種、夏至、小暑、大暑、立秋、處暑、白露、秋分、寒露、霜降、立冬、小雪、大雪、冬至、小寒、大寒。

[3]　引自謝樹新主編：《客家歌謠專輯（第二集）》（苗栗縣：中原苗友，1967年2月），頁37。

初五排來年庚開，親家且姆一齊來，
酒醉飯飽回家去，廳前送客笑顏開。
初六早起等天光，梳洗打扮看婿郎，
人人都說佢白淨，奈裡當得佢親郎？
初七生菜七樣齊，夾菜食叛正合時，
姑娘腳尖手又嫩，容貌生來賽西施。
初八相請食菜茶，阿妹上家搬下家，
纖腰款擺風前柳，當時得令一枝花！
初九排來天地生，家家香案擺三牲，
清香蠟燭來禱祝，保佑姑娘手腳輕！
初十祠堂搭燈棚，好得佢哥幇手成，
佢自看哥哥唔曉，緊看佢哥緊後生。
十一處處人開燈，家家燈火照門前，
多情阿妹傳眉語，回頭一笑百媚生！
十二大家好迎春，西社今日遊真君，
綠女紅男過橋去，橋中男女實難分。
十三東社遊王爺，家家香案插鮮花，
佢家近在王爺廟，早晚敬奉五香茶。
十四無事人清閒，家家阿妹神仙般，
大家梳起蟠龍髻，好找情郎結鳳鸞。
十五月圓是元宵，想起佢哥心頭焦，
人人都是成雙對，佢哥在外自逍遙。
迎仙橋上月如銀，橋上遊人愛認真，
明月雲遮朦朧影，佢哥切莫認差人！
姊姊拔菜佢拔蔥，保佑嫁個好老公，
月影朦朧無人見，回家洗手心正鬆。
元宵明月徹夜光，月下看燈好輝煌，

　　同行姊妹多歡樂，心事重重念在郎。
　　街頭看燈街尾來，燈心蠟燭淚成灰，
　　阿妹唔知𠊎心事，哀聲嘆氣只自哀！
　　𠊎是羅敷自有夫，阿哥妳莫恁糊塗，
　　深情只好等來世，元宵過後莫招呼！

　　農曆新年是最重要的歲時節慶，早期客家人的春節假期要「嬲」（按：休息）至正月十五元宵節才算結束，這篇〈春節歌〉將新年期間的主要民俗信仰活動和生活作息，從初一到十五依序描寫出來。首先是大年初一，一大清早家家戶戶就以牲醴果品擇定吉時祭祀祖先，燃放爆竹，祈求一年的順利與平安。同時也紛紛到寺廟裡進香，俗稱「行香」[4]，祈求新的一年事事順遂。

　　年初二則是出嫁女兒與女婿回娘家的日子，《台灣通史》〈風俗志〉記初二風俗：「新婚者以是早往外家賀春，設宴饗之。婿歸，贈以儀。」客家婦女在這一天帶著禮物（雞腿、糖果及其他孝敬父母的東西），到娘家與父母兄弟姊妹歡聚，客俗稱之為「轉妹家」或「轉外家」。

　　大年初三依習俗要「送窮」，初三是送窮鬼的日子，家家戶戶都要清掃垃圾，送出屋外，放在路旁，意味窮去富來，期望來年家裡能夠發財[5]。同時大家都因為前兩天早起忙著賀年，這一天就不過門做客，稍做休養，早點睡覺。另有傳說，此夜為老鼠娶親日，因此入夜之後，大家都要提早熄燈入睡。

　　正月初四為接神日，傳說灶君在年前臘月二十四日回天庭像玉皇大帝述職，報告一年人間的行為善惡，到大年初四返回人間復

---

[4]　見陳運棟：《台灣的客家禮俗》，（台北：臺原，1991 年），頁 119。
[5]　關於送窮的傳說，見高賢治：《客家舊禮俗》，（台北：眾文，1986 年），頁 54。

職。因此在大年初四這天晚上，大家準備牲醴及香燭、放爆竹祭灶神，又稱「等神」，要迎接灶君與眾神。

正月初五叫「開小正」，通常這一天使許多商店選擇開張的日子，故歌謠中說「初五排來年庚開」，即為此意。一般貧苦的客家人「嬲新年」就到這一天為止，但富有之家則一直休息到元宵節，因此這一天還是可以宴客。故歌謠中亦陳述「親家且姆一齊來，酒醉飯飽回家去，廳前送客笑顏開。」親家這一天來家中拜訪，一直到吃過飯後，在主人的留客聲中愉快的回家。

至於正月初六，一般來說比較沒有特殊習俗。

正月初七在《荊楚歲時記》中云：「人日以七種菜為羹」，這一天婦女們採菠菜、芹菜、茴香、蒜、蔥、韭菜、白菜等七樣蔬菜共煮而食，就是歌謠中的「七樣齊」，據說吃了就會得財利。

正月初九是「天公生」，這一天是玉皇大帝的誕辰，祂手握人類與萬物生成賞罰的大權，是至高無上的諸神主宰。這一天午夜零時起到當天凌晨四點鐘止，都是舉行祭典的時間，人們要準備牲醴果品等敬神。因為天公有生成保育萬物之德，故禮極隆重，故第九章歌謠的最後一句「保佑姑娘手腳輕」，婦人分娩叫做「輕」，這句之意是保佑婦女能夠順利生產。

一般習俗到了天公生之後，就要等到十五日的元宵節才有活動。歌謠中的正月十二日是陸豐地區的民眾，在這天會去祭拜許真君，即保生大帝，依照陸豐地區的客俗，這一天真君神像會出遊繞境，過仙橋時，善男信女眾多，至為擁擠。歌謠敘述的十三日東社遊王爺，這也是陸豐地區的習俗。

到了正月十五元宵節時，又稱上元節或燈節。民間習俗中，元宵節是一個多采多姿的節日，有賞燈、舞龍、猜燈謎等娛樂活動。至於女子偷蔥拔菜的習俗，似乎是受到其他習俗中，女子結伴至人家菜園偷取蔥菜，有拔蔥嫁個好老公，拔菜嫁個好女婿之諺語的影響。

　　在客語聯章體歌謠中除了專述新春期間的歌謠外，還有分述一年十二個月份節氣習俗歌謠者，如：

〈春節農家樂〉[6]

正月哩來喜洋洋，貼起門神體面光，
家家戶戶辦酒菜，糖果餅子用簍裝。
二月哩來百花香，四處整田播禾秧，
又講清明拜山事，八音鑼鼓響叮噹。
三月哩來好春光，四處禾秧又講長，
揩擔肥料交糞草，請人蒔田亂茫茫。
四月哩來月季香，四月人家鬧飢荒，
三荒四月難過日，肚饑難等禾米黃。
五月哩來夏日長，五月五日是端陽，
各處門前菖蒲掛，祠堂奉祖列兩旁。
六月哩來莫慌張，六月大暑禾又黃，
財主上街買酒肉，請人整修大禾倉。
七月哩來穀滿倉，番禾蒔撖好嬲涼，
男人上街買節料，婦人包粽缸打缸。
八月哩來桂花香，八月十五嬲月光，
老人在家食餅子，後生外出喜洋洋。
九月哩來菊花黃，九月九日是重陽，
家家做起重陽酒，糯米糍粑蘸白糖。
十月哩來莫慌張，十月立冬禾又黃，
財主出秤來收穀，收穀人馬列兩旁。
十一月來穀滿倉，家家糶穀來買糖，

---

[6]　引自謝樹新主編：《客家歌謠專輯（第一集）》（苗栗縣：中原苗友，1964年2月），頁23。

又買香燭並紙炮，又殺豬子做醃腸。
十二月來莫落霜，老人細子聚一堂，
各處門前來掛號，才拿炮竹列兩旁。

〈十二月時歌〉[7]

正月十五做元宵，家家門口綵花燈，
牽龍做戲弄獅子，炮竹打來響連連。
二月初二伯公生，看見禾苗滿田青，
禾苗草木除除忒，不久掛紙又清明。
三月二十三媽祖生，上府割香轉來迎，
連上上府兩三日，劏雞殺鴨一般般。
四月面下割早禾，男女混離同割禾，
禾仔割來有一半，點心攤仔挑過來。
五月五日係端陽，家家門前插蒲香，
裏粽做有該裡熟，走跑射箭划龍船。
六月六日熱難當，久聞西瓜好解涼，
六月時氣多炎熱，湖鰍曬死滿田央。
七月七日祭七娘，拿起芋仔煎芋糖，
不久十五月半到，準備三牲祭外方。
八月八日係春秋，蒲展早子即時收，
田頭伯公得利子，黃紙插來滿田坵。
九月九日係重和，風災緊閉走山崗，
遇著九月多風颱，紙鶴食風順天高。
十月半邊割大冬，雞啼半夜喊出門，
等到天光喊轉屋，早起三朝當一工。

7　見彭素枝：《台灣六堆客家山歌之研究》，國立台灣師範大學國文研究所碩士論文，1995 年，頁 244。

> 十一月來天漸寒，一年兩季收起來，
>
> 不久庄上喊還福，遇著做戲朋友來。
>
> 十二月裡來天大寒，耕田阿哥愛思量，
>
> 遇著做田放夜水，涼風吹來苦難當。

　　在上引歌謠中，首先可知時令、農事和民眾生活密不可分，息息相關。如立春是二十四節氣中的第一個節氣，農家往往把這一天當作真正一年的開始，春分時節，農家就會整田插秧，開始一年的農事。三月時忙著農事，到了四月，北部地區稻子還未熟，這時為青黃不接的時候，所以較窮困的人家有時會鬧飢荒；但南部地區早熟的稻子已經可以收割了，因此男女都為收割而忙碌，「禾仔割來有一半，點心攤仔挑過來。」意指收割到一半時，家裡就會送來點心，讓工作的人休息一下喘口氣。到了六月節氣到了大暑的時候，稻穀就成熟了，七月份一期稻作已經收割完，農事剛完大家都可以趁此機會休息一番，同時遇到中元節，男子要外出買辦節日所需，婦女則可在家中做拜拜的準備等。到了十月立冬時，二期稻作又收割，因為一年的豐收穀滿倉，家家戶戶因而可以辦年貨，準備迎接一個愉快富足的新年。

　　另外透過歌謠我們還可以對客家地區一年的歲時習俗有所了解。正月最重要的就是春節和元宵節，春節時大家都會貼春聯和門神，家家戶戶都會備齊年菜和一切所需來迎接新的一年。元宵節這天是俗稱的燈節，大家都會去賞花燈，路上舞龍舞獅，到處都是鞭炮熱鬧的響聲，各家都會準備牲禮祭祖敬神一番。過年的歡樂氣氛就到此日為止，一切恢復平常作息。

　　從立春一直到清明日為止，客家人各選擇吉日，備妥三牲果品等祭品到祖先墳墓祭拜，就是客家人所稱的「掛紙」[8]，一般稱之

---

[8] 所謂的「掛紙」，就是掃墓時以鋤頭取一塊碧綠的草皮，將所攜來的一疊黃

為「掃墓」。苗栗地區的客家人通常在正月十六日掃墓，這個日子的選定有兩種說法：一是昔日較窮困的客家人，沒有多餘的錢再辦牲醴祭墓，而利用元宵節時敬神用的牲醴去祭祖，這是較窮困客家人變通的辦法。一則是昔日元宵節過後年假才算結束，出外謀生者，利用年假完成掃墓等應盡的孝心與責任，亦含有向祖先告別，祈求平安與事業順利的多種涵義。隨著工商時代的來臨，正月十六日這一天並不一定是假日，因此掃墓的日子逐漸有人改在元宵節後的第一個星期天，只要在清明節前都是可以的，通常以利用假日祭掃為多，不過北部客家人傳統中較少在清明節當天才掃墓。

農曆二月二日相傳是土地公，當境「福德正神」的壽慶。土地公為台灣民俗信仰中最普遍的神明，民間相傳二月二日及八月十五日為其生日，此為古代社祭之遺俗。「社」是祭祀土地之意，二月初二屬「春祈」，八月十五日為「秋報」，為昔日農耕儀禮中最重要的儀式活動[9]。

農曆二月十二日係民間傳說中百花的生日，各地傳說的百花生日，日期不一，或有二月二日、二月十五日者，相傳這一天如果沒有下雨，百花都會開得極為燦爛。

三月二十三日是媽祖誕辰，一般而言媽祖是沿海人家的守護神，這一天大家皆準備牲醴祀神慶祝。在台灣地區民間普遍信仰媽祖，無分閩客省籍，認為媽祖是有求必應的女神。在本省客家地區從正月到三月間，會至北港朝天宮參拜，或擇一日迎請北港等地的

紙（黃紙上滴有雞血），以草皮壓在墳頭上，旁邊的土地神（后土）也要掛紙。然後在墳地四周擺上十二張「銀紙」（閏月就加一張），叫做「禁墳紙」。同時掃墓用的牲醴只能用全雞，不可用「扁嘴」的鴨或鵝。參見陳運棟：《台灣的客家禮俗》（台北：臺原，1991 年），頁 121；高賢治：《客家舊禮俗》（台北：眾文圖書，1986 年），頁 62。

9　見黃新發總編輯：《我們的家鄉苗栗－民俗篇》，（苗栗縣：苗栗縣政府，1994年），頁 46。

媽祖神像到村廟中，舉行祭典並演劇謝神，又稱「做媽祖戲」。歌謠中的「上府割香轉來迎，連上上府兩三日」，上府指的是台南府城，割香指的是進香團，由於這篇歌謠出自於美濃地區，可知當地民眾在媽祖誕辰這天，會到台南府城進香。

農曆四月，節氣屬於立夏，立夏指春去夏來，為夏季的開始，此時春天的作物皆已直立長大，如第一期稻作也開始成熟。

到了五月，進入夏天，最重要的節日就是五月五日的端午節，俗稱五月節，與春節、中秋節同為我國民間三大重要節慶。關於端午節的習俗有很多，最通俗的就是製香包、包粽子外，同時這一天家家戶戶都會在門口掛菖蒲葉，也會裹粽子和準備三牲祭祖敬神，一般的民俗活動則是龍舟競賽。

六月進入節氣中的大暑，天氣炎熱，此時梅雨季已過，時序進入三伏炎夏，正好曬衣收藏。透過歌謠內容，我們可知六月天熱到連池塘中的「湖鰍」（泥鰍）都被曬死，可見此時已進入酷暑。

農曆七月七日相傳是床母（客語床公婆）、七星娘娘的生日，也是俗稱的「七夕」，又叫「乞巧節」。相傳源自於民間牛郎織女鵲橋相會的故事，固有人稱織女為神，又叫「七娘」，到這天晚上要備妥香粉、水果、胭脂、針線等等敬祀，叫做「巧會」，以乞求織女賜給自己一雙巧手。而「床母」被奉為兒童的保護神，祭拜時間通常也是在七月七日傍晚。

七月十五日是中元節，是目前民間重要節慶之一，又稱「中元普渡」，此日家家都會準備牲禮，到傍晚時分，大家都會擺好祭品，焚香燒紙錢，「祭外方」就是指敬祀孤魂野鬼，這種儀式叫做「普渡」，本省客家人又稱之為「拜好兄弟」。中元節對孤魂進行祭拜，佛門亦稱之為「盂蘭盆會」，皆富有慎終追遠的意義，在維繫社會人心安定與和諧方面，都有其正面的影響力。

八月十五日是中秋節，為台灣民間三大節俗之一，這天家家戶戶都會準備牲醴祭祀祖先，是夜每家都會準備月餅賞月聊天洋溢溫馨與團圓氣氛。關於中秋的傳說很多，諸如吳剛伐桂、祭月祈求良緣、嫦娥奔月等，增加了節日的內涵，也增添許多節慶的情趣。

九月九日則是重陽節，俗稱「重九」。習俗中男女老幼都要結伴登高，敬神禳災，飲重陽酒、放風箏，歌謠中尚出現食糯米糍粑蘸白糖這種客家傳統點心。

十月份秋收之後，十一月大家就開始準備過新年製應景的食物如香腸，並準備新年用的物品。歌謠中的「還福」就是秋收之後（約二期稻作收成後），鄉下各村落分就別舉行村廟的祭典，為感謝神明和上蒼庇祐，農作豐收，而有平安祭。相名諄被祭品祭祀神明，同時演戲謝神並設席宴客，又叫「做收冬戲」或「做平安戲」。到十二月「冬至」歲時節氣之末過後，大家就準備過農曆新年了。

這一類歲時節令歌謠，反映出民眾生活與節氣密切結合，每個時令節氣都有其特色，有些是結合中國傳統文化，如端午、中秋；有台灣地區人民所共有的，如對媽祖的信仰；也有客家人獨特的習慣如掃墓。總而言之，歲時節慶透過民歌呈現的內容，反映早期民眾的社會生活和信仰，促進節慶風俗的流傳和保存其特色，具有正面的文化價值。

第二節　渡子的恩情：歌謠中的生育禮俗

人們為了追求生命的存在和延續，並使自己的宗族、事業、財產後繼有人，同時早期農業社會以農事為主，對人力的需求殷切，因此生養後代成為夫妻所擔負最重要的責任。當時的傳統為大家

族，子孫滿堂是福氣的象徵，「早生貴子」、「多子多孫多福氣」、「養兒防老」、「有子窮幾年，無子窮一世」等等諺語都反映出前人的生育觀，長期在民間流傳的結果，在生活中形成民眾根深蒂固的概念，於是「不孝有三，無後為大」，生養子嗣被提昇到孝道的層次，成為一種標準，也成為生活的重心。

在客語聯章體歌謠中，針對懷胎與育子與子女對父母的孝養，都有相關的歌謠。

一、懷胎

懷孕乃是人類為了延續生命，並繁衍下一代的過程。對女性而言，懷孕一事可說是如人飲水，冷暖自知。懷胎十個月的時間，過程的酸甜苦辣，客語聯章體歌謠透過歌詞將過程生動的描述。一方面表現懷孕的辛苦，一方面則是描述為人父母的喜悅。女性在懷孕的十個月中，身心的變化很多，在〈病子歌〉、〈十月懷胎歌〉中有許多描寫：

〈病子歌〉
正月裡來新年時，娘今病子無人知，
阿哥問娘食麼介，愛食豬腸炒薑絲。
二月裡來是春分，娘今病子亂紛紛，
阿哥問娘食麼介，愛食糕子煎鴨春。
三月裡來三月三，娘今病子心頭淡，
阿哥問娘食麼介，愛食酸澀虎頭柑。
四月裡來日頭長，娘今病子心裡忙，
阿哥問娘食麼介，愛食楊梅口裡酸。

五月裡來是端陽，娘今病子面皮黃，
阿哥問娘食麼介，愛食鹹粽沾白糖。
六月裡來熱難當，娘今病子苦難當，
阿哥問娘食麼介，愛食仙草泡糖霜。
七月裡來是立秋，娘今病子真無修，
阿哥問娘食麼介，愛食竹筍煲泥鰍。
八月裡來月團圓，娘今病子真可憐，
阿哥問娘食麼介，愛食月餅剁肉圓。
九月裡來是重陽，娘今病子餓斷腸，
阿哥問娘食麼介，愛食豬肝並粉腸。
十月裡來是立冬，娘今生子肚裡空，
阿哥問娘食麼介，愛食麻油炒雞公。
十一月裡來又一冬，手抱孩兒笑容容，
阿哥問娘愛麼介，愛你冬衫背帶裙。
十二月裡來又一年，手抱孩兒笑連連，
阿哥問娘愛麼介，愛你絲線來串錢。

　　由於懷孕生子是延續宗族的大事，以往有許多禁忌，如孕婦不能搬動家中物品，也不可隨意穿鑿補釘，其背後意義皆在於教導孕婦不宜過度勞動，以保護胎兒的安全。而客俗中對於生子和坐月子，也有其要求，諸如要靜臥休息、食麻油雞酒，同時不可洗頭，以免得頭風之類的說法。〈病子歌〉通常是作為餘興歌唱的，依照季節月份之序，描寫各月的節氣變化，配合時令特產，以及孕婦隨月份增加，在身體心理上的苦悶情形，並在丈夫體貼照料下，呈現懷孕的過程。同時經由丈夫與妻子間的對答，充滿了幽默氣氛，除了呈現夫妻之間體貼的感情之外，也具有趣味性。

　　這篇歌謠最值得注意的是歌中所描述懷孕婦女飲食嗜好的變化，早期民眾對於孕婦生理變化與飲食之間的關係，並不像現在有

許多專業知識，以配合孕婦渡過懷孕種種不適的情況，許多有關婦女在懷孕期間的保健知識和過程，藉由民歌的流傳，可以使人從中了解婦女的身心狀況，以及飲食習慣的變化，成為婦女懷孕的飲食指南。透過歌謠的傳播，集合眾人經驗，使其具備教育功能，俾使民眾得以吸收而獲益匪淺。

〈十月懷胎歌〉[10]

正月懷胎如露水，桃李開花正逢春，
懷胎可比浮根草，未知何日生根來。
二月懷胎不及時，懷胎娘子苦難子，
頭濃寄排難梳妝，幾多針指放了裡。
三月懷胎三月三，懷胎娘子心頭淡，
三餐茶飯沒想食，想食楊梅口裡含。
四月懷胎結楊梅，楊梅樹上結成胎，
懷胎都想楊梅食，莽得楊梅踢下來。
五月懷胎分男女，七孔八竅變成人，
是男是女心歡喜，未知何日才出生。
六月懷胎六月天，懷胎娘子真可憐，
三餐茶飯沒想食，食飽恰事上高山。
七月懷胎七月秋，懷胎娘子真沒修，
衫褲衣裳都懶洗，食飽碗筷都懶收。
八月懷胎在娘身，沒生沒養不知情，
房中掃地都難折，驚怕弄歪孩兒身。
九月懷胎是重陽，懷胎娘子面皮黃，
老人懷胎哈巧得，後生懷胎苦難當。

---

[10] 引自徐進堯編著：《客家三腳採茶戲的研究》（台北：育英，1984 年），頁 71。

十月懷胎肚中滿，肚中還兒滾滾翻，

牙齒咬得鐵釘斷，腳著繡鞋踢得穿。

十一月裡來又一冬，婆婆攬孫笑容容，

雙手抱在娘身上，世代子孫接祖宗。

十二月裡來又一年，手攬孩兒得團圓，

生男不知娘辛苦，生女正知娘艱難。

　　〈十月懷胎歌〉如同〈病子歌〉一般，以月份配合時令，生動的描寫了婦女懷孕時生理體能的變化，及心理複雜的情緒。但不同處在於〈病子歌〉是以孕婦的飲食習慣為著墨重點，〈十月懷胎歌〉則是以描寫婦女懷孕時的心情為主，將整個懷胎十月的變化，描寫得更為細緻。比如剛懷孕的時候，擔心腹中的胎兒是否能平安成長；到了第二三個月時，身體出現變化，無精打采連打扮都不想，食慾也不振。等到懷孕五個月穩定了，又擔心是男還是女？同時沒辦法做家事，想掃掃地，又怕一動影響胎兒等等，這些交雜的情緒，要等到孩子哇哇落地時，才能得到紓解。雖然這時候已經完成傳續香火的任務，但是此時也才能深深體會當年自己母親的艱辛。

　　這篇歌謠雖為敘述懷孕的過程，但亦將母親的辛勞寄寓其中，蘊含對母親生子之苦的深深感念，同時也有規勸為人子女者要善盡孝順母親之意。

二、育子與孝養

　　育子與孝養這部分指的是撫養子女，並隱含著對子女將來反饋態度的期望。而客語聯章體歌謠中所指的「度子」或「渡子」，就是養兒育女之意。生子不易，育子更難，這種生養兒女的歌謠，都

描寫生兒育女的辛苦，及期待父母希望子女能體會父母養育恩情，
故此類歌謠帶有教化意味。

〈十想度子歌〉[11]

一想度子大工程，沒好食來沒好眠；
最怕頭燒額又痛，吱吱喳喳吵死人！
二想度子實在難，肚飢想食手沒閒；
心中想食子愛乳，正知度子難又難。
三想度子真艱辛，愛知爺娘恩義深；
一夜睡沒半夜目，難得子大好安心。
四想度子苦難當，眠床冷過雪同霜；
子睡燥來娘睡濕，一夜唔得到天光！
五想度子你愛知，幾多辛苦度大你；
子大唔知愛孝順，浪了爺娘苦心機！
六想度子無奈何，恐怕度大無功勞；
自家也愛生男女，正知爺娘個奔波。
七想度子若難當，人人也愛做爺娘；
生子唔知娘辛苦，生女正知苦哩娘！
八想度子真艱辛，勸子愛記爺娘情；
愛想日後春光日，就愛眼前孝雙親。
九想度子久久長，爺娘辛苦唔好忘；
自己爺娘愛敬奉，不孝之人罪難當！
十想度子講原因，造出詩歌勸世人；
歌中勸人行孝順，家中和氣斗量金。

---

[11] 引自謝樹新主編：《客家歌謠專輯（第六集）》（苗栗縣：中原苗友，1976
年9月），頁17。

〈渡子歌〉[12]

一想渡子胎將滿，肚中孩兒就亂翻，
牙齒咬得鐵打斷，腳裡繡鞋踏得穿。

二想渡子大功臣，三朝七日真艱辛，
日夜食娘身上血，不得子大好養身。

三想渡子實在難，肚飢想食手無閒，
正扛起碗子又叫，洗裙洗衫又盲完。

四想渡子心就虛，大烃小作睡癡癡，
三日五夜麻痘起，幾多辛苦汝奈知。

五想渡子病在床，屎裙尿褲在間房，
子無睡時娘無眠，一夜還有二夜長。

六想渡子真可憐，恐驚水火來相纏，
求神托佛來起愿，大平無事正自然。

七想渡子苦難當，爺娘恩義不可忘，
愛想當初姜安子，七歲負米到庵堂。

八想渡子真可憐，幾多辛苦費心神，
聽人兒子有災難，心肝亂跳就翻身。

九想渡子無奈何，做人子女愛知勞，
自己還要生男女，愛知爺娘恨崩波（辛勞）。

十想渡子所言因，講醒因果勸世人，
若要其孫孝順俪，俪今先孝二雙親。

　　〈十想度子歌〉和〈渡子歌〉皆是以數序的方式編唱，透過歌謠展現育子的艱辛，及扶養孩子的經過，並說明了父母的愛是無私的奉獻。打從孩子出生開始的啼哭喝奶，便改變了父母親的生活作

---

[12] 引自黃榮洛：《台灣客家傳統山歌詞》（新竹縣：新竹縣立文化中心，1997
年），頁 61。

息，無論吃飯或是睡覺都不得閑。要擔心的地方很多，孩子是不是尿濕了，是不是生病了，只要孩子不睡，母親是沒法繼續工作或是休息的。有時聽到別人的孩子有災難，作母親的也會感同身受，想到自己的孩子就心難安地擔心不已。同時也希望孩子未來成長的路上不要有太多險阻，燒香拜佛許願，祈求孩子平安無事的長大等等。歌謠中反覆陳述母愛的偉大，就是要人銘誌不忘。

　　以上兩篇歌謠的內容雖然差異不大，但都是表達父母親養育子女的辛苦，他們把所有的心思都放在孩子身上，只希望孩子能夠平安長大，將來有所成就。因此在第二例的第十章，也具有尾聲的作用，點出歌謠所欲強調的重點，即在於為人子女者，要能了解父母撫養子女的苦心，並且要好好孝敬父母，回報當年的養育之恩。

　　父母與子女間的親情，是在血緣關係基礎上長久而穩定的情感，而且這種關係是出於自然，因此在儒家傳統思維中，孝順是天經地義的事。當子女幼小時，父母有撫養子女的責任；父母年老不能工作或自理生活時，子女亦有奉養父母的責任。俗語說「百善孝為先」，「孝」是重要的行為規範，基本上勸善歌謠的教化理念都是基於儒家的孝道精神，因此加強孝行的觀念，在自我和社會形成一種互動與要求之下，對民眾的思想觀念進行一種鞭策作用。以下舉〈不孝歌〉[13]為例：

> 一不孝來不思親，不念懷胎罪不輕，
> 父母年老身無力，三餐飢餓真艱辛。
> 二想不幸不思量，丟妻別母出外鄉，
> 指望你身承祖宗，雖知安樂不思娘。
> 三想不孝你不知，樣般不廳聖經語，

---

[13] 引自賴碧霞編著：《台灣客家民謠薪傳》，（台北：樂韻，1993年），頁115。

娶妻一別十餘載，奈有好子好賢妻。
四想不孝真可憐，不念父母養育情，
千言萬語哥不聽，枉費爺娘一點心。
五想不孝無想長，祖宗墳墓變山崗，
清明時節無掛掃，不念祖宗罪難當。
六想不孝不想家，自己賺錢自己花，
看你風光有幾久，病在市上正知差。
七不孝來不係人，他鄉外里作野人，
花街柳巷每日走，貪花好色害自身。
八想不孝不想妻，妻子在家受孤希，
家中事務何人做，爺娘誰人奉使渠。
九想不孝不想真，你身所生是誰人，
指望養兒來防老，賺錢不知孝雙親。
十想不孝不想歸，出門幾年全無回，
六十花甲隨時到，老裡無子害自身。

歌謠從父母這個層面開始敘述何謂不孝的行為，如「四想不孝真可憐，不念父母養育情，千言萬語哥不聽，枉費爺娘一點心。」、「九想不孝不想真，你身所生是誰人，指望養兒來防老，賺錢不知孝雙親。」透過反面的例子，點出孝順是為人子者責無旁貸的義務與責任。另外如前例的〈渡子歌〉，歌謠用寫實的手法來描寫父母的辛勞，透過喚醒深處的情感，進而讓子女們發自內心的付出真正對父母反饋的愛。這種發自內心的孝順，經過轉化成為一種道德的實踐。「十想渡子所言因，講醒因果勸世人，若要其孫孝順爾，爾今先孝二雙親。」以前的人相信因果，故從積極面來看，孝順的人可以得到好報，為自己的子孫作一個好榜樣；消極方面則可以避免社會輿論的批評。

第三節　人生的謳歌：歌謠中的婚喪習俗

從生命誕生的剎那，我們就無法跳脫生命的軌跡。從出生到成長到成家，最後邁向死亡，都是人人所必經的過程。此章節就婚喪習俗分別討論，以瞭解歌謠中所表現的婚俗與喪俗。

一、婚俗

婚姻是家庭建立的基礎，而結婚的目的最主要為傳宗接代。早期的婚姻是以「父母之命、媒妁之言」為遵循依歸，承襲著中國傳統婚姻方式，選擇婚姻的對象要「門當戶對」，同時也需要「明媒正娶」，才不會為鄉閭所譏[14]。在嚴格的禮教之下，未曾謀面的男女結為夫妻者，大有人在，因此幸福與不幸福，似乎除了彼此對婚姻經營的努力之外，就是靠運氣。在客語聯章體歌謠中，與婚姻有關者，除了描寫一般出嫁之外，尚有特殊的婚姻形式，如招贅。透過這些歌謠，可以從中一窺客家人的婚姻面貌。

---

[14] 見廖素菊：〈臺灣客家婚姻禮俗之研究〉，臺灣文獻 18 卷 1 期，1967 年 3 月 27 日，頁 19-87。

（一）一般婚俗

　　婚姻是人生大事，在客語聯章體歌謠中，與婚姻有關者，首先就是「出嫁」。一般的出嫁歌，內容大體相似，因此舉二篇為例。

〈妹子行嫁歌〉[15]

一想妹子行嫁時，爺娘愁切目淒淒，
妹子心中偷歡喜，爺娘愁切莫管佢。
二想行嫁到郎門，轎子放落正向東，
親郎雙雙來接轎，恰似金菊對芙蓉。
三想行嫁進廳堂，兩邊鐘鼓響叮噹，
夫妻雙雙來拜祖，庇祐夫妻壽年長。
四想行嫁進繡房，四門六親看新娘，
人人說妹身材好，頭插金釵十二行。
五想行嫁日落西，四門六親繡房企，
四門六親都不轉，妹子心中結懷裡。
六想行嫁二更深，我郎脫衣上眠床，
雙手牽開綾羅帳，鴛鴦枕上好調情。
七想行嫁半夜時，看見我郎笑微微，
一夜五更無幾久，不覺五更雞又啼。
八想行嫁天大光，我郎一聲就起床，
阿哥著褲妹著裙，連娘出來巧梳粧。
九想行嫁出門庭，看見妹子笑吟吟，
捉隻雄雞來炒酒，夫妻雙雙謝媒人。

---

[15] 引自黃榮洛：《台灣客家傳統山歌詞》（新竹縣：新竹縣立文化中心，1997年），頁61。

十想行嫁出門前，看見妹子笑連連，
夫妻結髮同偕老，富貴榮華萬萬年。

〈想妹行嫁時〉[16]

一想妹子行嫁時，行嫁日期亂吵池，
腳踏轎門偷歡喜，爺哀愁切唔睬佢。
二想妹子到郎門，四轎放落門向東，
夫妻兩人來拜祖，拜了夫妻一雙雙。
三想妹子到廳堂，兩邊古樂鬧堂堂，
夫妻兩人來拜堂，拜了爺娘百年長。
四想妹子進間房，四門六親看新娘，
頭上梳起龍鳳髻，頭插金插十二行。
五想妹子共凳坐，兩人坐到笑呵呵，
兩人想愛來說話，樣會別人樣般多。

歌者唱這種〈行嫁歌〉的機會是在結婚的會場上，除了表示慶賀之外，也帶動喜宴熱鬧的氣氛，並對新娘的心理嘲弄一番。如首句「一想妹子行嫁時，爺娘愁切目淒淒，妹子心中偷歡喜，爺娘愁切莫管佢。」這裡描寫新嫁娘歡喜的心情溢於言表，面對父母對她往後的日子擔憂煩心，這時快樂的新娘哪裡會關心這些問題呢？她正對於未來的日子有許多美好的響往。

此外，在歌中我們可以大概看出一些關於婚禮的程序[17]：昔日迎親有八音在前方作引導通知，迎娶行列到達女方家時，新娘上轎。之後出嫁抵達男家，乃鳴炮迎接花轎入門，至正廳前停下，待下轎時辰一到，再由男家之全福婦人牽新娘下轎，媒人則將竹篩遮

---

[16] 見彭素枝：《台灣六堆客家山歌之研究》，國立台灣師範大學國文研究所碩士論文，1995 年，頁 246。
[17] 同註 14。

蓋新娘頭上。入正廳後，新郎新娘同拜天地及祖先神位，接著要點燭、上香，後行交拜禮，新娘才進新房。以上儀式完成後，便於中午設宴請客，這是婚禮大概的流程。

在完成下轎、祭祖、拜堂、進洞房、宴客等儀式後，到了傍晚，親友仍未離去，「五想行嫁日落西，四門六親繡房企，四門六親都不轉，妹子心中結懷裡。」他們齊集洞房外，要求看新娘，此時新郎應將洞房敞開，招待諸親友入房坐憩，飲甜茶吃檳榔，賓客則趁機大鬧新房，以討吉利。新娘時時起立，依尊長順序向諸親友敬甜茶及檳榔，受者要講四句的吉詞或開玩笑以逗新娘。但新娘必須強自忍住，決不許露齒而笑，也不得繃臉生氣，任由飲茶看新娘者取鬧，等到鬧新房的客人離去之後，一天的婚禮才算告一段落。因此歌者才會透過歌謠取笑新娘，因為親友都不離去，使她沒法子早點和新郎獨處。

歌謠接著是表現新郎新娘的恩愛，到了天亮，還有要做的事。「九想行嫁出門庭，看見妹子笑吟吟，捉隻雄雞來炒酒，夫妻雙雙謝媒人。」結婚次日早餐後，媒人端坐客廳中央，新夫婦要一同向媒人拜謝是為「謝媒」，媒人接受紅包並說吉利話後便算完成。因此透過歌謠我們可以了解一般民眾結婚的禮俗，將風俗寄託在歌謠中，除了在宴客時當作增添熱鬧氣氛外，也有說明儀式的意義。以上的歌謠與結婚當天的情況息息相關，也呈現出幸福和樂的婚姻生活有個好的開始。

（二）特殊婚俗

一般婚俗是女方經過婚姻禮俗後進入男方家，成為正式夫家的一員。此外尚有不同者，在此稱之為特殊婚俗，如：童養媳、招贅婚，這種特殊婚俗並不是客家族群所獨有，而是普遍存在於早期台灣社會中。在客語聯章體歌謠裡，有好幾篇與招贅婚有關，故此處只討論「招贅」的情況。

〈二十八想招親歌〉[18]

一想後生奔人招，一重歡喜一重愁，
一心招來春光日，誰知悽慘在後頭。
二想招親真在難，做人真好人愛嫌，
一人難合千人意，三十六想做人難。
三想招親真可連，日夜做到麼時閒，
年頭做到年尾轉，零生愛使麼文錢。
四想招親真可憐，日夜做到麼時停，
衫爛褲爛麼人補，不如自己打單身。
五想招親真艱辛，雞啼做到二更深，
做到三更人睡盡，腳踏麼鞋冷到心。
六想招親真冰波，十指尖尖做到高，
百般事業做扛轉，皆因麼錢麼奈何。
七想招親真寒酸，衫爛褲爛膝頭穿，
衫爛褲爛麼人補，鈕扣斷踢麼人安。
八想招親命真歪，招到妻子惡過倕，
早知招到悽慘事，不如齋堂來食齋。
九想招親得人驚，一句燒來一句冷，
做到過好麼歡喜，已多暗切不敢聲。
十想招親倕知差，錢去貼人賣自家，
好的人家招不到，歪命招到汝屋下。
十一招親真孤悽，已多暗切麼人知，
好得朋友來解勸，不得年滿出頭時。
十二招親目汁來，目汁雙雙掃不開，
合等口仔透大氣，朋友問到講不來。

[18] 引自劉守松：《觀光日記與客家民謠》（新竹縣：先登出，1981年），頁157。

十三招親人人有，麼人招到按麼修，
三餐茶飯自己煮，靠慘做人番子牛。
十四招親真乞虧，契哥入屋不敢磊，
契哥入屋不敢講，人人講佢做烏龜。
十五招親差了差，到貼錢銀賣自家，
井水拿來打布百，緊想緊真難甲家。
十六招親人人知，皆因麼錢招到汝，
木匠夯架自造個，鐵吧曬衫叉了裡。
十七招親真不著，豆腐麼油難起鍋，
十字街頭買田螺，將錢買到氣來賻。
十八招親真忽萃，聲聲句句趕佢出，
聲聲句句磨字紙，不得枋開鉅來律。
十九招親真冤枉，不知招到惡補娘，
三日至少操四交，前生燒了斷頭香。
二十招親真艱辛，句句罵佢姣潭精，
一句半話相得失，水篤籤箕想麼停。
廿一招親真慘悽，看盡已多麼透枝，
又愛妻子曉得想，又愛父母識道理。
廿二招親麼奈何，麼想招到真冰波，
一年三百六十日，歡喜較少愁較多。
廿三招親難了難，招親招去做長年，
一人難合千人意，做人過好人愛嫌。
廿四招親淚淋淋，不知那日得出身，
我是看矩親妻子，他是看佢外來人。
廿五招親差了裡，受苦日子麼人知，
有情妹子還過得，忘恩負義正慘悽。
廿六招親想不開，緊想緊真目汁來，

> 人人也想春光日，怪得命歪出世來。
> 廿七招親講不盡，各人立志做成人，
> 自己有錢娶一個，免至招人受艱辛。
> 廿八招親年限滿，講到愛出開片天，
> 妻子帶等來去出，一家大小得團圓。

此例透過二十八章歌謠細數男子被招贅入女家之後生活艱辛，從頭到尾都像下人或是長工一般。除此之外，也不受到妻子與家人的尊重，沒有地位也沒有尊嚴可言，每天勞累工作，換來的是冷嘲熱諷，做再多也得不到讚揚，如果妻子和別的男人有來往，也只能默默隱忍，就算被別人稱為烏龜，也都沒有辦法表達心中的不悅。歌謠最後幾章說明因為被招贅是如此的不堪，因此每個人都應該要立志，不要再陷入招贅的痛苦中。

招贅婚相對於通常的男迎女嫁，實為反其道而行之例。在早期男尊女卑的社會，這種地位完全相反之婚姻形式產生，有其因應特殊社會環境的需要。就女方招贅的原因來說，大概可歸納成四點：一是因為女家無子而需要招贅，所生之子從母姓以傳續香火、二是因為家中溺愛其女，不捨其離開家庭，故為之招贅；三是因為家境困貧，乏人照料，因此以扶老養幼為條件而招贅入門[19]；四是早年男子有三妻四妾，元配若只有女兒而無子嗣，而元配不甘讓妾之子繼承全部家業，故為女招贅，以便將來讓外孫來繼承家產。被招贅的男子算是女家成員之一，不過仍可保留自己的姓名，和祭祀自己的祖先，但卻沒資格祭祀女家的祖先和繼承女家的財產[20]。至於男方願意被招贅的原因，主要是孤身遊子無以為家，或因為家中兄弟

---

[19] 同註 14。
[20] 見鈴木清一郎著，馮作民譯：《增訂臺灣舊慣習俗信仰》（台北：眾文，1994年），頁 225-226。

眾多，而無力負擔婚娶的費用。另外一種特殊情形是男子熱愛女子，而女子由於家庭環境的關係不能出嫁，此時男方只好被招進女家，這種情況比較少見[21]。

從以上這些原因來看，女方在經濟狀況不錯下，才有招贅的能力，而招贅的目的，主要仍是基於宗族傳衍的層面。至於男方因為結婚所需費用使貧窮之家無力負擔，況且結婚尚需一筆聘金的風俗，導致被招贅者多屬於貧困者，但一般人對這些「苦命」的贅婿，同情者少，鄙視者多。「招親歌」在客庄流傳，可說是過來人的血淚，足以給旁觀者警惕。

在上述的歌謠中，我們可以看見當男女婚姻角色互換之後，女方因為經濟的優勢而獲得婚姻的主導權之後，男方只得處於較弱勢的地位，猶如一般婚姻中女性嫁入夫家被人看輕。這種互補所需的婚姻，畢竟是不合時宜，同時雙方也不會在婚姻中彼此尊重，因而會造成如歌謠中所敘述，男子入贅之後反而像家中的長工一般，辛苦工作到深夜之外，還得不到妻子的尊敬，有時還得承受來自妻子的冷潮熱諷，想來便不勝唏噓，這也是過時婚俗所造成的不幸。

客家人的早期強調的婚姻觀念，多秉持著互敬互愛，故能同甘共苦。就算是丈夫遠行至海外發展事業多年未歸，妻子亦要安心操持家務，奉侍翁姑，教育子女，使丈夫無後顧之憂。婚俗雖然各地不同，但對婚禮的神聖性和社會性的認同卻是一致的。因此從歌謠中的表現可以得知，結婚不僅是個人的事，同時兼具社會意義。

---

[21]　同註 20，頁 226。

二、喪俗

　　生、老、病、死，是生命自然的循環，但由於死亡是人生最悲痛的事，對於親人的離去，總是備覺心酸。因此在無限的哀傷中，生者表現出對亡者的思念，所做的一切都是表現對亡者的愛護、體諒和安慰。在客語聯章體歌謠中如〈哭五更〉、〈拜血盆〉等，演唱的場合較常是在舉行喪事時，歌詞相當哀悽。客語聯章體歌謠中，「儀式歌」出現的種類較少，除了前例的〈行嫁歌〉之外，就是這些表示哀悼的喪歌。

　　這些歌謠主要皆在法師「作功德」、「作道場」，藉法事超渡亡靈免墮地獄時的過程，通常是在最後「引魂過橋」時所唱。法師首先唱道情詞，把父母生育之恩，和目蓮救母、唐僧取經種種故事，用山歌哀調慢聲唱出，此時夜深人靜，法師高聲漫唱，唱到故事動人處，亦令聞者不覺也與喪家一同掬淚。待道情詞唱完，法師守值引魂帛前導，孝子跟後，魚貫而行，法師唱引魂過橋，把望鄉臺、奈何橋的種種情景，和所見之鬼趣，曲曲傳出，如此往來，經過七次，表示過了七洲橋，亡靈已到陰司，便告結束[22]。這種歌謠由於只在喪事場合才有人唱，目前會唱者並不多，舉例如下。

　　　〈哭五更〉[23]

　　　一更鼓打響高樓，世上人家多少愁，

　　　月落堂前人不見，六親眷屬淚雙流。

　　　二更渺渺起寒風，萬想千愁總是空，

---

[22] 同註9，頁94。
[23] 引自張奮前：〈客家民謠〉，台灣文獻18卷4期，1967年。

恰似長江千尺浪，亡魂一去永無蹤。
三更月下照中庭，只見靈屋不見人，
半盞孤燈空掛壁，眼前不見舊時人。
四更漏轉月斜山，痛念思親千萬般，
珍饈羅列空供奉，堂前難見親容顏。
五更明月落沉西，聽得靈雞報曉時，
堂前子女悲愁切，黃沙蓋面不回歸。
五更打了天大光，不見亡魂說言章，
銅盆裝水忙洗面，手巾抹濕痛肝腸。

〈十哀兮〉[24]
一哀兮來淚汪汪，此子如何命不長，
雙親在堂上祈禱，倒著麻衣送子喪。
二哀兮來淚漣漣，江山失色鎖花園，
愁雲慘霧增我慘，一聲兒子一聲天。
三哀兮來愁在天，少年兒子不等閒，
只望曾參養曾皙，誰知顏路哭顏淵。
四哀兮來天不知，才結婚姻未見妻，
山盟海誓空懸念，佳人紅粉對誰提。
五哀兮來哀正長，天地憐我兒子亡，
半夜猿啼心膽碎，五更難報雪加霜。
六哀兮來少年男，瀉河傾海淚水泉，
文章事業歸黃土，無子有娘總是閒。
七哀兮來虧兒才，六親朋友盡往來，
今夜魂歸天府去，黃金滿斗不成財。
八哀兮來淚盈盈，窗下文章斷書聲，

---

[24] 同註23。

　　　　朝朝堂前絕蹤跡，失卻嬌兒何處尋。
　　　　九哀兮來淚紛紛，靈前奠酒二三巡，
　　　　黃泉路上無酒店，醺醺醉到五十宮。
　　　　十哀兮來淚更長，金身玉骨葬龍崗，
　　　　六親姊妹哀哀哭，兄弟爺娘哭斷腸。

　　客語聯章體歌謠中的〈哭五更〉，內容所表現的是子女思念已逝的父親或母親，透過對時間更迭的流逝，寄予無限的哀思，更有「子欲育養而親不待」之感，就算是珍饈羅列的祭品，卻比不上父母親在時的奉養。而〈十哀兮〉則是表現父母對孩子的早逝，而感到無比的哀傷，同時表現出白髮人送黑髮人的的無奈與不捨。十章都是哀淒的氣氛，從「天地憐我兒子亡」、「瀉河傾海淚水泉」，尤其是最後「六親姊妹哀哀哭，兄弟爺娘哭斷腸。」更能使人對那揪心之痛感同身受。

　　此外〈拜血盆〉[25]這首歌謠通常是在喪事中唱，尤其是母親過世時，用來懷念母親一生辛勞，表達對母親的感念，歌謠內容也與民間流傳目連救母故事有關。資錄全文如下，以供參考。

　　　　十月懷孕在娘胎，食娘血脈養身材，高堂父母不敬孝，借問
　　　　身從何處來。父母便是生身佛，何必靈山拜世尊，娘眠濕跡
　　　　子眼乾，洗衣換服受風寒，正一二月落霜又落雪，娘在河邊
　　　　洗衣裳，腳冷跳起嶺崗上，年冷縮轉袖中藏，十個手指都凍
　　　　壞，食指尖尖口中噌，父母思量子女恰似長江水，子女思量
　　　　父母都無一寸長。為人莫做兒女身，做到兒女正艱辛，養男
　　　　不知娘辛苦，養女大來拜血盆。一日食娘三次乳，三日食娘

---

25 引自謝樹新主編：《客家歌謠專輯（第二集）》（苗栗縣：中原苗友，1967年2月），頁55。

九度漿，點點食娘身上血，娘今老來面皮黃。菱羅才報三更鼓，翻身不覺五點鐘，目蓮尊者去尋娘，不知流落在何方，天堂有路無處尋，地獄門前哭一場，娘今合掌去超拜：

一拜拜到滑台崗，滑台江上小心行，滑台崗上琉璃瓦，琉璃瓦上白茫茫，娘今合掌來禮拜，拜裡一殿秦廣王，秦廣明王開赦佑，引魂童子帶娘行。

二拜拜到魯箕崗，魯箕崗上小心行，百草生來多碍路，莫來吊爛娘衣裳，娘今合掌來禮拜，拜裡二殿楚江王，楚江明王開赦宥，引魂童子帶娘行。

三拜拜到蝴蜞崗，蝴蜞崗上小心行，蝴蜞冉冉娘心怕，兩邊綠山甚淒涼，娘今合掌來禮拜，拜裡三殿宋帝王，宋帝明王開赦宥，引魂童子帶娘行。

四拜拜到惡狗崗，惡狗崗上小心行，狗王開口放娘過，百般惡狗走茫茫，娘今合掌來禮拜，拜裡四處五官王，五官明王開赦宥，引魂童子帶娘行。

五拜拜到老虎崗，老虎崗上小心行，牙似刀山舌似劍，狹路相逢命抵當，娘今合掌來禮拜，拜裡五殿閻羅王，閻大羅王開赦宥，引魂童子帶娘行。

六拜拜到奈何橋，奈何橋下水茫茫，行善之人橋上過，做惡之人橋下亡，娘今合掌來禮拜，拜裡六殿泰山王，泰山明王開赦宥，引魂童子帶娘行。

七拜拜到牛頭崗，牛頭崗上小心行，牛角叉叉娘心怕，滿山牛兒走忙忙，娘今合掌來禮拜，拜裡七殿下城王，下成明王開赦宥，引魂童子帶娘行。

八拜拜到毒蛇崗，毒蛇崗上小心行，惡蛇開娘放娘過，百般惡蛇草中藏，娘今合掌來禮拜，拜裡八殿大臣王，大臣明王開赦宥，引魂童子帶娘行。

　　九拜拜到兔子崗，兔子撐船來等亡，兔子問娘何處去，直到
陰司見閻王，娘今合掌來禮拜，拜裡九殿都市王，都市明王
開赦宥，引魂童子帶娘行。

　　十拜拜到泰山門，泰山門上掛金牌，上個金牌有娘姓，下個
金牌有娘名，娘今合掌來禮拜，拜裡十殿轉輪王，轉輪明王
開赦宥，引魂童子帶娘行。

　　總之客語聯章體歌謠中所呈現的歲時習俗，不僅體現了當時人
的生活態度與思想意識，透過歌謠也可以直接真實反映所思所感。
客語聯章體歌謠除了將歲時習俗紀錄保存下來之外，也反映出民眾
生活與歌謠具有密切聯繫。

第四章　客語聯章體歌謠中的歷史與時事

　　在民間歌謠中的敘事型歌謠，可分為兩大類，一類是以歷史故事為主體的歌謠，另一類是紀錄時事的歌謠，敘述當代所發生的事件。故此類作品一內容可分為「歷史」與「時事」兩大類。

　　我國歷代的敘事詩約可分成兩類：一類是本事詩，另一類事故事詩[1]。本事詩在每個時代中作品很多，它雜揉了抒情詩和諷諭詩的特色，詩的篇幅不長，在詩的本身外，往往附帶有一個本事，可供人傳誦，像隋煬帝的〈迷樓歌〉，唐崔護的〈桃花詩〉便是。而故事詩在詩中便具備了一個完整的故事，因此這類客觀鋪述故事的詩歌，便得用較長的篇幅來講述故事中的人物和動人的情節。這些詩大半是敷衍民間傳說和歷史故事，像羅敷、孟姜女、王昭君等等，他們的遭遇，也都是一般人愛聽的故事[2]。

　　其次以時事編成歌謠在明代以前即很盛行，如宮天挺《死生交范張雞黍雜劇》第四折曲詞云：

---

[1]　故事詩（Epic）是屬於敘事詩的一種，詩的主題，從頭到尾，著重在鋪敘一個完整的故事；寫詩的人，只站在客觀的立場，用比較自由的詩律，描寫一些民間傳誦的故事，古代流傳下的神話，或是一些傳奇的事實，這種以鋪述故事為主的詩歌，便可稱為故事詩。因此，故事詩多半是些長篇的敘事詩。見邱燮友：《中國歷代故事詩》（台北：三民，1993 年），頁 4。

[2]　見段寶林：《立體文學論》，（台北：文津，1997 年），頁 5。

> ……百姓每編作歌曲當街唱，唱道是官員宰相，則是販人賣
> 的牙郎。

因此本章就依歷史和時事兩大主題，將客語聯章體歌謠在大別
為二類的基礎上，細分小類討論之。

第一節　時間長河的詠嘆：歌謠中的歷史

此類歌謠主要為歷史故事歌謠和客家人的歷史事件兩大類，歷
史故事的內容主要是出自舊有歷史、傳說、小說或戲曲者。在客語
聯章體歌謠中，傳統故事中的人物出現比例不低，舉凡牛郎織女、
八仙過海、呂蒙正、董卓和貂蟬……等，可見民間故事的深入人心。
這些與民間故事相關的歌謠，又可分成兩種，一是歌謠敘述多件故
事，另一種則是歌謠敘述單一故事。第二部分則是敘述客族特定的
歷史事件，如渡台、走番、械鬥等等，分別舉例說明。

一、歷史故事

（一）歌謠敘述多件故事者

客語聯章體歌謠中的歷史人物和故事有聯貫性者，如：

〈十二月古人〉
正月裡來是新年，抱石投江錢玉蓮，
繡鞋脫踢為古記，連喊三聲王狀元。

二月裡來龍抬頭，小姐繡球拋南樓，
繡球打在呂蒙正，蒙正寒窗才出頭。
三月裡來三月三，昭君娘娘去和番，
回頭不見毛延壽，手抱琵琶馬上彈。
四月裡來日又長，房中磨麥李三娘，
鎮州做官劉致遠，馬上拋刀楊六郎。
五月裡來蓮花紅，秀蘭遇著張世隆，
有緣千里來相會，無緣對面不相逢。
六月裡來熱難當，漢朝出有楚霸王，
霸王死在烏江上，韓信功勞在何方。
七月裡來秋風起，孟姜烈女送寒衣，
去到長城尋夫主，哭崩城牆八百里。
八月裡來秋風涼，梅倫害死蘇娘娘，
李氏夫人來代死，潘國一本奏君王。
九月裡來是重陽，甘羅十二為宰相，
甘羅十二年紀少，太公八十遇文王。
十月裡來過大江，單人獨馬關雲長，
過了五關斬六將，雷鼓一通斬蔡陽。
十一月裡來又一冬，孟宗哭竹在山中，
孟宗哭竹冬生筍，郭佢埋兒天賜金。
十二月裡來又一年，文公走雪真可憐，
橋頭遇見韓湘子，薛擁藍關馬不前。

此例依照月份，配合歷史人物故事所構成，此為具有聯貫特性的歷史歌謠。〈十二月古人〉主要的意義就在述說歷史故事，其中月份與所配合人物故事，與目前所見各種書面記載或是傳唱的唱詞有些不同，但十二個月所敘述故事並沒有太大的出入。

正月為南戲《荊釵記》故事，主角是王十朋與錢玉蓮。故事梗概為王十朋以荊釵為聘禮，與錢貢元之女玉蓮定親，同時惡豪孫汝權也向錢家求親。玉蓮繼母嫌貧愛富，意欲與王家毀約，玉蓮矢志不從。王十朋婚後赴京應試，中狀元後因拒絕丞相召婿而被貶潮州，臨行前托承局送信回鄉，承局到溫州時天色已晚，投宿於孫汝權家，孫趁機灌醉承局後，將家書改為休書。玉蓮讀了休書後悲痛欲絕，兼之孫家逼婚日甚，憤而投江，幸為福建安撫使錢遠所救，收為義女，隨往福州任上。十朋得知實情後，也悲痛不已。赴潮州路上，邂逅錢遠。透過錢遠，十朋認出荊釵，夫妻二人得以團圓。

二月為南戲《呂蒙正破窯記》故事。富家女劉千金在彩樓上拋繡球擇婿，彩球被窮秀才呂蒙正接住。但劉父以門戶不當欲予拒婚，劉千金與父決裂被趕出家門。劉千金與呂蒙正同住破窯，最後呂蒙正中狀元，父女、翁婿才和好。

三月為王昭君故事，最早見於漢書匈奴傳。故事敘述漢代美女王昭君入宮後，由於得罪畫工毛延壽，故毛延壽將其畫像畫成醜陋，失皇帝臨幸，後遠離故國，出番和親。

四月為南戲《劉智遠白兔記》故事。劉智遠家中貧寒，外出投軍。妻子三娘在家受盡兄嫂欺凌，被迫日汲水，夜推磨，後又在磨房產下一子，她因用口咬斷臍帶，故將子取名為「咬臍」。又怕孩子受兄嫂所害，託人將子送往劉智遠處撫養。十六年後，因咬臍打獵，追趕白兔與三娘相遇，最後一家才得以團圓。

五月為《拜月亭》故事。書生蔣世隆與妹妹瑞蓮在逃避金兵騷擾時失散，少女王瑞蘭與母親也在逃難中失散。兄呼妹瑞蓮，母呼女瑞蘭，因兵荒馬亂誤聽之下，世隆與瑞蘭同行，瑞蓮與王母同行。途中世隆與瑞蘭盟誓定情，後在旅店遇到王父。王父嫌蔣門戶不當，逼瑞蘭隨他返鄉，同中又遇王母與蔣瑞蓮。瑞蘭回家後思念

世隆，夜間焚香拜月，傾訴情懷。後蔣世隆中狀元，方與王瑞蘭重聚。

六月為故事為西楚霸王項羽，因與劉邦爭奪天下失敗，自覺無言面對江東父老，因而自吻於烏江畔。同時亦說韓信為劉邦打天下，立下許多功勞，但因自封為王，使劉邦心生猜忌，最後亦被劉邦殺害。

七月為孟姜女故事。孟姜女聽到丈夫杞梁死於長城後，來到長城慟哭，長城為之坍倒，顯出累累骸骨，於是滴血驗骨，找到丈夫遺骸，這是一個淵遠留長的民間故事。

八月為明代傳奇《鸚鵡記》故事。寫周代梅妃以損壞溫涼盞、白鸚鵡二寶為罪名，誣陷幽王愛妃蘇英，幽王遂江蘇妃賜死。丞相潘葛以己之妻相代，救出蘇妃，蘇妃在逃奔其侄途中產子，旋即母子失散。十三年後母子邂逅相認，潘葛知道後即奏明周幽王，蘇妃母子被召入京，此子即周平王。

九月故事為十二歲天才少年甘羅拜相的故事，及姜太公八十歲受到文王賞識之際遇故事。十月為敘述三國故事中，關雲長過五關斬六將故事。十一月孟宗哭竹與郭巨埋兒，都是二十四孝故事之一。十二月「雪擁藍關」，則是民間故事中，韓愈因諫迎佛骨而遭貶潮州，途至藍關時，遇其侄韓湘子，因而悟道故事。

〈十二月古人〉這篇客語聯章體歌謠，目前仍是傳統客家歌謠演唱或是練習時常唱的曲目，其中十二章所唱的歌詞皆是一般民眾耳熟能詳，流傳在民間多時的民間故事。此首歌謠產生的年代相當早，又名「剪剪花」。這首歌和湖州木刻《採茶山歌》中之十二月花名歌相當類似，茲舉例如下：

〈採茶古人山歌〉

正月採茶梅花開，無情無義蔡伯喈。
苦了妻兒趙氏女，麻裙包土築墳堆。
二月採茶杏花開，蘇秦求官空回來。
家中爹娘全不睬，妻子不肯下機來。
三月採茶桃花開，張生跳過粉墻來。
紅娘月下偷情事，這段因緣天上來。
四月採茶薔薇開，買臣當初曾賣柴。
只因妻兒命八敗，不相宜利兩分開。
五月採茶石榴紅，瑞蓮遇著蔣世隆。
曠野奇逢招商店，一朝折散兩西東。
六月採茶荷花圓，十朋結義錢玉蓮。
只因抱石投江死，安撫就取得團圓。
七月採茶菱花香，劉伯父子過大江。
孝女尋父他州去，回頭喜得遇張郎。
八月採茶木樨香，月梅小姐伴梅香。
百花亭中閑遊戲，遇著陳珪心上郎。
九月採茶菊花黃，知遠生下咬臍郎。
妻兒家中多受苦，夜間挨磨到天光。
十月採茶楊柳衰，山伯遇見祝英台。
與他三年同攻書，不知祝氏女裙釵。
十一月採茶雪花旋，看燈賒酒是周堅。
願替趙朔身亡死，趙氏孤兒冤報冤。
十二月採茶臘梅開，蒙正當初去趕齋。
苦了窯中千金女，忍飢受餓等夫來。

這篇十二月花名歌中唱的全都是宋元和明初的南戲，正月是《忠孝蔡伯喈琵琶記》、二月是《金印記》（蘇秦衣錦還鄉）、三月是南戲《崔鶯鶯西廂記》、四月是南戲《朱買臣休妻記》、五月是南戲《王瑞蘭閨怨拜月亭》、六月是南戲《王十朋荊釵記》、七月是南戲《劉孝女金釵記》、八月是南戲《孟月梅寫恨錦香亭》、九月是南戲《劉知遠白兔記》、十月是南戲《祝英台》、十一月是南戲《趙氏孤兒報冤記》、十二月為《呂蒙正風雪破窰記》。其中五月、六月、九月、十二月這四個月的歷史故事與〈十二月古人〉中的故事相同，據學者趙景深認為《採茶山歌》（山歌時調小唱本）中的〈採茶古人山歌〉產生年代應在明代嘉靖以前[3]。我們雖然不能夠確定〈十二月古人〉的源頭就是這首明代山歌，但由此可知這種內容呈現方式早已存在。同時透過歌謠我們可以得知這些民間傳說與戲曲故事，都是受到民眾極大喜愛，而且曾在民間風行一時，故可知一種民間文學作品，往往可以在歌謠、戲曲、故事等多種形式中流傳，同時不僅是口傳，同時也能發展成抄寫本，透過書面流傳，故可知民間文學是多面的，因此這首歌謠不僅有流傳變異性，還有其傳承性。

至於〈月情古賢人〉則是以月份形式，列舉以往歷史故事中之賢者如包拯、孔明、岳飛等，或奸者之流如董卓、曹操與秦檜等人，舉出這些民眾熟知的歷史人物和故事，並對其事跡加以分說，透過奸者與賢者的對比，印證賢者的功績。

〈月情古賢人，又名（月有情）〉[4]

正月裡來月有情，盤古開天到如今，

宋朝出有包文丞，日判陽來夜判陰。

3　見趙景深：〈採茶歌中的宋元南戲〉，收入《中國戲曲叢談》（山東：齊魯書社，1986年），頁78-80。

4　引自賴碧霞編著：《台灣客家民謠薪傳》（台北：樂韻，1993年），頁95。

二月裡來月有情，廣東有出搞潭精，
搞潭生有八九子，搞亂廣東無太平。
三月裡來月有情，福建有出許真人，
搞潭打入深古井，救得廣東八萬民。
四月裡來月有情，南海有出觀世音，
皇宮公主伊唔做，甘願食齋入庵亭。
五月裡來月有情，三國軍師係孔明，
忠心赤膽來護國，六出旗山事不成。
六月裡來月有情，董卓篡位起橫心，
滿朝文武想設計，貂蟬愛國獻美人。
七月裡來月有情，唐朝皇帝李世民，
跨海征東薛仁貴，姓張士貴大奸臣。
八月裡來月有情，三國曹操大奸臣，
曹操心腸無按毒，曹丕殺弟太不仁。
九月裡來月有情，桃園結義三介人，
愛國除奸為百姓，三進茅廬請孔明。
十月裡來月有情，宋朝岳飛大忠臣，
赤膽忠心來報國，秦檜害死紅波亭。

　　朱自清先生認為「歌謠裡有『古人名』一種，大抵是不聯貫的。這是歷史的一種通俗化；其來源我疑心是故事或歷史小說，而非正經的歷史。」[5]事實上，無論是透過歌謠或者是戲劇表演所傳遞出的歷史人物或事件，通常都與正史有一段差距，比如三國演義故事即與正史不符，但這也是民間文學變異性的特質。同時早期一般民眾讀書識字者不多，舉凡族群的傳說、歌謠和歷史，都是透過口頭流傳成為對民眾傳授歷史的媒介。許多的歷史傳說及其發展而成的

_____

5　見朱自清：《中國歌謠》（香港：中華，1982年），頁49。

歷史小說如《三國演義》、《東周列國志》、《薛仁貴征東》、《楊家將》等，其中著名的人物和故事之所以能家喻戶曉婦孺皆知，正是因其通過民間文學的方式，在歌謠、傳說或地方戲演出過程中得以廣泛流傳。

（二）歌謠敘述單一故事者

客語聯章體歌謠的唱詞中，有一些是專以民間故事為主題的歌謠。如李三娘故事、梁山伯與祝英台故事與秦雪梅故事。

1、李三娘

在客語聯章體歌謠中，關於李三娘故事，歌謠內容幾無差異，題名則有〈苦李娘〉、〈苦裡娘〉、〈苦力娘〉等等的差別，應以〈苦李娘〉為正確。

> 〈苦李娘〉[6]
> 頭更割禾嫂嫂攔路打，苦那係麼苦哪！二更捕穀上礱磨，苦啊李娘，未得我郎回家鄉。
> 三更洗米落鍋煮，苦那係麼苦哪！四更撈飯飯甑裝，苦啊李娘，緊想我郎緊痛腸。
> 五更提籃去摘菜，苦那係麼苦哪！看見老虎在園中，苦啊李娘，未得我郎回家鄉。
> 老虎不食孤寒肉，苦那係麼苦哪！狐狸不打夜啼雞，苦啊李娘，緊想我郎緊痛腸。

---

[6]　引自賴碧霞編著：《台灣客家民謠薪傳》（台北：樂韻，1993 年），頁 64。

> 嫂嫂問涯摘菜怎麼摘，苦那係麼苦哪！先摘黃來後摘青，苦
> 啊李娘，未得我郎回家鄉。
> 嫂嫂問涯洗菜怎麼洗，苦那係麼苦哪！汶水洗來淨水湯，苦
> 啊李娘，緊想我郎緊痛腸。
> 嫂嫂問涯切菜怎麼切，苦那係麼苦哪！中央切來兩頭斷，苦
> 啊李娘，未得我郎回家鄉。
> 嫂嫂問涯煮菜怎麼煮，苦那係麼苦哪！先放油來後放湯，苦
> 啊李娘，緊想我郎緊痛腸。

〈苦李娘〉的歌詞內容字面上主要呈現李三娘因丈夫外出從軍，無人可依靠，受盡嫂嫂欺侮，從頭更開始就要割稻，二更要礱穀（把稻殼去掉），三更要洗米到四更五更仍不得休息，終日操勞之苦。此處的主角苦李娘，李娘即為李三娘，其為民間流傳李三娘吃苦磨房產子故事。

歌謠的背景故事可溯源至金代《劉知遠諸宮調》、元代南戲《劉知遠》（又名白兔記）、元代雜劇無名氏《五侯宴》與明代五大傳奇之一的《劉知遠白兔記》。明代傳奇戲文共三十二齣，開宗滿庭芳詞交代故事梗概：

> 五代殘唐，漢劉知遠，生時紫霧紅光。李家莊上，招贅作東床。二舅不容完聚，生巧計拆散鴛行。三娘受苦，產下咬臍郎。知遠投軍，卒發跡到邊疆。得遇繡英岳氏，願配與鴛鴦。一十六歲，咬臍生長，因出獵認識親娘。知遠加官進職，九州安撫，衣錦還鄉。

李三娘因丈夫窮困，在娘家受盡兄嫂的折磨，挑水推磨，終日操勞。這段情節是全戲最精彩之處，早在《劉知遠諸宮調》（君臣弟兄子母夫婦團圓第十二）中就已存在：

（般涉調耍孩兒）因吾打得渾身破，折到得蓬頭露腳。長交擔水負柴薪，終日搗碓推磨。」「（大石調伊州令）自從劉郎相別了，莊上十二三年，最苦剪頭髮短，無冬夏交我幾曾飽暖。咱是嫡親爹娘生長，似奴婢一般摧殘，及至凌打，您也恁怯懼燠煎。

在民間故事中的李三娘形象很寫實，表現出一個善良婦女擔當苦難遭遇的艱辛過程。〈苦李娘〉歌詞中，主要擷取的部分是李三娘受盡兄嫂折磨的片段，用此段加以演伸，詞句樸實無華，然其情感真實豐富，對應現實生活中可能產生之家庭問題，從中即可感受李三娘之悲涼，令人動容。

2、梁祝故事

《梁山伯與祝英台》在眾多中國民間故事中，可說是相當膾炙人口，其為一對年輕男女追求自由幸福婚姻，掙脫父母包辦婚姻，而開展一系列衝突與阻礙之典型故事，而最後二人為了愛情，表現出寧死不屈的意志，塑造了梁祝故事歷久不滅的形象。梁祝故事在民間流傳有相當悠久的歷史[7]，同時流傳的區域範圍也相當的廣，在民間文學的形式表現方面，舉凡戲劇、民歌、彈詞、鼓詞、唱本，甚至是較早期的黃梅調，到現今的電影等等皆有出現，可見梁祝故事在大眾心中受歡迎的程度[8]。梁祝故事的形成，並非是由某一人獨立完成，而是透過時空流轉，在民間流傳逐漸構造而定型。基礎

---

[7] 關於梁祝故事文學和音樂方面的溯源和研究，可見如：林美清：《梁祝故事及其文學研究》，台灣大學中文所碩士論文，1982 年；林明輝：《梁祝戲曲與音樂之研究》（高雄：高雄復文圖書，1997 年）。

[8] 「群眾所比較愛聽的，還是《秦香蓮》、《梁山伯與祝英台》、《董永賣身》等描述民間故事的作品。」見楊蔭瀏：《中國古代音樂史稿》（台北：大鴻圖書，1997 年），頁 4-100。

架構固定之後，透過民間故事的進行，基於民眾的價值判斷或是理想願望，對於過程和結果便有不斷的演變和共鳴。

梁祝故事大意是說，在東晉末年，祝家獨生女祝英台女扮男裝到學堂求學，途中遇見同是要赴學堂的書生梁山伯，二人結拜為兄弟，同窗讀書，生活作息形影不離，彼此互相關心，然山伯仍未曾發覺英台為女兒身。三年後祝英台返家，山伯相送。之後山伯歸家途中先到祝家拜訪，始知祝英台為女子。梁山伯後告父母求姻，然祝家以早將英台許配給馬俊。山伯悲痛欲絕，後終撒手歸陰。馬家迎娶當天，英台要求花轎經過山伯墓前，讓她祭掃。當她來到山伯墓前，哀慟之際，突然天昏地暗，風雨大作，在閃電雷鳴中，山伯墓崩裂，英台縱身投入墓穴之中，且因事發突然，眾人在搶攔之際只扯到一片碎裙。只見山伯墓驟然合攏，雨過天晴，只有兩隻蝴蝶翩翩飛舞盤旋在墓前。

故事進行到「化蝶」這部分，愛情悲劇氣氛與淒美劇情張力達到最高潮，讓人不勝唏噓，但這種不向現實妥協的精神，在「化蝶」尾聲中，卻又給予民眾對未來美好生活無比的希望與信念。日後文人與一般民間藝人對於故事的結局給予多種改變，最常見的就是大團圓，或是梁祝還魂，共結再世姻緣。

在客語聯章體歌謠中，共有兩首與梁祝故事密切相關者，分別為〈仙伯英台十八相送〉及〈十二月祝英台〉。

〈仙伯英台十八相送〉[9]

一送梁哥就起身，千言萬語說不盡，
保重身體最要緊，不好為涯費心神。
英台送涯就起身，仙伯緊聽緊恨心，
沒彩當初感情好，樣般今日來變心。

---

[9] 引自吉聲影視公司出版之錄音帶歌詞。

二送梁哥淚哀哀，早早樣般你不來，
天壽馬俊來所害，兩人才來兩分開。
仙伯聽到應出來，樣般講出裡句話，
當初兩沙有約束，何能英台敢分開。
三送梁哥出大廳，千言萬語講你聽，
總愛兩人有緣分，天堂地獄也敢行。
仙伯聽你講一聲，花言巧語沒加增，
當初兩沙按相好，今日樣般敢反彭。
四送梁哥出門庭，勸哥心肝莫傷心，
梁哥你愛聽我勸，不好為涯太傷情。
仙伯聽到真可憐，樣般英台按沒情，
馬俊已經下來聘，心中奈有涯一人。
五送梁哥到門外，沒想兩人按分開，
梁哥轉去多保重，喊哥莫想祝英台。
英台送涯出門來，仙伯緊想緊痴呆，
你今愛來來分別，去到馬俊卡發財。
六送梁哥到茶亭，十步行來九步停，
兩人當初感情好，今日分開真不明。
緊想緊真真可憐，英台害涯發病原，
兩人分群愛來轉，奈有宜心來談言。
七送梁哥到禾埕，勸哥心肝愛放冷，
馬俊先前來下聘，總講姻緣命生成。
英台唔使講按多，花言巧語騙梁哥，
涯今家庭有落迫，總愛馬俊結公婆。
八送梁哥到圳頭，同哥分開涯心焦，
勸哥轉去莫去想，過去一切放水流。
你今不使講宜言，奔你丟掉心肝狠，

137

你今嫁去馬家府，只怪仙伯按沒錢。
九送梁哥到水口，雙手般在哥肩頭，
生生句句勸哥轉，認真打併會出頭。
實實在在講你知，丟踢山伯按孤西，
仙伯看迫來丟轉，日後沒命好見你。
十送郎哥到小路，天壽馬俊真糊塗，
涯知仙伯為涯苦，望愛讀書誤前途。
英台送涯涯就行，緊想緊奇心茫茫，
沒彩兩人來結拜，仙伯轉去會行更。
十一送哥到橋邊，聽哥言語心在燒，
你涯分開真可惜，可比樹尾風在搖。
仙伯緊想緊不通，兩沙按好沒彩工，
你嫁馬俊多快樂，兩人相好在夢中。
十二送哥大路邊，目汁多流淚連連，
可憐梁哥若轉去，再要相見等那年。
英台送涯到路邊，仙伯氣到會波顛，
沒彩兩人共下嬲，下敗相會到陰間。
十三送哥路中央，聽哥言語割心腸，
勸哥你愛平安轉，愛想前途勞老娘。
開聽來罵祝三郎，世間你是惡心腸，
英台姻緣沒涯份，將來你是馬俊娘。
十四送哥到路旁，英台哭到淚茫茫，
一心相愛同偕老，忙知如夢苦一場。
英台送涯到路旁，第一沒情祝九娘，
仙伯一定為你死，涯今一定見閻王。
十五送哥到路旁，英台行在哥面前，
前世姻緣今世結，只怪兩人按沒緣。

英台送涯淚嘰嘰，放掉仙伯按悽慘，
仙伯來死沒要緊，丟踢母親按孤西。
十六送哥到石堆，勞哥分開馬俊害，
梁哥對涯情意好，今世不嫁馬文才。
英台送涯來分開，雙腳愛轉目汁來，
仙伯性命為你丟，切虧涯坐老爺孃。
十七送哥愛過河，今日分開沒奈何，
再勸梁哥你去轉，孝順母親壽年高。
仙伯得病加緊重，樣般英台按不忠，
裡下沒緣好結合，黃泉路上才相逢。
十八送哥到石壁，明明英台為哥邪，
梁哥要轉慢慢行，英台生死你介額。
死落陰間渺渺茫，去到閻君會反陽，
今世沒緣來共下，反陽討你做埔娘。

　　〈仙伯英台十八相送〉從內容來看，應是山伯提親不成，分手即在的情節。二人面對無可改變的事實，心情悲切，英台只有勸山伯好好珍重，而山伯的怨懟與不甘情緒充滿歌中。從起身送山伯，一路送出大廳、出門庭、到門外、到茶亭、到橋邊、到路旁，一路上心心念念，都是分開的離愁別緒和對當日誓言的想望，對照現今的情勢，實有無限的悲苦。歌中英台表現出堅定不二心的信念，如「一心相愛同偕老，忙知（按：怎知）如夢苦一場」、「梁哥對涯情意好，今世不嫁馬文才」、「梁哥要轉慢慢行，英台生死你介額（按：不論生死都只屬於你一人）」，對於分開的無奈，歌中山伯的表現是激動的，「仙伯一定為你死，涯今一定見閻王」「裡下沒緣好結合，黃泉路上才相逢」，到這個階段可知山伯病情加重，悲劇無可避免，故事情節仍是承襲歷來的梁祝故事，透過〈仙伯

139

英台十八相送〉祝英台含淚十八相送歌謠，對悲劇故事更有渲染情節的作用，但最後的結局如何？從最後一首來看，「十八送哥到石壁，明明英台為哥邪，梁哥要轉慢慢行，英台生死你介額。死落陰間渺渺茫，去到閻君會反陽，今世沒緣來共下，反陽討你做埔娘。」這裡提到英台堅定的誓言承諾無論生死都只屬於山伯時，山伯的對歌，見了閻王會返回陽間，並可返回人間娶英台為妻，這種結局無疑為「死後復活，再續前緣」的類型。

我們檢視相關的故事情節，歌謠的尾聲與廣東語（客語）唱本《梁仙伯祝英台歌》[10]相當類似。唱本的劇情發展在化蝶之前都沒改變，但在化蝶之後，首先馬俊大怒，認為死人竟然與其爭妻，「馬俊怒氣失魂去，三魂七魄見閻王，馬俊向前忙忙跪，萬望我王做主張」，馬俊到地府向閻王告狀，閻王傳山伯英台，三人對案問分明。閻王後來的判定是「仙伯英台有三年共枕之情，他早早有同床共枕之歡，理當先結為夫妻，偕老百年。馬俊既有聘定之儀，判結英台後生再世女子，可同馬俊結下夫妻。三人壽數亦不該死，可送他回陽。」這個過程與民間通俗小說七世夫妻中的梁祝故事雷同，馬文才見祝英台投墳化蝶後，也撞墳而亡，三人到陰曹地府打官司，而閻王道梁祝是天上的金童玉女。至於唱本在山伯英台還陽結為夫妻之後，尚有山伯中狀元，宰相李惟方欲招山伯為婿，不從，得罪，被派到北番買馬，五年後得返。英台又扮男裝上京，得中狀元，高丞相欲招英台與女桂英成親，後俱為山伯妻。英台生一子，十六中狀元，桂英生兩子，分中榜眼和探花。梁山伯中狀元，又有二妻之事，與鼓詞中之《柳蔭記》相關。由〈山伯英台十八相送〉配合《梁

---

10 廣東語《梁仙伯祝英台歌》，為新竹竹林書局印行之唱本，全本共六集，相較於閩南語之《山伯英台歌集》至少三十三集，篇幅實為渺小，但情節較為緊湊。

仙伯祝英台歌》看來，可知民間故事的生命力，縱然流傳千百年時間卻無損其光芒的本質。

　　至於另一篇〈十二月祝英台〉，從內容來看，只提到梁山伯與祝英台名字，至於詳細故事則無觸及。以下為歌詞：

〈十二月祝英台〉[11]

正月好唱祝英台，一對鴛鴦雙雙來，
雙嘴銜著桃李花，肚中做出文章來。
二月好唱祝英台，一對燕子雙雙來，
燕子飛在樑樹上，公子去了婆子來。
三月好唱祝英台，一對蝴蝶雙雙來，
蝴蝶飛在娘身上，將把羅裙撥開來。
四月好唱祝英台，天上祥雲五色來，
十八小姐回頭看，倒撥羅裙兩邊開。
五月好唱祝英台，一對龍船雙雙來，
三十六人跳下水，一心來看祝英台。
六月好唱祝英台，日頭一出東邊來，
擎傘唔當雲遮日，撥扇唔當風吹來。
七月好唱祝英台，七十四朵蓮花開，
七十童子來拜壽，一心來拜祝英台。
八月好唱祝英台，八大仙人下凡來，
八大仙人哈哈笑，一心要等祝英台。
九月好唱祝英台，即在南京帶信來，
帶有胭脂并水粉，一心打扮祝英台。
十月好唱祝英台，一對白鶴雙雙來，
白鶴飛在樑樹上，一對鴛鴦交頸來。

---

[11] 引自張奮前：〈客家民謠〉，台灣文獻 18 卷 4 期，1967 年。

> 十一月唱祝英台，一對鳳凰雙雙來，
>
> 鳳凰飛在花園內，自古姻緣天送來。
>
> 十二月唱祝英台，一對輪船雙雙來，
>
> 大船載個梁山伯，小船載個祝英台。

由歌詞來看，祝英台故事是人人耳熟能詳者，這裡主要是以梁祝的愛情故事，寄寓對於愛情美好結果的歌頌。這首歌並沒有梁祝淒美悲苦的情緒，反之是一幅歡樂幸福的畫面。同時，歌謠的第一句都是「正月好唱祝英台」（月份順改），這首歌謠的每一章都有象徵著梁祝故事的意義，包括蝴蝶、鴛鴦、姻緣等等，雖然詞意並非全指梁祝故事。

3、雪梅思君

在客語聯章體歌謠和閩南語民間歌謠中，都有一篇〈雪梅思君〉，內容是敘述雪梅守寡，撫養孩子長大成人的故事。資舉客語聯章體歌謠的〈雪梅思君〉如下：

〈雪梅思君〉[12]

唱出一歌給您聽，雪梅做人真端正，堅心為大守清節，人流傳，好名聲；奉勸大家姊妹聽，要學雪梅此樣行，莫學別人做壞子，沒丈夫生子壞名節。

正月十五人迎龍，橫街小巷鬧容容，紅男綠女雙對雙，手相牽，看迎龍；雪梅守節在房中，目汁流來淚雙雙，希望我兒趕緊大，作成人守節正有功。

二月裡來是春分，目汁流來淚雙雙，庇祐我兒介命運，拜尚林，介亡魂；仰般同倕沒緣分，早您死去見閻君，放倕倕孤單我沒君，日夜想，痛苦在心中。

---

[12] 見徐進堯編著：《客家三腳採茶戲的研究》（台北：育英，1984 年），頁 77。

三月裡來是清明，家家戶戶上山頂，雪梅雪子到墓前，墓桌
上，排三牲；三杯老酒排面前，一對白燭排兩邊，金銀紙錢
愛來領，巡墓拜尚林介各牲。

四月裡來是夏至，姊妹想招問仙兒，牽出三姑來指示，牽忘
魂，來說起；壽年照算六十四，一陣風燭感人盃，食不對菜
正來死，誤雪梅青春少年時。

五月裡來是端陽，人人相招看龍船，有夫之人去遊江，虧了
雪梅守空房；鴛鴦失散苦難當，日思夜想到斷腸，丟掉我兒
年紀少，等何時長大正春光。

在客語聯章體歌謠中的〈雪梅思君〉有六章，閩南語民謠中的〈雪梅思君〉則有完整的十二章。歌謠中〈雪梅思君〉故事的大意為：秦雪梅許配給商琳，不久因商琳病重，家中父母遣婢女愛玉照顧商琳。後商琳病入膏肓，竟致不起，雪梅聞訊痛不欲生，且又發覺愛玉懷有身孕，故願與愛玉同入商門守節，立志不再嫁男，主僕二人織絹度日，以為生活。商琳後得一男，名為商輅，雪梅盡力教養他。

後商輅入私塾讀書，並不盡心於學業，雪梅復入機房，心中甚惱，自念一生守節，只為商輅能成為有用之人，然而商輅卻荒廢學業，甚至忤逆大人，於是便杖之，同時並用剪刀剪斷機杼上未織完的布，以此喻輅，如果不能致力於求學，也就如同剪斷的布，永無成功之日，此故事為後來有名的「斷機教子」。商輅經此教訓，因而改過遷善，矢志求學，於是學業大進。之後商輅屢試皆捷，連中三元，全家歡欣，聞者莫不羨雪梅教子成名。皇上因雪梅誓守貞節，為其立碑表章其節。

秦雪梅故事也流傳在民間俗曲中，《清車王府鈔藏曲本‧子弟書》中就錄有〈雪梅吊孝〉、〈商郎回煞〉、〈掛帛〉等三種[13]，明人

---

[13]　見劉烈茂、郭精銳主編：《清車王府鈔藏曲本‧子弟書》（江蘇：江蘇古籍，

傳奇劇本中也有《斷機記》，亦作《商輅三元記》。此外在梆子戲中亦有四齣與雪梅相關的戲文，分別為〈秦雪梅觀文〉、〈秦雪梅吊孝〉、〈秦雪梅上墳〉、〈秦雪梅做夢〉[14]。

　　由以上的例子可知，在客語聯章體歌謠中所出現的歷史故事種類很多，只要有合適的內容情節，就可以被羅列運用，某些有特定意義的民間故事如牛郎織女、孟姜女尋夫，都是使用率很高的歷史典故。同時對於某些歷史故事會有特定的歌頌，除了民間歌謠本身的特性外，另一個原因是民間歌謠與地方小戲之間的關聯，小戲吸收民間歌謠豐富內容，民間歌謠也擷取小戲精采部分的唱詞，在平日單獨歌唱，因此客語聯章體歌謠中，特別是單獨敘述一件歷史故事者，是可以為其追尋與戲曲之間的互動關係。

二、 客族特有之歷史事件

　　在這一小節中所要討論的歌謠，主要是針對客語聯章體歌謠內容中特定歷史事件的呈現。在民間文學分類中，民間敘事長詩是民眾口頭創作和流傳的長篇韻文作品，和短篇的敘事歌如生活歌、儀式歌、抒情的情歌相比，具有篇幅較長、以人物塑造為主、具有完整的故事情節等特點。這部分的歌謠，最長者有四十章歌詞，但一般多為十幾章。此外這些歌謠的主題亦牽涉到客家人的遷徙過程，和特殊的歷史事件。故此小節之歌謠討論將分為三部分，一是客家人的渡臺和走番，二是客家人的械鬥歷史事件，三是生活中曾面臨的大災難，這裡所指的是民國二十四年發生之關刀山大地震之後所產生的地震歌。

　　1993 年），頁 129-139。

[14] 與《商輅三元記》有關的詳細考證資料，可見趙景深：〈商輅三元記〉，收入《明清曲談》（上海：中華書局，1959 年），頁 50-55。

（一）渡臺和走番

1、渡臺

　　關於客家人遷移的歷史過程，清代之後主要是渡海開墾台灣。客家人入墾台灣，在康熙年間，以屏東的下淡水溪東岸近山平原為中心；到了雍正年間，入墾中心漸次移到彰化、台中一帶；到乾隆年間，則北移至台北、桃園、新竹、苗栗一帶狹長的丘陵地區[15]。關於客家人渡臺的聯章歌謠，這裡舉出二例：

> 〈老採茶歌〉[16]
> 一等親人成弓箭，大家商量過台灣，
> 落船看見矮鬼子，橫排真落馬鞍潭。
> 二等親人神岡下，黃洪埋裡係足車，
> 順領潭中駕起槳，慢慢搖到八輪車。
> 三等親人到九嶺，九嶺坡角路難行，
> 石古潭中又駕來，遙遙排排南山下。
> 四等親人白渡前，瓜州羅蔡尖刀山，
> 吳碧支厄甲河口，丙村下去烏留灘。
> 六等親人到三河，三河轉水響嘈嘈，
> 梅潭下去係胡斟，亦石起念到平和。
> 七等親人到石馬，久聞石馬好名煙，
> 食筒生煙暈暈醉，足足醉到潭州城。

---

[15] 見陳運棟：《台灣的客家人》（台北：臺原，1998 年），頁 30。
[16] 引自謝樹新主編：《客家歌謠專輯（第三集）》（苗栗縣：中原苗友，1969年 5 月），頁 2。

八等親人到廈門，廈門捉客亂紛紛，
夜半三更漂落水，連忙放出大膽門。
九等親人到澎湖，澎湖看見臺灣山，
一陣好風吹到府，大家歡喜笑連連。
十等親人府裡下，包袱傘子自己拿，
各人有親尋親戚，賺有銀錢轉回家。

〈十尋情人歌〉（大陸→臺灣）[17]
一尋情人過臺灣，上家下屋借盤錢，
當初別郎都容易，不知今日見郎難。
二尋情人就起身，包袱傘子帶隨身，
人人問妹去奈位，來去臺灣尋情人。
三尋情人到三何，三何官司盤涯問，
妹子有話不敢講，口咬衫裙說情人。
四尋情人到平和，用費錢銀四百多，
街頭人說麼人女，拋頭露面無奈何。
五尋情人漳州城，話語不同不敢聲，
話語出口不敢講，恰似啞子黃金蓮。
六尋情人到廈門，廈門做客亂紛紛，
三更半夜跈落船，丟別妹子一條裙。
七尋情人到澎湖，澎湖看見臺灣府，
三更半夜發一夢，夢見妹子親丈夫。
八尋情人上大船，一上大船喜歡歡，
一邊行時一邊問，時時跟問妹親郎。
九尋情人到寶庄，不知涯郎奈伙房，

---

[17] 引自黃榮洛：《台灣客家傳統山歌詞》（新竹：新竹縣立文化中心，1997年），頁58。

不知涯郎奈隻屋，不知涯郎奈張床。

十尋情人見郎面，一見情郎笑連連，

二見涯郎連連笑，恰似烏雲開片天。

　　康熙以來閩粵沿海人民渡臺的原因，主要為生活所迫。當時認為台灣生活較易，在乾隆年間台灣需要開墾的人力，因此無本隻身來台受僱從事開墾的移民，可以得到較優厚的工資，受經濟上的誘因，其後來臺者越眾[18]。但到道光之後由於台灣住民結構已趨定型，也不再需要許多人力進行土地的開墾，此時才到台灣的移民，即使受僱，也會任由雇主宰割，不再有以往的榮景。前面一首老採茶歌，開始敘述的是大家商量好要到台灣，之後就是到台灣的經過，比如說到了九嶺，才發現九嶺的路難行，一路到了三河、石馬、廈門，好不容易到了澎湖，總算到了台灣。當時的渡臺路線，有政府所規定的官道，這條路大致是從嶺東的原籍地沿韓江而下，到達現在汕頭附近各港口。之後乘船到廈門等待查驗，而後放洋到澎湖的媽宮（今馬公）等港口候風，後再由媽宮等港向東南行駛，進入鹿耳門查驗，而後由安平登岸，到達府城附近寓居。在康熙二十年代首批客家人來台後，他們在原籍的鄉親接踵而至，有些走官道，有些則直接從韓江各小港口偷渡來台[19]。在歌謠中，他們決定渡臺時，應該已經有親戚先在台灣落腳發展，他們之後到台灣，才會有

---

[18] 見羅香林：《客家研究導論》（台北：南天，1992 年），頁 62。

[19] 客家人大量東移台灣，多在康熙二十年代以後。至於明鄭時代，客家人雖曾跟隨鄭成功部隊來台，但數量並不多，亦非全是自願移民者。康熙二十二年清朝平定台灣，為了怕台灣再度成為反清復明的基地，因而管制人民來往。翌年滿清允許人民出海捕魚，但對大陸與台灣人民的往來卻嚴格管制，由於禁令中有一條「嚴禁粵中惠、潮之民不許渡臺」，因此最早渡臺者應屬嘉應州之四縣（鎮平、平遠、興寧、長樂）人，潮州惠州客家人很少，來台者也是運用偷渡的途徑；而文中之「官道」，可說是客家人最早的一條來台路線。同註 15，頁 96-98。

「各人有親尋親戚」這一句。雖然渡臺的路途遙遠，他們來台的希望無非就是賺了錢再回唐山，出發點仍出自生活經濟方面[20]。

　　至於〈十尋情人歌〉，則是說丈夫到台灣，當時渡臺不易，渡臺之後回大陸也很困難，因此就有渡臺尋人之事。早在清朝治理台灣時，清廷的渡海禁令中就有一條：「渡臺人士不能攜帶家眷，已渡臺者亦不得招來家眷」，當然在渡臺禁令解除之後，這個禁忌不再存在，然而客族來台之際，多數仍是青壯單身到台灣打天下，沒有固定的基業，所以流動性很大，常跟隨墾地南北遷移。又當時的客家婦女很少拋頭露面出外，而是在家承擔照顧公婆撫養子女的責任，因此整首歌是一邊想尋找丈夫，一邊卻又是因為人生地不熟而擔心害怕的心情，到最後終於兩人重逢，思念的愁緒才得以紓解。

2、 走番

　　客家人走番的歷程，可說是在客家人幾次大遷徙過程中，另一種形式的遷徙。「走番」[21]的意義就是離開故鄉到南洋（現在的東南亞地區）去經商或是做工，賺取「番銀」（客家稱南洋輸返的金額曰番銀）對原鄉作經濟上的接濟。至於廣義的「走番」，就不只限於南洋群島，渡臺、緬甸、泰國甚至是南北美洲，皆可稱之[22]。

20　這些無妻室的客子（廣東潮、惠人民在臺種地傭工，謂之客子），在康熙中末期，「渡禁稍寬，皆於歲終賣穀還粵，置產贍家，春初又復台，歲以為常。」成為粵東客籍家庭重要的經濟來源。同註15，頁115。

21　「走番」除了到南洋，廣義來說是離開家鄉到海外謀生，臺灣也包含在內。至於客語聯章體中對「番」的解釋尚有台灣本島的山地原住民及日本人，都稱之為「番」。

22　在客家向外移植或經營的事蹟中，因為受有自然環境的影響，一方面耕地缺少，謀食艱難，一方面又因站著河流上源，易於出探平陸，以是乃根據他們的維生願望，因環境勢力悟到有向外擴展的需要和可能。因此沿著河流逐漸移動，一方面進而與諸平原民系混雜居住，擴大同系的住域，一方面更四出經商，或泛海至台灣，安南，暹羅，緬甸，以及南洋群島南北美

到了十八世紀末十九世紀初，西方殖民國家佔領東南亞與南洋群島，需要大批的勞工，當時在廣州、汕頭港口附近，有許多招攬勞工的地方，他們以種種手段誘騙，使人誤以為到南洋就可以發達[23]，當時除非生活真的過不去，或只是為了闖出一番事業外，一般人都會勸阻親人過番。以下茲舉與走番相關歌謠為例：

〈十思量〉[24]

一思量，思量妹過七洲洋，青春年少尋夫去，
飄洋過海路途長，唉埃哉！難為嫩嬌娘。

二思量，聽說番邦早起床，一夜睡唔夠兩點，
五更三點愛沖涼，唉埃哉！實在苦難當。

三思量，妹在番邦無嘜場，番邦唔曾做有屋，
夜裡男女共間房，唉埃哉！怎得到天光。

四思量，問妹薑酒幾時香，番邦做月多辛苦，
生男育女愛原鄉，唉埃哉！唔當轉原鄉。

五思量，接妹音信正端陽，妹在番邦問郎病，
難為妹子咁賢良，唉埃哉！永久唔敢忘。

六思量，難為妹子咁賢良，尋到汝夫嫖搭賭，
想來妹子無春光，唉埃哉！汝愛有主張。

七思量，鴛鴦花鈕送親郎，開襟掛子安六鈕，
看到花鈕痛心腸，唉埃哉！緊想緊痛腸。

八思量，望天保佑妹安康，保佑無災又無難，
三年兩載轉原鄉，唉埃哉！汝愛燒早香。

九思量，誰人服侍汝親郎，當日同床同枕睡，

洲等地，擴張了他們的經濟勢力。同註 18，頁 282。
[23] 見譚元亨：《客家聖典》（廣州：海天，1997 年），頁 316-321。
[24] 同註 11。

如今冷落守空房，唉埃哉！越想越痛腸。
十思量，夜夜醒眼到天光，一心都想過番去，
同等妹子轉原鄉，唉埃哉！日夜掛心腸。

〈十勸郎〉[25]

一勸郎，莫想妹子在番邦，三年兩載有相見，
嫐個日子都還長，噫知哀！半世秀才娘。
二勸郎，記得當初共一床，記得當初同郎嫐，
同郎一嫐心就涼，噫知哀！日夜想情郎。
三勸郎，三年大考赴科場，倘係情郎高中日，
假打把戲過番邦，噫知哀！帶妹轉原鄉。
四勸郎，妹子如今在番邦，多謝情郎書種好，
懷身代孕別原鄉，噫知哀！做月苦難當。
五勸郎，妹子身體極安康，情郎身體愛保重，
戒嫖戒賭在原鄉，噫知哀！永久囑情郎。
六勸郎，郎在原鄉妹南洋，大海茫茫難會面，
好似織女隔牛郎，噫知哀！緊想緊痛腸。
七勸郎，見郎書信如見郎，又接一條毛烏褲，
見到烏褲痛心腸，噫知哀！醒眼到天光。
八勸郎，枕上思量我親郎，情人遠隔千里外，
夜夜唔得到天光，噫知哀！當日無主張。
九勸郎，風流才子係親郎，思量唐山風景好，
許久唔見到天光，噫知哀！日夜掛親娘。
十勸郎，莫話妹子無春光，番邦世界涯唔想，
妹子生死轉原鄉，噫知哀！日夜在心腸。

---

[25] 同註11。

〈十想情郎歌〉[26]

一想情郎日落西，郎去出門妹孤淒，
一對鴛鴦失一隻，何日成雙共樹棲。
二想情郎月帶闌，別時容易見時難，
關山阻隔江河遠，為郎思想正艱難。
三想情郎黃昏時，只見烏鵲樹上棲，
烏鵲也有成雙對，妹今同郎兩分離。
四想情郎夜燒香，為郎思想淚汪汪，
燒香來拜天和地，願同情郎永久長。
五想情郎月出東，千山萬水信難通，
有話寄託風送去，吹入情郎耳朵中。
六想情郎夜半天，枕邊思想淚漣漣，
三魂七魄歸何處，歸到情郎左右邊。
七想情郎月正中，交情難捨信難通，
思想阿哥情義好，牡丹金菊對芙蓉。
八想情郎月轉西，無情恨煞五更雞，
夢中正好談心事，驚覺窗前雞亂啼。
九想情郎天大光，山河遠隔兩分張，
人居兩地難見面，割妹心肝割妹腸。
十想情郎東片紅，想郎難見眼朦朧，
情郎唔知妹心事，唔知何日有信通。

從以上各例來看，不只有男子走番，女子也有離開原鄉走番海外的情況，但女子到南洋的目的主要是尋夫，之後二人再一起奮鬥。走番的理想狀況是夫妻二人一起出外，就算是吃苦，也不必牽腸掛肚。但是如果妻子沒有一同前往，走番客經常會在南洋另外

26　引自吳瀛濤編：《臺灣諺語》（台北：臺灣英文，1996 年），頁 670。

娶妻生子，再次形成分離的創傷。前二首以女子走番為主要對象，闡述對於海外的不了解與不安，種種的不習慣與不適應，只希望能夠早日回到原鄉。出外的人辛苦，在家的人也不好受，如第六章「大海茫茫難會面，好似織女隔牛郎」、第三首「別時容易見時難，關山阻隔江河遠」、「千山萬水信難通，有話寄託風送去」等等，這種痛苦與淒涼，和面對親人可能一生都無法再回家鄉的感受，因分離與宿命強大的力量橫亙著，親歷者之苦痛必然是之後閱聽者的千百倍。而出外之人最終的心願就是能夠早日回來，落葉歸根。

（二）客家械鬥事件

在清代的民變中，較為人所矚目的多半是閩客械鬥，主因為語言上的隔閡、狹隘的地域之見、爭奪灌溉水源種種，較著名的如朱一貴事件時，客家的鄉莊自衛組織協助清廷和朱一貴形成對立，清廷稱之為「義民」。但以客家人「吳阿來」為主的民變事件，在清代民變中是相當罕見的。針對這個事件，客語聯章體歌謠中，即有一篇四十章的長歌〈吳阿來歌〉。

> 〈吳阿來歌〉[27]
> 壹想光緒丙子年，彭蔡式家幹聲連，
> 聲連打死吳阿富，害到連庄幹無閑。
> 式想吳塵笑西西，人強馬壯就出旗，
> 壹程促到七十分，連庄圳水打破其。
> 三想長河正無理，自坐王法就係過，

---

[27] 引自黃榮洛：《台灣客家傳統山歌詞》（新竹縣：新竹縣立文化中心，1997年），頁35。

幾多好人無插事，丁遇式家正去弒。
四想連庄就著驚，眾請食糧就縈營，
兩家縈營紛紛亂，裡擺大土做得成。
五想阿貴就開言，大家進入雞籠山，
基隆新庄來插在，各各心中膽包天。
六想阿貴笑西西，工人來到問講起，
阿貴開言人真好，長河又喊同佢弒。
七想人來鬧連連，搬出彭屋八百元，
就將蔡祥放去轉，大家鬱氣一時閒。
八想長河膽包天，就連庄二三對千，
連庄圳水偃打踢，雞籠背後也有錢。
九想連庄就搭營，大家商語就縈營，
上城就喊官府下，錢銀使了心也甘。
十想文武到下來，家艮敬福想不開，
連庄又告吳阿來，家艮又告吳阿來。
十一想大老轉京城，眾將文武生夜行，
愛開庫銀來征賊，行文奏上轉京城。
十二想大老轉下來，眾請頭人來講開，
庄庄頭人也調到，愛征山賊吳阿來。
十三想文武就開聲，壹程進入雞籠山，
壹到老庄就燒屋，好人連累真可憐。
十四想長河開聲來，是不無奈著走開，
阿貴命無就講起，開手又喊捉到來。
十五想阿來就開言，死店京州雞籠山，
就喊大家你莫去，將把爛扇同佢潑。
十六想己生想不開，就喊文武你入來，
裡擺歪子趕我走，連我江山保不在。

十七想吳屋阿來哥，蕭姜一命浩桓河，
阿來使到將君取，牽連士勤一抱天。
十八想阿來不順情，大家都要你一人，
大家都驚文武到，連累地方幾多人。
十九想阿來就食時，總理外位就要你，
開手一山無也樣，私坐王法就係你。
廿想阿來心就焦，官府來到打營頭，
又無銀來糧不足，恰似潼關二馬超。
廿一想吳屋不順情，取出紅旗堵官兵，
萬生帶兵千千萬，如今何在反不成。
廿二想己生鬧華華，當堂就話大老爺，
半途以費豈交得，連我江山都不保。
廿三想文武都開聲，就喊己生你莫驚，
裡擺歪子提不出，鉛條銃藥買擔添。
廿四想吳屋心就虛，四圍人馬為滿裡，
朝廷用兵如水樣，是不無奈著走佢。
廿五想文武就開聲，帶兵捉到黃麻園，
誰人捉得阿來到，現賞國銀八百元。
廿六想阿來差了差，案碟江山害自家，
坐惡賺錢不長久，枉來用地水浪沙。
廿七想阿來真可憐，逃難走入大湖山，
自己又腳走無路，又驚人來又驚番。
廿八想文武開聲來，勒佢房父交出來，
裡擺阿來不交出，聖上還有頭痛來。
廿九想謠歌真無人，坐到吳屋有錢蛀，
賺錢恰似針挑笁，了錢恰似水浪沙。
卅想文武就開聲，就請隘勇吳阿辛，

阿來逃入大湖肚，向你交出是真閑。

卅一想阿辛就開聲，房父針均顧江山，

裡擺阿來不交出，文武縶等也是閑。

卅二想二哥淚連連，維郎進入草銃山，

草銃銃櫃為捉到，現賞白銀八百元。

卅三想阿來想不開，自己房父交出來，

夫妻洗房情難捨，五百年前修到來。

卅四想是銅鑼彎庄，文武接到開片天，

裡擺阿來捉不出，文武官府也艱難。

卅五想上天無門進，進退二事心茫茫，

人生幾何在凡間，橫柴入灶不可行。

卅六想阿來心茫茫，文武兒事就上城，

阿來命交竹塹死，名聲傳到北京城。

卅七想謠歌鬧嘩嘩，勸人世間作惡人，

改作從善總巧著，善似青松惡似花。

卅八想謠歌鬧嘩嘩，勸人世間作惡人，

官法如爐得人驚，作千作萬好漢人。

卅九想來個做謠歌，別人朋友歡喜麼，

大家歡喜正來唱，無錢有錢口閑多。

四十想謠歌做到完，列位聽我好金言，

有雙轉去生貴子，無雙轉去大賺錢。

上述〈吳阿來歌〉的產生，與地方歷史有重要的關係。吳阿來事件發生於光緒二年（西元一八七六年），在官方記錄文獻中共有三則，分別在《苗栗縣志》卷八〈祥異考〉「兵燹」之部、《新竹縣志初稿》卷五「兵燹」之部各有一則記事，《清德宗實錄》卷四十一有一道上諭，此為閩浙總督文煜奏請講敍吳阿來事件出力之人員，同時此上諭所引文煜原奏有吳阿來事件的官方報告。

以吳阿來事件的性質來分析，可說是屬於以現居地為認同的分類械鬥事件[28]。透過官方文獻，可以稍微勾勒出吳阿來事件發生的經過。

主角吳阿來，居於貓裡雞籠山一帶[29]，關於其身分，文獻稱之為「積匪」、「土寇」，由於提及「族眾」，在今苗栗縣的新雞籠村，以吳姓為大族，同時其眾又「迭犯搶擄，無惡不作」，故可知吳阿來等在當地應有相當大的勢力，以吳阿來、吳阿富兄弟為首領。

事件的導火線，據文煜的說法，吳阿富等復出擄、搶、綦厲，吳阿勇被差勇追捕，後被格斃，吳阿來等遁入老雞籠莊，將內山水源截斷，並綁了蔡阿興。若由此判斷，追捕吳阿來只是因為他迭犯搶擄，截斷水源似乎不是此事件的重點。但據《苗栗縣志》的說法，吳阿來及吳阿富肆毒居民，擄蕭羌桔死之外，最主要的問題在於吳阿富率人擄掠居民，被芎、中、七莊的鄉勇擊斃，因而吳阿來遂攻此三莊，不成，便斷其水源，因而三莊人向淡水廳告急，官方才開始勦辦，那水源問題就是相當重要的原因。《新竹縣志初稿》陳述原因則認為是礦油的問題，吳阿來好弄兵器，因踞英人開闢之牛鬥口山礦礦[30]，汛兵以為其侵佔地，往捕，卻被吳阿萊擊斃。故擊斃汛兵反而成為吳阿來遭捕之主因。

我們在這個部分必須先了解當時鄉間墾區的狀況，據《淡水廳志》卷三志二「建置志・隘寮」之部有「芎中七隘，官隘，在後壠

28　參見周宗賢：《台灣的民間組織》（台北：幼獅，1986 年），頁 118。

29　貓裡雞籠山一帶為今日苗栗縣銅鑼鄉新隆村、盛隆村一帶。

30　這裡的礦窟，所指約為今日大湖鄉汶水村中國石油公司出礦坑油井處。《淡水廳志》卷二志一「封域志・山川之部」：……蛤仔市山南十二里曰「雞籠仔山」，產礦油。《苗栗縣志》卷二「封域志・山川之部」：牛鬥口山，城東二十四里。……礦油山，城南二十里，……山下有礦油窟，礦油層出不竭，現既封禁。……雞籠山，城南二十里。故可推知雞籠山與礦油窟有地緣關係。

埔荖蕉灣、中心埔、七十分三莊之內，故名。」「隘」源於早年來臺開墾時，公私各方都延伸其開墾區於原住民（當時稱為生番）領地之內，自然與原住民產生相當頻繁的爭戰。為了防止原住民的偷襲獵頭，便在交界處築銃櫃（槍管前面裝火藥的土製火槍）設私隘，僱隘丁防守[31]。由於每一墾拓集團都需要自衛，因此皆自設隘寮，有銃櫃等自衛武裝。由此推之，隘寮除了防原住民之外，在衝突危急時尚可自衛，因此吳阿來等既然族眾，族大丁強，並有雞籠山這些險要地形可恃，儼然成為一方之霸，其並繼承墾拓傳統，擁有其自衛武裝，隨時準備應付外來的侵襲，故官兵要追捕他也不是這麼容易。同時，開墾最需要的就是水源，當時水權並不是公有，只要在上游截斷，下游的村落便無水可用可灌溉，因此斷水是當時各莊之爭的重要原因[32]，也因此位於下游的荖、中、七等莊會急著找淡水廳求援。此外配合官府捉拿吳阿來者，多是莊丁，文煜的獎敘出力員中，對出力的莊丁、兵勇由外酌給獎勵。由此觀之，吳阿來與三莊之間，基本上可認為是同籍兩莊之間的械鬥，斷水與擄人是相當常用的手段。這個重要的「械鬥」焦點，在官方記載中的吳阿來被「積匪土寇」完全掩蓋。至於「礦油」問題，仍需要更多史料來證明。

　　透過對官方記載事件的了解，解讀〈吳阿來歌〉時，就會對問題的理解較為清楚。首先在歌謠對吳阿富的死因，有不同的說法。

---

[31] 同註 15，頁 143。

[32] 關於爭水的問題，如清高宗乾隆二十四年福建巡撫吳士功有「申禁械鬥」，其中說：「如有爭墳、爭水、爭地等項仍前糾眾持械互鬥者，該保、族、鄰即預行阻止。」淡水同知婁雲的「莊規禁約」，就是未消弭北部連年不休的械鬥而發，其「禁約」八條之第四條說：「一禁：墳墓、田園以及水圳、水埤，係照舊界管業，不得私相侵佔以杜爭端。」都確切說明爭水是台灣械鬥的主要原因。見張菼：〈同籍械鬥的吳阿來事件〉，台灣文獻 20 卷 4 期，1969年 12 月 27 日，頁 118-136。

歌謠的第一章就點出彭蔡兩家械鬥，吳阿富被打死，造成全村莊亂紛紛。第七章「搬出彭屋八百元，就將蔡祥放去轉，大家鬱氣一時閑」，此說可證明彭家拿出八百元的賠償，蔡洋才能回家，可見吳阿富的死因，非其率眾擄人被打死，而是死於械鬥。從三想到七想，仍是圍繞在彭蔡械鬥之事上，如「幾多好人無插事，丁遇弍家正去弒」、「眾請食糧就紮營，兩家紮營紛紛亂，裡擺大土做得成」。透過第二章「弍想吳塵笑西西，人強馬壯就出旗，壹程促到七十分，連庄圳水打破其。」第八章「八想長河膽包天，就連庄二三對千，連庄圳水涯打踢，雞籠背後也有錢。」可見吳家屬於地方勢力大族，這裡也點出與七十分爭水的情節，當時對手去告官，這裡所指應是芎、中、七三莊的斷水事件，三莊人請淡水廳協助一事，卅四想第一句也說是銅鑼灣庄，故可確定。吳家當時知道對手請官府協助之後，也有抵抗的打算「九想連庄就搭營，大家商語就紮營，上城就喊官府下，錢銀使了心也甘。」全莊（吳姓）準備搭營和紮營，預備抵抗官方的圍剿。事件到九想以前，主要的癥結就在七十分爭水。

從第十想開始，吳阿來出現，當時清朝派遣的文官武將到後，家民等又告吳阿來，因此除了清朝文武官之外，也調集各莊鄉勇，「愛（要）征山賊吳阿來」，可知當時地方人對吳阿來的不滿。圍剿時官兵到老庄燒屋、擄蕭姜梧死、吳阿來逃入黃麻園，官府懸賞國銀八百元（陳星聚懸賞一千圓）、請隘勇吳阿辛（官方紀錄為吳定新）入山追捕吳阿來、諭飭吳姓族長交出人犯種種情節，都與官史相差不遠。歌謠中對吳阿來的看法，從「私作王法就係你」，可證明吳阿來應是屬於地方強梁一類的人物。

基本上這首歌謠的作者，在吳阿來事件中認為有很大部分是因為吳阿來的行為，讓官府圍剿以至牽連許多無辜的鄉民，所以作者這個部分帶有阿來自作自受的意味在。若照歌謠的呈現，吳阿來雖然在地方上有霸道的行為，是否真的這麼十惡不赦，恐怕值得商榷。

擄人、械鬥、斷水這種在當時屢見不鮮的狀況下，除非出了人命（蕭姜被殺，人命關天）或是不到相當危急，通常的做法是兩莊談判解決，因此歌謠作者並沒有很多責難，當時民間的狀況就是如此，以各莊自保為原則。對於吳阿來被官方圍剿這件事，從廿想到卅想這麼大的篇幅，都在呈現官府對於圍剿吳阿來的力不從心，也對吳阿來當時的蠻橫自大加以諷刺，連自己的莊都快保不了，進而逃入黃麻園，歌謠描述當時阿來是「又驚人來又驚番」，又怕官兵追捕，又擔心遇到原住民獵頭，他也不如地方史所敘述如此的驍勇善戰。官方在歌謠的紀錄中所呈現出對於圍剿吳阿來不成，是相當束手無策的。從「四圍人馬為滿裡，朝廷用兵如水樣，是不無奈著走佢」、「裡擺（裡面）阿來不交出，聖上還有頭痛來」、「房父針均顧江山，裡擺阿來不交出，文武紮等（再等）也是閑。」看來，僅官方人馬眾多，但面對熟悉地形的吳阿來，還有吳姓家族同族的情誼，族長當然會盡力保護自己族人，不受官方及其他村莊隘勇的欺負，族人之力，怎比得上官軍所組成的圍剿部隊？官府只好對族長進行威脅。最後吳阿來是自己出來投案的，而非官史說的擒獲，吳阿來死於竹塹，則與官史同。這首歌從歌詞看來敘述三個部分，一是械鬥，因械鬥引起官府圍剿吳阿來，二是圍剿吳阿來的過程，三是最後四章勸人諸惡莫做，諸善欲行。

　　關於吳阿來事件有另外一種說法，公館鄉陳漢初（日據時代漢學造詣極深之人士）在其所撰之《石圍牆越蹟通鑑》（此為私撰之小地方志）一書中，對吳阿來事件有說明33，簡而言之，清朝時，地方治安敗壞，盛行金錢主義之官風，因而造成弱肉強食，無法無天的局面，良民沒有保護，備受欺凌，除非有人命大案，官府才會出面處理。吳阿來原本是製造樟腦之良民，因販賣私腦，被蕭姓人士

33 見黃榮洛：〈「吳阿來歌」之發現〉，收入《台灣客家傳統山歌詞》（新竹縣立文化中心，1997年），頁34-41。

搶奪，且一腳被毆打成殘，後懷恨在心，為了復仇成為地方強梁。阿來黨徒猖獗，案疊如山，一連犯下如打死彭阿富、斷絕七十份水源、擄蕭姜等案，後因蕭姜自縊，官府才派兵征勦吳阿來，但上百名兵卒，對吳阿來等少數人莫可奈何，最後是脅迫吳姓頭人吳阿新交出罪魁。吳阿來最後出來投案，被押至新竹毒死，以報自殺，自始禍根斷了。

　　上述說法雖然與官方地方志所說有所出入，但對照地方志和〈吳阿來歌〉，出入並不大，只是紀錄人士的觀點和著重的地方有所不同，才造成差異。通過對當時鄉庄情況的了解，我們可以說，吳阿來事件是一樁客籍分莊的械鬥事件，主因為爭水和歷來仇恨所造成。〈吳阿來歌〉記錄了事件的背景、發生的原因和經過，這首歌的出現，成為鄉土史的重要參考資料，連帶提醒我們重視早期重大地方事件。客族間彼此的械鬥，在史料上相當罕見，一般我們所了解在台灣多半是閩客械鬥或漳泉大戰，因此吳阿來事件是可說是客族來台後關於械鬥的重要紀錄，此事能被紀錄，實由於清廷出兵之故。

　　此外，這件事能被編成歌謠，然後在民眾間傳唱，可見此事在當時的客家庄中是一件相當重要的大事，才值得花如此大的篇幅為其創作成歌，歌中對於事件中的人物、地點、經過都描述得相當詳細。同時這篇敘事長歌，有四十章的篇幅，恐非一般民眾所能創作，透過歌謠的第三十九、四十章「卅九想來個做謠歌，別人朋友歡喜麼，大家歡喜正來唱，無錢有錢口閑多。四十想謠歌做到完，列位聽我好金言，有雙轉去生貴子，無雙轉去大賺錢。」，這種口吻如同說書人一般，還要問大家喜歡聽嗎？喜歡聽，唱了才有意義。希望大家聽了這篇故事歌，願大家回去都能夠生貴子、賺大錢。故由此推測，此首歌謠應是事件發生之後，有些地方讀書人或是說書先生，將此事寫成歌謠，通過歌謠提醒民眾，要以吳阿來之例為戒，莫要做壞事，即時改過向善，才不會落得像吳阿來一般的命運，在竹塹（新竹）處死，官法畢竟無情，總要自勉勿做惡事，才能確保終身幸福。

（三）天然災害

　　歷來關於天災人禍總是最讓民眾心驚與恐懼，除了諸如早年人禍之類的械鬥，官方的迂腐不堪外，天災突如其來所造成的傷亡，才讓人們措手不及。在客語聯章體歌謠中，有一篇紀錄地震發生的歌謠。

> 〈**中部地震歌**〉[34]
> 一想乙亥三月中，忽然來個大地動，
> 有人心驚走不動，也有走出外空中。
> 二想地動亂翻翻，山崩地裂沉一般，
> 有錢無錢也受害，大人細子叫連連。
> 三想地動真悽慘，坎死多少也不知，
> 有个子兒叫爺娘，亦有爺娘叫子兒。
> 四想地動哭連連，大小受害有萬千，
> 也有頭破認不識，亦有坎死在屋間。
> 五想地動淚哀哀，磧死幾多無棺材，
> 也有三人共一窟，也有愛埋無棺材。
> 六想地動真可憐，有個全滅無一人，
> 錢銀數萬無人用，無人承接祖宗親。
> 七想地動無人情，山崩地動真驚人，
> 有錢無錢無屋住，在外搭寮來庵身。
> 八想地動二州下，不成屋舍不成家，
> 幾多東西被損害，當天煮食無灶下。
> 九想上官真同情，捐米煮飯救災民，

---

[34] 引自黃榮洛：《台灣客家傳統山歌詞》（新竹縣：新竹縣立文化中心，1997年），頁66。

> 若無上官來救濟，不知餓死幾多人。
> 十想政府愛民心，特派上官來訪明，
> 又開軍隊來保護，總督來看真可憐。
> 十一同胞公德心，寄附錢財救災民，
> 多有慷慨寄附人，亦有捐米數千斤。
> 各處聞佑其慘情，發動賑濟救災民，
> 也有寄附蘿蔔干，亦有送到鹹菜根。
> 人生愛有遵德心，天理二事對良心，
> 存心積德天保佑，社會事業始安平。
> 渺渺茫茫空世界，不曉行善真可憐，
> 看來天災末劫事，黃金堆棟也聞情。

這篇歌謠的年代背景為民國二十四年（昭和十年），震央於苗栗縣境內三義鄉附近之「關刀山大地震」。據《台灣省通志》（民國六十年）記載，「民國二十四年四月二十一日早晨六時，本省發生空前未有之大地震，新竹州下之大湖、苗栗、臺中州下之東勢、豐原、清水、梧棲等地，均蒙災害，尤其是豐原郡下之內埔、神岡兩庄，所受損害，尤稱慘重。據報上統計，「人口三千四百一十人死亡，二千五百七十九人重傷，九千四百七十四人輕傷，房屋一萬七千九百零七戶全壞，一萬一千四百零五戶半壞，災情之慘重，口舌無可形容。」地震的災害是相當令人心驚的，據歌謠中的紀錄，當時山崩地裂，淒慘的程度不分貧富，大人小孩哭叫聲連連，有孩子找父母，也有父母尋女。當時受害者眾多，有受傷頭破者，也有人家全部罹難無人倖免者。悲慘的程度，從缺乏棺木到三人共葬一窟，景象似歷歷在目。存活者的生活，住是在外搭寮，也沒有廚房可以煮食，只能靠救濟。據歌詞記載當時日本總督等官員亦有到災區巡視，除了捐米煮飯，也派出軍隊保護災民，但當時最重要的仍是同

胞間的援助。彼時同胞間有捐錢救災[35]，也有捐米數千金的，甚至是捐助蘿蔔干、鹹菜根等當時生活中耐儲存，也是民眾常吃的醃菜類，大家都發揮人飢己飢人溺己溺的精神。

　　地震歌的產生主要為大地震做一紀錄，了解當日人民的情況。其次不外乎勸人行善，誠如最後一句「渺渺茫茫空世界，不曉行善真可憐，看來天災未劫事，黃金堆棟也聞情。」，天災一來，一切皆化為烏有，面對這種災難，所能做的仍是存心積德，希望這種事情不再發生罷了。

　　除了客語的〈中部地震歌〉外，閩南語歌謠中亦有紀錄這次災難的〈中部震災新歌〉歌冊[36]，內容較客語地震歌長，敘述災難景象很仔細，如「亦有囝仔即出世，腳骨亦壓斷一支」、「后里厝倒透月眉，歸條道路裂獅獅」，及「紅毛塗橋斷三塹，被害打蘭（今卓蘭）鯉魚潭（三義）」等，「紅毛塗橋」應為當時的魚藤坪吊橋，被地震震壞只剩橋墩，現位於舊山線鐵路附近，尚可看見遺跡。

第二節　世事變換的新意：歌謠中的時事

　　時事類歌謠表達的主題，多是傾向反映當時社會政治的情況。時政歌謠產生時間相當早，《詩經・國風》中就已出現，漢代時政歌更為盛行，其中還可分成占驗、頌美、諷刺、怨詛、記事等性

---

[35] 當時「臺灣新民報社」為救濟災民，率先組織「震災音樂會」，巡迴全省籌募捐款，賑濟災民。見《台灣省通志》卷六學藝志藝術篇（台北：台灣省文獻會，1971年）。

[36] 見陳建銘：《野臺鑼鼓》（台北：稻鄉，1989年），頁293-294。

質[37]，如《史記》中記載衛子夫的歌：「生男無喜，生女無怒；獨不見衛子夫霸天下！」這是專詠一人，帶有諷刺意味。這種類型的歌謠是從未間斷的，在歷代民歌中，以訴說社會現況及反映人民的政治態度較多，如林則徐禁鴉片的行動得到民眾的擁護與歌頌，因此人們唱道：「林則徐，禁鴉片，焚煙土，在海邊，開大砲，打洋船，嚇得鬼子一溜煙。」[38]；再如清代義和團起義，得到民眾的認同而有熱烈的歌頌：「女的紅燈照，男的義和拳，趕也趕不散，捉也捉不完。」（朱雨尊《民間歌謠集》）

　　在客語聯章體歌謠中，時事類歌謠這個部份，依照內容可大別為三類，一類是反映當時的社會狀況，另外兩類則是反共及與從軍相關的歌謠。

一、社會狀況

　　在呈現社會現況這方面，歌謠給我們相當多的訊息。如：〈農家樂〉在首章第一句「春天百花處處開，田中稻麥滿滿穗」之後，點出「寶島人人都富貴」這個重點，接著是四季農家的生活富足的景象，豐收後大家開心過新年。但人人富貴的理由何在？由以下客語聯章體歌謠之例，可得印證：

> 當今做田有田種，田佃繳租三七五，
> 手錶皮鞋新衫褲，農家人人變富戶。
> 光復以前艱苦時，無電點燈過日子，

37　同註5，頁121-122。
38　阿英：《鴉片戰爭文學集》，轉引自王文寶：《中國俗文學發展史》（北京：
　　北京燕山，1997年），頁191。

廚房大灶燒柴枝，草厝落雨無錢起。
當今用電真便利，冰箱電視洗衣機，
瓦厝凸椅新設備，鐵筋洋樓滿滿是。
光復以前歹旅行，滿路土粉蓬蓬煙，
三等火車座椅定，臺北臺南十點鐘。
當今柏油滿路是，金馬號車有躺椅，
觀光火車裝冷氣，阿婆廷迪坐飛機。
光復以前艱苦時，想考大學免講起，
田莊讀書無便利，中學畢業都稀奇。
當今讀冊真容易，義務教育變九年，
高中大學隨在汝，出國留學難倒顛。

　　首先，在政府實行「三七五減租」之前，農民有許多是佃農，收穫有大半都要給地主，直到「三七五減租」政策實施，就不再有佃農，農民的生活開始好轉。再由住的方面來看，從以往沒有電燈，尚需用大灶燒柴煮飯，到可以擁有冰箱電視等家電用品，從簡單的茅草屋都沒錢蓋，到可以有瓦房，連鋼筋水泥房子都漸漸普及，這是一種進步。從行的方面來說，以往出個遠門很難，路是泥土路，走過灰塵就滿天飛，火車也是三等車，台北台南間的距離需要十個鐘頭才能到，後來有柏油路了，高速公路上有台汽客運金馬號車，火車也開始有冷氣，連阿婆也可以坐飛機。至於求學方面，以往大家只有小學畢業，讀中學的人相當少，民國五十九年施行九年國民義務教育之後，大家讀書的機會倍增，讀到大學已不再是夢想。

　　對當時人來說，這樣的改變已經是非常不同，也非常滿意和滿足。我們再從現在的角度看，金馬號客車已被中興號國光號所取代，冷氣是必要的設備，每年出國的人次是以十萬計，高樓大廈比比皆是，教育方面大學不再是窄門，這些轉變都是社會進步的表現。

　　當時政府宣導青年守則、國民生活須知等，在時間的洪流裡，現在看來是再平常也不過的常識，而歌謠卻為當時的推行留下痕跡。

〈國民生活須知歌〉[39]

正月到來是新春，國旗國歌須敬尊；
看到升旗行個禮，聞唱國歌要立正。
二月為人要孝順，早晚問安向尊親；
往外返家稟父母，說話態度要溫存。
三月相約清明遊，飲食適量莫酗酒；
進食勿張肘和臂，殘核碎刺莫亂丟。
四月來到禾苗青，喝湯不宜有發聲；
碗盤筷匙勿擊響，餐後器具整乾淨。
五月到來是端陽，整齊樸素講衣裝；
穿正鈕扣隨洗補，髮式服裝莫怪樣。
六月天氣暖洋洋，出勿赤膊穿睡裳；
入廁以後才解衣，一身整齊正伶光。
七月說到居處窩，不塗牆壁丟爛果；
屋室內外常清掃，除側溝渠要通疏。
八月十五是中秋，電視廣播放低音；
放置物件有定位，一切物品要潔淨。
九月九日是重陽，行路容止要安詳；
抬頭挺胸並齊步，不吃零食搭肩膀。
十月到來慶典忙，與長同行左後方；
乘車勿爭先恐後，見著老弱要幫忙。

---

[39] 引自謝樹新主編：《客家歌謠專輯（第五集）》（苗栗縣：中原苗友，1973年 5 月），頁 19。

十一月談教育方，首重合群與幫忙；

仗義執言爭榮譽，不可自私逞蠻強。

十二月底舊歲除，唱歌槌鑼又打鼓；

騎射獵遊學拳擊，正當娛樂唔係賭。

這些歌詞在筆者念小學中學時期的標語或師長訓話中常常聽聞，也是生活與倫理課程的重點，歌詞從大處如尊重國旗國歌，小至對待父母，進而對個人生活都有所要求，目的都是讓眾人的行為有所依循，社會才能有秩序。當然現在看來是有些突兀，但在社會進步到一定程度之前，這類的呼籲仍有其價值。

　　在職業方面，當時社會上對公務員有很正面看法，雖然薪水僅可糊口，但生活安定，有宿舍又有實物配給，也享有公保待遇，與許多行業相較之下，實比上不足比下有餘，因此成為當時普遍社會大眾心中的理想職業。如以下之例：

〈十想公務員〉[40]

一想謀事種種難，不如來做公務員，

實物配給有安定，來比做工有較贏。

二想愛做公務員，生活安定又清閒，

鹽油米炭又足用，服裝房屋少划錢。

三想做個公務員，談起出莊就走先，

船車飛機實惠算，食宿費用唔虧錢。

四想做個公務員，月收少少嫌無錢，

交朋接友喜喪事，緊可糊口又一年。

五想做個公務員，家族係多也多煩，

---

[40] 引自謝樹新主編：《客家歌謠專輯（第二集）》（苗栗縣：中原苗友，1967年2月），頁10。

本人有病幸公保，眷屬受病無恩典。
六想做個公務員，不知不覺就幾年，
小孩成群費用多，克苦克難無長錢。
七想做個公務員，預算無編招待款，
上峰貴賓大小宴，首長頭痛變相還。
八想做個公務員，一天業務半晝完，
機關待遇等等樣，懇望開刀割此癌。
九想做官無幾難，古云清官不要錢，
清廉不貪遵守法，做得臨老幾十年。
十想小小公務員，不如辭職來耕田，
篤實農家基礎正，大官不做白身閑。

二、反共

時政歌的重要目的是反映當時的政治，民國三十八年政府由
大陸遷臺之後，便開始了迄今仍無改變的兩岸分治狀況。在這
種政治背景之下，由於倉促來台，造成許多妻離子散種種悲慘
的遭遇，同時又因為當時中共在統治大陸的措施，如對人民逐
行劃分紅黑五類、進行清算鬥爭，也無法滿足人民基本的生活
需求，造成人民生命上、精神上、物質上種種的不安與痛苦。
在這種強大的壓迫感籠罩中，當時台灣的民眾思及共黨的行
徑，及想回大陸去與家人團圓的信念，同時反共抗俄的思想
深入人心，層層交織下，反共類的歌謠益發顯得慷慨激昂。〈**反
共民謠**〉[41]

---

[41] 引自謝樹新主編：《客家歌謠專輯（第二集）》（苗栗縣：中原苗友，1967

正月裡來梅花開，來了共匪實在衰，
鬥爭清算無人道，地痞流氓發大財。
二月裡來麥結胎，公務人員真倒霉，
過去政府保甲長，通被推上斷頭臺。
三月裡來是清明，共匪迫人亂親倫，
兒女不把父母認，夫妻反目變仇人。
四月裡來採桑忙，共匪凶惡像虎狼，
人民五穀盡搶走，草根樹皮當食糧。
五月裡來榴花紅，十室就有九室空，
餓殍載道無人睬，白骨堆得一幢幢。
六月裡來熱難當，共匪口中慣說謊，
壯丁騙去上前線，婦女充當慰勞娘。
七月裡來天漸涼，大陸變成殺人場，
說匪一句風涼話，立即使汝見閻王。
八月裡來桂花香，大陸同胞正淒涼，
田園荒蕪百業廢，士農工商都遭殃。
九月裡來菊花黃，人民逃難奔遠方，
為了找尋生活路，行斷腳骨餓斷腸。
十月裡來小陽春，鐵幕裡面暗昏昏，
往日繁榮今何在，誰人翻手轉乾坤。
十一月來農事閑，反攻基地在臺灣，
陸海空勤齊發奮，準備登陸復河山。
十二月來夜正長，人人參加上戰場，
消滅共匪除俄寇，中華民國永富強。

年2月），頁12。

歌謠中訴說的就是當共黨統治大陸時的景況，清算鬥爭是當時稀鬆平常的事，當時的公務人員尤為首當其衝。接著文化大革命發生，子女鬥爭父母，夫妻互不相認，造成整個社會的人倫敗壞、道德淪喪，只要一句話，即可能喪命。由於這種長時間的社會混亂不安，及不當的制度，也造成了生產的衰退和經濟的敗壞，因此人民的生活困苦，不得溫飽。這種情況下，人們只能寄望在復興基地的台灣，希冀能早日反攻大陸，解救同胞。

其次的各篇內容則從人民的生活著眼，如：

〈農村（十二唱）〉[42]

正月到來講過年，窮到甜粄沒得煎。
元宵花燈沒得看，唔知幾時會添丁。
二月到來講做社，去拜石古大王爺。
一拜共產快的死，二拜丈夫早回家。
三月到來係清明，去到坟前拜娘親。
三跪九叩求庇佑，保佑共匪早死清。
四月到來個個慌，家家戶戶講飢荒。
自己有耕又有種，唔知幾時禾正黃。
五月初五係端陽，窮人過節沒雞剧　。
家中只有一升米，你話淒涼唔淒涼。
六月到來熱天時，講起共產惱死佢，
共到熱天沒蚊帳，共到天冷又沒被。
七月鬼節又來里，陰間冤鬼哭啼啼。
陽間人民窮到死，那有元寶燒畀你。
八月到來又中秋，有人快活有人愁。

---

42 引自謝樹新主編：《客家歌謠專輯（第六集）》（苗栗縣：中原苗友，1976
年9），頁5。

十年唔見月餅面，春光日子幾時有。

九月九日係重陽，後生死在亂葬崗。

年年月月有人拜，真係做鬼也淒涼。

十月來做十月朝，想起家中樣樣有。

亞弟亞妹沒衫著，老哥你話惱唔惱。

十一月來講做冬，亞妹今年真係窮。

心想同你借升米，亞哥唔好詐耳聾。

辭灶來求灶君爺，保佑唔兒早回家。

保佑毛匪快的死，保佑臺灣復中華。

這篇歌謠訴說在共產統治之下的生活景況，窮到連甜粄都沒得煎，更遑論過年需要的年貨、元宵節的賞燈或是添丁。這種困苦的環境連死生大事都沒法顧全，所以只能感嘆「真係作鬼也淒涼」。而所有的希望只能寄託在求神保佑，讓共黨快點滅亡，從軍的丈夫早日回鄉，保佑台灣早日光復大陸。

〈十思量〉則是透過婦女的口吻，說明被共黨統治的無奈與辛酸：

〈十思量〉[43]

一思量，思量兩人結鴛鴦。門前鑼鼓叮噹響，手牽手來去拜堂。

二思量，一心做個李家娘，家官家娘會服侍，耕田種地也在行。

三思量，嫁到李家一年長，唔曾同人吵半句，亞叔亞伯都讚揚。

四思量，今年生個小兒郎，又紅又白人人愛，安名叫做李興昌。

五思量，屋家羌酒噴噴香，興昌出世正三日，夫郎就愛去逃亡。

六思量，共產到來好猖狂，真係有天又有日，山嶺崖地算到光。

七思量，家官死得死家娘，窮到棺材買唔起，你話淒涼唔淒涼。

八思量，共產哥摩沒天良，迫我改嫁解放仔，忍辱求生半年長。

43　引自謝樹新主編：《客家歌謠專輯（第六集）》（苗栗縣：中原苗友，1976年9），頁5。

> 九思量，唔係紅杏迫出牆，肚中又有冤孽種，那有面目看東江。
> 十思量，託孤託畀張大娘，求生不如求死好，　今去見閻羅王。

　　此例中女子嫁入李家，是一個相當賢慧而且備受親友稱讚的好媳婦，同時也生了兒子，完成傳宗接代的任務。照理說，這樣家庭應該是相當幸福，但就因為共黨的緣故，導致家破人亡。兒子出生三天，丈夫就逃亡，公婆亡故時也沒錢好好安葬，更甚者，婦女被逼迫改嫁，且有身孕，在百般不願下，只好託孤給鄰居，以死明志，令聞者感傷。

　　從上述各例看，反共歌謠主要都是陳述共黨的統治導致民不聊生，在歌中寄予對台灣這個復興基地的期盼，反攻、復興中華等字皆是常出現的詞語。現在這些歌詞幾乎沒有人再唱，時空環境業已不同，故此類歌謠實有特定的時代意義。

三、從軍

　　在時事歌謠中，有一個主題相當的特別，就是「從軍」。這些以「從軍」為主題的歌謠的出現，基本原因是我國是徵兵制，男子到了十八歲就有服兵役的義務，況且早期的役期比較長，通訊也不若現在發達，當兵在外，家人自有許多牽掛。再者，時政的影響是很重要的一個原因，因為早期台海呈現緊張局面，敵對氣氛不可同日而語，從國軍撤退來台後，尚發生過如八二三炮戰等事件，保國衛民是軍人的責任，「從軍」這件事成為台灣男子成長過程中必經之大事，因此當男子要離家當兵的那天，不僅家中會放鞭炮，親戚朋友鄰里都會來相送。如：「一送𠊎郎去當兵，門前紙炮響麼停，四門六親來歡送，拜別爺娘趕路程。」〈十送郎─從軍〉。

在已收的客語聯章體從軍主題歌謠中，我們發現大部分都與反共復國有關，當時反攻大陸的信念深植人心，因此歌謠中幾乎每一首都會提到與反攻有關之事。如：

〈出征前勸妻歌〉[44]

一勸妻呀你愛知，國家今日被人欺，
蘇俄唆使朱毛輩，出賣同胞與國基。
二勸妻呀你愛明，國家有事賴子民，
壯男應征上前線，婦女後方管家庭。
三勸妻呀你愛詳，郎今出征衛家鄉，
須知國破家何在，民無祖國家也亡。
四勸妻呀心莫慌，生離死別係平常，
郎今出征非永訣，何必難過淚汪汪。
五勸妻呀你莫憂，朱毛匪幫一定除，
只因時機尚未到，時機一到匪命無。
六勸妻呀心莫煩，坐下靜聽我囑言，
兒女教育需注意，堂上父母你愛賢。
七勸妻呀聽我言，待人處世要和顏，
左鄰右舍須和氣，莫因小事結仇怨。
八勸妻呀你莫愁，軍中各項都齊全，
衣食住行都豐足，月中還有零用錢。
九勸妻呀心愛開，我在軍中方喜歡，
我在軍中才高興，歡喜高興殺敵專。
十勸妻呀告訴你，反攻大陸期近裡，
當我凱旋還鄉日，你要率子迎我回。

---

[44] 引自謝樹新主編：《客家歌謠專輯（第一集）》（苗栗縣：中原苗友，1964年2月），頁32。

〈十送夫出征歌〉[45]

一送夫君臥室前，彼此難捨淚漣漣，
因為共匪出賣國，害我夫妻拆團圓。
二送夫君祖堂邊，想起暴匪心如煎，
掀起衫尾拭目汁，鼓勵郎君勇向前。
三送夫君成功岡，囑咐佢郎心莫慌，
家中兒女你勿慮，堂上雙親我奉養。
四送夫君濁水溪，囑郎君中莫念妻，
專心殺敵去報國，當你凱旋我開眉。
五送夫君到邊湖，須知匪暴世間無，
若不將其根除盡，人類禍患永難除。
六送夫君村外村，匪軍內部亂紛紛，
只待反攻號角響，匪軍一定向北奔。
七送夫君風雨亭，勸君奮勇殺敵人，
驅逐俄寇出國境，活捉朱毛處極刑。
八送夫君媽祖宮，囑郎殺敵打先鋒，
反攻大陸成功日，勳功彪炳正威風。
九送夫君清水溝，勸君殺敵唔使愁，
非到大陸光復日，縱使辛苦莫回頭。
十送夫君到軍營，妹就停止不送行，
但願聞君凱旋訊，妹將殺雞設宴迎。

此類歌謠是建立在當時特殊的時空背景之下，基於同仇敵愾、同胞
血濃於水的精神，無論是做丈夫或是妻子，都將這種大我氣度凌駕
一切，兒女私情總是先放一旁。分離的無奈並不是自己要分離，窮

---

[45] 引自謝樹新主編：《客家歌謠專輯（第二集）》（苗栗縣：中原苗友，1967
年 2 月），頁 8。

究之下，又是因為共軍作亂之故，雙重的苦恨夾雜，當然要先把禍源消除，才有安居樂業的一天，這種想法在當時形成了一種共識，在歌中也顯出這種期待，如「軍人事業在戰場，光榮勝利回家轉，我兩雙雙入洞房。」、「國仇未報不回轉，共匪不滅莫還戈」「為國為民為主義，夫也榮來妻也榮」。

面對當時情況，台灣與大陸之間敵對態勢明顯，民國五十年代到六十年代，是兩岸關係相當緊張的時刻，這種氣氛也感染了一般的民眾，大家都有保衛國家的信念。在歌謠中也曾出現新婚夫妻結婚不久就分別的情形，如〈十望哥〉[46]：

> 一望阿哥去從軍，為國保家多光榮？
> 俺倆新婚才十日，強忍眼淚送出征。
> 二望阿哥上戰場，槍林彈雨不驚慌，
> 祈禱上蒼常保佑，多殺頑敵爭榮光。
> 三望阿哥曾負傷，前方護送到後方，
> 妹到醫院去服侍，住你早日復安康。
> 四望阿哥已復元，體格健壯像從前，
> 勉勵夫君早出院，重新歸隊去作戰。
> 五望阿哥轉臺灣，地隔重洋妹孤單，
> 河山破碎親人故，參加游擊上高山。
> 六望阿哥在臺灣，參商兩宿見面難，
> 國仇家恨濃如霧，寄語夫君志要堅。
> 七望阿哥莫悲傷，男兒報國要自強，
> 經霜耐雪寒三友，名標青史姓名香。
> 八望阿哥莫迷惘，大陸同胞苦難當，

---

[46] 引自謝樹新主編：《客家歌謠專輯（第二集）》（苗栗縣：中原苗友，1967年2月），頁7。

> 牛馬生活難忍受，草根樹皮做食糧。
> 九望阿哥多用功，學科術科樣樣通，
> 大陸人民日夜想，期待國軍早反攻。
> 十望阿哥隨國軍，背槍前進勇無前，
> 消滅共匪除俄寇，重整河山建家園。

歌謠透過新婦的口中說出才新婚不久，就要面對丈夫出征的無奈，儘管心中有多少不捨，又不能不讓丈夫從軍，只好自己祈求上蒼保佑丈夫平安，也鼓勵丈夫好好在軍中盡心衛國，惟有反攻成功，才能不再承受分離之苦。這首歌的心情其實與杜甫「三別」中的〈新婚別〉很雷同，資錄於下，以供參考。

> 兔絲附蓬麻，引蔓故不長；嫁女與征夫，不如棄路旁。
> 結髮為君妻，席不煖君床。暮婚晨告別，無乃太匆忙。
> 君行雖不遠，守邊赴河陽；妾身未分明，何以拜姑嫜？
> 父母養我時，日夜令我藏；生女有所歸，雞狗亦得將。
> 君今往死地，沉痛破中腸。誓欲隨君去，形勢反蒼黃。
> 勿為新婚念，努力事戎行。婦人在軍中，兵氣恐不揚。
> 自嗟貧家女，久致羅襦裳。羅襦不復施，對君洗紅妝。
> 仰視百鳥飛，大小必雙翔；人事多錯迕，與君永相望。

　　杜甫藉新嫁娘的口吻，取材當時社會實況，由於安史之亂，各地皆受兵禍，詩人寫下這首〈新婚別〉。詩中道出一對新婚的夫婦，在婚後第二天，丈夫便應徵召入伍，新婦心中十分沉痛，卻又莫可奈何，只好忍住悲傷，一面勸勉丈夫，不要為新婚而留戀；一面除去新婚的裝飾，洗淨紅妝，決心等待丈夫的歸來。由此可見，歷代關於征人思婦的情感表現，是相當雷同的，只要社會國家一天不安，這種題材就會因應當時的社會現狀，不斷的出現在詩歌或是民間歌謠中。

　　一般而言，民間歌謠產生的確切年代多不可考，但透過歌謠內容可知，反共與從軍類歌謠的產生，據今不遠[47]，其內容舉凡生活須知、反攻大陸等等標語口號類的文字，至今仍是令人感到相當熟悉且記憶深刻，與現今社會相較，歷史的軌跡和社會發展的進程，盡在歌謠中刻畫。雖然現在已經不時興這種帶有激昂與國家民族熱情的歌謠，但在現今的流行歌曲中，亦常可聽見關於時事的嘲諷性歌曲，當然其中表達的手法與以往不同，也不再是那麼旗幟鮮明。

　　由於客語民間歌謠的特質是即興之作，能夠反映民眾的心聲和當時社會風氣，同時也常表現出當時社會的認知。所以在傳播媒體尚未發達的時代，此類歌謠本身實具備有小眾傳播的作用，並有宣揚時政，洩導民情之功能。此類歌謠亦可展現大量的愛國精神，表達關心國家民族的命運，足見民間歌謠實蘊含了時代意義。

　　由客語聯章體歷史類歌謠中，我們可以了解，帶有民間傳說故事的歌謠裡，分述多件民間故事歌謠中的故事，必定為一般人所熟知，或出於歷史，或出於傳說。在敘述單一故事的歌謠裡，透過歌詞的鋪陳，往往是以第一人稱的口吻，使歌中人物或是對話上，都能展現出其獨特的性格和情感。其次在客家人獨有的歷史事件裡，無論是走番、吳阿來事件或是地震，都是屬於客家人歷史的一部份，透過歌謠的紀錄，除了作為閒暇時的消遣外，更是一種緬懷，也為後來研究者保存了另一種形式的歷史資料。

　　若從歌謠內容的角度看，客語聯章體歌謠的載體大，能反映的內容就多，同時由於一篇歌謠需要較多時間唱，如果內容不生動有趣，很可能在當時就已經不受大眾的喜愛。因此透過客語聯章體歌謠中敘述的歷史與時事，可知歌謠是民眾知識來源的另一種管道，

---

[47] 根據歌謠內容推斷，此類歌謠的產生大部分應在國民政府撤退來台後，最晚到民國七〇年代解嚴之前。

並反映當時民眾對於事件的感受，也為重要的歷史事件與社會政治環境，留下歷史的註腳。在當時尚無報紙、電視等傳播媒體的時代，時事類客語聯章體歌謠除了提供民眾新的資訊，同時亦是民眾抒發屬於百姓心聲的最佳管道。

第五章　客語聯章體歌謠之體式結構

　　客語聯章體歌謠在基本結構方面，是由數首至數十首山歌所組成篇幅較長的歌謠，在類型上主要有五更、四季、月令、數字等四大類，此外尚有其他如十二時辰及以時日為首者。以上各種聯章歌謠都是透過數字的排列順序，如月令類是一月接著二月，一直唱到十二月；五更類則是一更、二更依序唱下去，直到五更等，形成較長篇的歌謠。事實上這些以「一唱、二唱」，「一月、二月」、「一更、二更」或「春、夏、秋、冬」為起首的歌謠，已經形成民間歌謠中常見的體裁，諸如「十二月長工歌」、「五更調」、「十杯酒」等。這種歌謠的特色在於易記易唱，第一段唱出之後，以下各段就按照數字順序，一段接著一段唱，不會遺漏或忘記。同時這種方式也有利歌者的臨場發揮即興創作，因為歌謠的基本框架已經確定，歌唱時把凡是所能看見、想到的，無論是抒情、或景物描繪、或是敘唱歷史故事、評說當今人物事件等具體內容充填進去，就可以穿插其中，成為完整一首的聯章體歌謠。

　　《文心雕龍・章句》中認為：「夫裁文匠筆，篇有大小。離章合句，調有緩急。……其控引情理，送迎際會，譬舞容迴環，而有綴兆之位。歌聲靡曼，而有抗墜之節也。」意味離章合句能顯示音調的緩急與抗墜之節奏，客語聯章體歌謠在體式方面，有其基本的形式和韻律，但不像傳統詩歌一般，受到嚴格的詩律限制，畢竟民間歌謠為民眾即興而作、隨口而歌。然以上各類型歌謠本身不因民眾的即興成詞而單調無規則可循，在體式上皆各自具備多樣化和規

整化的特點，本章主要即針對客語聯章體歌謠的體式結構問題，依不同類型分別加以敘述討論。

第一節　季節的遞嬗：四季調

　　以「春夏秋冬」四季為序數的民間歌謠，屬於鋪陳式的聯章歌謠，通常按照相同或相似，或相對應的事物順序組合而構成。這種形式早在兩晉南北朝的吳歌中就有所反映，依照宋・郭茂倩《樂府詩集》中所收吳聲歌曲中，〈子夜四時歌〉標示為「晉宋齊辭」，不著撰者的民間歌謠，就有七十五首，其中春歌二十首、夏歌二十首、秋歌十八首、冬歌十七首，這些都是按春、夏、秋、冬順序加以組合。此類歌謠濫觴於晉宋，影響歷代民間歌曲與文人歌曲出現大量以四季為首的作品，同時各地區民間歌謠在發展過程中，亦有志一同的運用此種鋪陳法進行歌謠的即興創作。以下舉〈子夜四時歌〉[1]為例，以資參考。

> 春歌
> 春風動春心，流目矚山林。山林多奇采，陽鳥吐清音。
> 夏歌
> 暑盛靜無風，夏雲薄暮起。攜手密葉下，浮瓜沉朱李。
> 秋歌
> 秋葉入窗裡，羅帳起飄颺。仰頭看明月，寄情千里光。
> 冬歌
> 白雪停陰岡，丹華耀陽林。何必絲與竹，山水有清音。

---

[1]　（宋）郭茂倩：《樂府詩集》卷 49，（北京：中華，1996 年），頁 644-649。

在〈子夜四時歌〉中，五言四句可說是其基本體制，亦是江南民歌中的代表樣式。即使在近代民間歌謠中，以春夏秋冬四季組合的歌謠，亦所在多有，如上海嘉定〈長工四季歌〉[2]：

> 春季裡來冰來烊（溶解），門口老爺算盤響，
> ……（以下句子略）
> 夏季裡來熱難當，地主官僚坐中堂，……
> 秋季裡來天遂涼，地主財東硬心腸，……
> 冬季裡來雪茫茫，地主家裡糧滿倉，……

　　客語聯章體歌謠中，四季形式的歌謠筆者收集共有八首，分別為〈四季相思〉、〈四季呻吟〉、〈四季花開〉、〈四季思情曲〉、〈農家樂〉、〈春天裡來和風吹〉、〈四季歌〉、〈四季花開〉[3]等，而各篇大抵在題名上就已經清楚標誌出「四季」形式，只有〈農家樂〉和〈春天裡來和風吹〉為例外，有「四季」調的形式而無「四季」題名。

　　客語聯章體歌謠「四季調」的正格為「七、七（韻）、七、七（韻）」式，資舉例如下（歌詞下之△符號，表示每句之韻腳，若是▲符號，則表換韻，以下各例皆同。）：

> 〈四季相思〉
> 春天裡來百花開，黃蜂因為採花來；
> 　　　　　△　　　　　　　　△
> 山伯因為英台死，相思因為妹麼來。

---

[2] 見蔡豐明：〈上海地區民歌格律〉，收入段寶林、過偉、劉琦主編：《古今民間詩律》（北京：北京大學，1999 年），頁 209-230。

[3] 按順序八首出處為謝樹新主編：《客家歌謠專輯（第六集）》，頁 17、5；邱綉媛編著：《客曲薪傳》，頁 85、20；謝樹新主編：《客家歌謠專輯（第三集）》，頁 24；葉維國編著：《客家民謠研進會研習教材》，頁 12、14；謝樹新主編：《客家歌謠專輯（第五集）》，頁 17。

△

夏天荷花開滿池，問你我事恁般俚；

△

門孔裡面塞柑仔，出門唔得橘壞俚。

△

秋天菊花開滿庭，一時麼妹飯難吞；

△

斷尾螯秤拿來使，一錢想妹十二分。

冬天梅花正含蕊，妹子心頭恁般俚；

△

妹子本心尋哥嬲，包你食使到春尾。

△

〈四季花開〉
春季到來百花開，百花園內情郎來；

△　　　　　△

情哥情妹成雙對，恰似蝴蝶兩伴隨。

▲　　　　　▲

夏季到來蓮花芳，蓮開並蒂伴情郎；

△　　　　　△

郎妹好比蓮花樣，朝朝暮暮在身旁。

△　　　　　△

秋季到來桂花香，芬芳撲鼻如情郎；

△　　　　　△

矛妹早晚難入寐，朝來夕至愛到狂。

△

冬季到來臘梅香，香聞十里散芬芳；
　　　　　△　　　　　　　　△
情哥好像臘梅樣，陣陣飄香到妹房。
　　　　　△　　　　　　　　△

〈四季呻吟〉
春天到來百花開，花邊用去有得來。
　　　　　△
有雞有鴨年難過，人民政府仰諫衰。
　　　　　　　　　　　　　△
夏天到來荷花香，講起家中就淒涼。
　　　　　△　　　　　　　　△
共產亞歌算死佬，算到人人喝粥湯。
秋季到來桂子飄，一講共產火就標。
　　　　　△
清算鬥爭有了日，大家就快命都有。
十月到來梅花開，希望國軍快的來。
　　　　　△　　　　　　　　△
毛子毛孫我捉到，當佢蕃薯一樣煨。
　　　　　　　　　　　　　△

　　論四季形式之體制章句，以四章為一套，每章四句，每句七言，即「七、七（韻）、七、七（韻）」共二十八字，首句首字分別由「春」、「夏」、「秋」、「冬」起始，此種體制為「四季調」之正格。以上三例皆為正格，押韻方面，以二、四句押韻為多，沒有一定之限制，較為自由。

　　在客語聯章體歌謠中皆以「□天（季）到來」、「□天裡來」，或只用「□天」（□中以春、夏、秋、冬四字作為替換）二字作為

每章歌謠首句之套語[4]。其中偶有例外者，如上例〈四季呻吟〉中，
從春天、夏天到秋季之後，所接續的不是「冬天」，而是「十月」，
在全體四季形式歌謠中，是唯一的例外。

　　再者如〈農家樂〉一首中，連續四章是標準定格，但之後接續
四組歌詞，以「光復」和「當今」作為對比，如：

> 光復以前艱苦時，無電點燈過日子，
> 廚房大灶燒柴枝，草厝落雨無錢起。
> 當今用電真便利，冰箱電視洗衣機，
> 瓦厝凸椅新設備，鐵筋洋樓滿滿是。

　　這種用法在「四季調」中，僅出現一次。一般而言，「四季調」
形式的客語聯章體歌謠，以四章為準，不在春、夏、秋、冬四章歌
詞之後附加其他章節或是其他類型的歌詞。因此這首歌謠的表現，
相較於其他七首，是比較特殊的一例。

　　基於定格之故，客語聯章體歌謠中的四季調平起式、仄起式皆
有，端看當時歌謠用字而定。押韻部分則是相當自由，並無刻意限
定，以「七（韻）、七（韻）、七、七（韻）」或「七、七（韻）、七、
七（韻）」為多，通常用口語念唱，只要韻與韻之間順口，音律和
諧，語氣通暢即可[5]。但在押韻方面時有例外情形出現，如上述三

---

[4]　套語的使用在民歌的語言結構中是相當獨到的手法，透過套語可使句子的結
構更緊密，同時也使民眾容易記誦。所謂「套語」是民歌常見的句子或詞語，
民歌主要表現在掌握大量的民眾習知習用之詞語，以便在歌唱時，依靠約定
俗成的表現方法，即運用套語，能即興地唱出流暢、貼切的歌，並與聽者的
感情直接交流，立刻引起反響。見夏曉虹：〈中國早期文人詩套語套式研究〉，
收入洋溟編：《中國傳統文化的反思》（廣東：廣東人民，1987 年）。

[5]　這種叶韻的狀況，學者稱之為「罩句」。依照學者黃得時的說法，他認為「罩
句」就是「協韻」或「叶韻」的意思，無論「平韻」叶「仄韻」；或「仄韻」
叶「平韻」；或「平韻」相叶；或「仄韻」相叶，只要用「口頭」唱一唱看，
如果韻與韻相叶順口，就可以了，不必另找韻書看。見黃得時：〈臺灣歌謠

例中，有四句通押，一二句押一韻、三四句則換韻，或是一二句押韻，三四句不押等等情形。

此外，在各篇各章的四句組合中，句與句的關係，大體上可分為一句景、三句情；二句景、二句情；三句景、一句情；四句全景等。例如：

（一）一句景、三句情

〈四季花開〉
春季到來百花開，百花園內情郎來；
情哥情妹成雙對，恰似蝴蝶兩伴隨。

〈四季相思〉
冬天梅花正含蕊，妹子心頭恁般悝；
妹子本心尋哥嬲，包你食使到春尾。

這裡首句與第二句以下歌詞，均有所關聯。此處首句雖為套語，但以景為主，第二句以降，則依景點出情感，歌謠重心著重在後三句。

（二）二句景、二句情

〈農家樂〉
春天百花處處開，田中稻麥滿滿穗，
寶島人人都富貴，阿娘疏草哥落肥。

之形態〉，臺灣文獻專刊 3 卷 1 期，1952 年 5 月，頁 1-17。

> 〈四季思情曲〉
> 春天裡來桃花香，桃花開在滿山崗，
> 妹子可比桃花樣，青春年少守空房。

此處四句，前二句與後二句各成一組，透過前二句的景，引出後二句的情感抒發。其中後二句部分除了情感抒發之外，通常利用其中一句，以呈現出各章的主旨，如〈農家樂〉中的「樂」，意在「寶島人人都富貴」；〈四季思情曲〉中「思情」之因，為「青春年少守空房」。故在這種二句景、二句情的組合上，用一句歌詞明確的點出主旨，是此種組合的一大特色。

（三）其他

在四季形式的客語聯章體歌謠中，其句與句的關係，以上述兩者居多，另外尚有三句景、一句情，和四句全景者，此二種較少。舉例如下：

1、三句景、一句情

> 〈四季花開〉
> 冬天來呀又一年，梅樹開花在山間，
> 梅花能耐寒霜雪，兩人交情萬萬年。

> 〈春天裡來和風吹〉
> 秋天裡來落葉黃，丹桂輕飄滿庭香，
> 鴻燕飛過千層浪，觸景生情思故鄉。

上述例子中，前三句歌詠風物，最後一句歌詠情感，而前三句的風物主要是為了引出第四句的情感表達，二者有密切的聯繫，而

不是各自獨立。透過連續三句對相關景物的敘述，使情景交融，但主旨句的出現，則不一定在最後一句抒情的部分。如〈四季花開〉是透過「花」來表達對事物的期望，因此重心著重在「花」的特性和涵義上，故主旨句為「梅花能耐寒霜雪」。而〈春天裡來和風吹〉一例中，由於秋景原本對人們而言，就比較蕭瑟、蒼涼，也容易引起人們內心的寂寞，因此此例透過運用「落葉」、「桂花」與「鴻燕」組成的意象，引出「懷舊思故」的情感。故知此類組合運用客體的景物與主體的情致間的聯繫，使之彼此獨立卻又交叉滲透聚結，對歌謠的主旨有加強的作用。

2、 四句全景

〈四季歌〉

春天裡來牡丹紅，元宵花燈樂融融，
風和日暖心歡暢，採茶姑娘滿山中。

〈春天裡來和風吹〉

春天裡來和風吹，桃紅柳綠雙燕飛，
滿園春色撩人醉，鴛鴦戲水永相隨。
冬天裡來瑞雪飄，玉樹銀花寒風搖，
翠柏蒼松迎風笑，雪地臘梅花更嬌。

以上是四句全景的例子，此類例子相較於其他形式則屬較為少見，一般除非特意描寫景緻外，歌謠中通常不會出現四句全都描寫景物者。

由上可知客語四季形式聯章體歌謠八首形式皆屬正格，雖偶有歧出，但在體制上相當固定，並沒有太大的差異。同時在「四季調」中，可以明確的將各章四句的組合加以區別，每一種組合有其不同的作用，對主旨的呈現也並不拘泥於固定的位置上，故此種特徵使客語聯章體的「四季調」歌謠表現更為靈活。

第二節　時序的流轉：五更調

　　「五更」類型的歌謠是以五個更辰為序，以「五更」作為分段的依據。「五更」類型的民間歌謠，來源甚早，目前所見最早的是陳伏知道的〈從軍五更轉〉[6]，全首抄錄於下，以資參考。

> 一更刁斗鳴，校尉遠連城。遙聞射雕騎，懸憚將軍名。
> 二更愁未央，高城寒夜長。試將弓學月，聊持劍比霜。
> 三更夜警新，橫吹獨吟春。強聽梅花落，誤憶柳園人。
> 四更星漢低，落月與雲齊。依稀北風裡，胡笳雜馬嘶。
> 五更催送籌，曉色映山頭。城鳥初起堞，更人悄下樓。

　　此例是以一更至五更為序，每章四句，每句五字。郭茂倩《樂府詩集》引《樂苑》曰：「『五更轉』，商調曲。按伏知道已有〈從軍辭〉，則『五更轉』蓋陳以前曲也。」[7]可知五更類型的民間歌謠很早就已經存在。敦煌石室遺書發現後，發掘出許多民間俗曲歌辭，其中有不少篇章具有特定之格式並具有共通名稱，「五更轉」就是屬於定格聯章歌謠其中之一，並於此調名下附註題目，如「五更轉『七夕相望』」、「五更轉『南宗贊』」、「五更轉『警世』」等。至於之後歷代的俗曲歌謠中屬於「五更調」形式的歌謠也在所多有，如〈五更兒〉、〈五更裡〉、〈五更調〉[8]，明清俗曲中《掛

---

[6]　見吳立模：〈五更調與五更轉〉，收入舒蘭編：《中國地方歌謠集成（二）》（台北：渤海堂，1989年），頁140-143。
[7]　同註1，第三十三卷，頁491。
[8]　見劉復、李家瑞編：《中國俗曲總目稿》（台北縣：文海，1973年），頁102。

枝兒・五更天》、《萬花小曲・五更鼓兒天》、《白雪遺音・嶺頭調五更》等。而「歎五更」乃是〈五更轉〉發展到明清小曲階段所有，以前未有，唐代亦無此名[9]，故可知「歎」、「鬧」、「哭」、「思」等繁多種類所指皆為內容，「五更」則是格調[10]。

　　故以「五更」形式的歌謠在名稱上可大別為七類[11]：

　　（一）、以「五更轉」為名，如〈從軍五更轉〉、〈太子五更轉〉、〈思婦五更轉〉等。這裡的「轉」，通「囀」，為歌唱或說唱之意。「轉讀」原是僧人誦讀佛經的形式之一，後來其由宗教贊頌逐漸趨向於民間俗曲，促成唐代「俗講」的形成發展。而「轉變」即是唐五代時的講唱文學形式之一，「轉」為說唱，「變」為變文，「轉變」即為演唱變文故事。故「五更轉」，意為「五更唱」，亦指運用五個更辰為序，並以「五更」作為分段的依據，唱出所欲表達的內容。

　　（二）、以「五更」為調名，如〈時事五更調〉、〈時新五更調〉等。這裡是依「五更調」這種曲，來唱出歌謠的內容，如「時事」、「時新」就代表歌謠的主題。

　　（三）、以「鬧五更」為名，如〈鬧五更〉、〈時尚鬧五更哭皇天〉等。這裡的「鬧」，有「喧鬧」、「熱鬧」之意，「鬧」所指的是內容，「五更」則是格調。

　　（四）、以「嘆（歎）五更」為名，如〈歎五更〉、〈愛國嘆五更〉等。這部分的「嘆」，與上述的「鬧」，意義雷同，「嘆」有「感嘆」、「嘆息」之意，為表內容，「五更」為格調。

---

[9]　見任半塘編著：《敦煌歌辭總編》（上海：上海古籍，1987 年），頁 1285。

[10]　見任二北：《敦煌曲初探》（上海：上海文藝聯合，1955 年），頁 466。

[11]　見胡洪波：〈五更調俗曲曲詞的蛻變〉，成功大學學報 11 卷，1976 年 5 月，頁 59-84。

　　（五）、以「×五更或 ××五更」為名，如〈哭五更〉、〈數五更〉、〈傷情五更〉等。這裡「哭」、「數」、「傷情」指的仍是內容，「五更」為格調。

　　（六）、以「五更×或五更××」為名，如〈五更鼓〉、〈五更兒〉、〈五更相思〉等。這裡的「鼓」指的是「更鼓」，是以「五更」時序，以引出內容主題。

　　（七）、其他還有若干不以「五更」為名者。如：《白雪遺音》中的〈孟姜女〉、〈繡荷包〉、〈補雀裘〉等，皆是題名中未出現「五更」，但內容是以「五更」形式呈現者。

　　根據李家瑞《北平俗曲略》中之解釋：「五更調是以五更分段的曲調中之一種，以五更分段的曲調，並不全叫做五更調，而叫做五更調的，卻全是以五更分段。」[12]除了歷代「五更」類型的歌謠外，各地區也都有五更形式的歌曲如遼寧地區有〈恩愛五更〉、〈情五更〉、〈盼五更〉[13]、山東地區有〈小寡婦哭五更〉[14]、台灣地區閩南語民間歌謠〈夜夜相思—潮州調〉、〈五更鼓〉等，可見「五更」類型歌謠的流行區域廣泛。

　　由以上眾多五更形式來看，除了以五更為序是固定的條件外，其中的體式各有差異。筆者所收之客語聯章體歌謠資料，圍繞在「五更」範圍的歌謠有十八首，其中有以五更為名者如〈五更進妹房〉、〈嘆五更〉、〈哭五更〉等，不以五更為名者，如〈勸郎歌〉、〈嘆煙花〉、〈苦李娘〉等，以下依其體制分別敘述之。

　　客語聯章體歌謠中，其體制句式，可先大別為兩類，一為齊言，一為雜言。

---

[12] 見李家瑞編：《北平俗曲略》（台北：文史哲，1974 年），頁 92。

[13] 見蕭文寬：〈遼寧民間詩律初探〉，收入段寶林、過偉、劉琦主編：《古今民間詩律》（北京：北京大學，1999 年），頁 343。

[14] 見武鷹：〈山東民間歌謠格律〉，收入段寶林、過偉、劉琦主編：《古今民間詩律》（北京：北京大學，1999 年），頁 184。

一、齊言

（一）、正格：「七（韻）、七（韻）、七、七（韻）。」

〈五更歌〉[15]

一更想郎夜更深，思想阿哥真傷心，
　　　　　△　　　　　　　　△
兩人離別幾年久，無信無息轉我身。
二更想郎淚淋淋，思想郎君真傷心，
　　　　　△　　　　　　　　△
一日唔得一日暗，等到那日好佳音。
　　　　　　　　　　　　　△
三更想郎淚茫茫，思想郎君苦難當，
　　　　　△　　　　　　　　△
兩人當時真恩愛，等到幾時才回鄉。
　　　　　　　　　　　　　　△
四更想郎淚淒淒，妹妹想哥麼人知，
　　　　　△　　　　　　　　△
唔敢對娘來講起，請問哥哥知唔知。
　　　　　△　　　　　　　　△
五更嘆了天大光，一夜麼睡只嘆郎，
　　　　　△　　　　　　　　△

---

[15] 引自楊兆楨：《客家民謠》（台北：天同，1979年），頁52。

難捨妹妹不要緊，帶念雙親在家鄉。
△

此例之體制以五章為一套，每章四句，每句七言，共二十八字，句首以一更至五更起始，為正格。至於押韻方面，較多是一、二、四句押韻，然並未有嚴格限定，因此亦可二、四句押韻，或只有一、四句押韻，或出現四句皆不押韻、四句全押韻者。

〈五更進妹房〉[16]

一更一點進妹房，妹在房中巧梳妝，
　　　　△　　　　　　　　△
頭上梳個龍鳳髻，金釵插出十二行。
　　　　　　　　　　　　△

二更二點進妹房，妹在房中等情郎，
　　　　△　　　　　　　　△
七月初七銀河渡，織女來會牽牛郎。
　　　　　　　　　　　　△

三更三點進妹房，妹在房中燒好香，
　　　　△　　　　　　　　△
好香燒在香爐內，庇祐日短夜裡長。
　　　　　　　　　　　　△

四更四點進妹房，妹在房中繡鴛鴦，
　　　　△　　　　　　　　△
繡隻鴛鴦對獅子，繡隻金雞對鳳凰。
　　　　　　　　　　　　△

---

16 引自謝樹新主編：《客家歌謠專輯（第二集）》（苗栗縣：中原苗友，1967年2月），頁32。

五更五點進妹房，妹在房中解衣裳，
　　　　　△　　　　　　　　　△
乍看肘肌白似雪，一身照眼夜如霜。
　　　　　　　　　　　△

此例亦為五章一套，每章四句，每句七言，共二十八字的齊言正格。在押韻方面，以一、二、四句押韻為主。與上例〈五更歌〉的差別在於首句，〈五更歌〉是以一更至五更為序，〈五更進妹房〉則是由「一更一點」、「二更二點」至「五更五點」，作為各章的起首。

　　因此在齊言的體制中，正格的歌謠題名皆有「五更」出現，如〈嘆五更〉、〈五更歌〉、〈五更鼓嘆夫歸〉，同時每篇五章，每章四句，每句七言，共二十八字。

（二）變例

　　在齊言的「五更」形式客語聯章體歌謠中，有一些變化的情形。

1、　「七（韻）、七（韻）、七、七（韻）。七（韻）、七（韻）、
　　　七、七（韻）。」式

〈老採茶歌—自嘆〉[17]
（自嘆）一更鼓來響嘩嘩，當初勸郎去賣茶，
　　　　　　　　△　　　　　　　　△
囑咐一年半載轉，奈知三年亡轉家。
　　　　　　　　　△
催郎一去兩三年，丟撇妹妹淚漣漣，

---

[17] 引自謝樹新主編：《客家歌謠專輯（第三集）》（苗栗縣：中原苗友，1969 年 5 月），頁 5。

　　　　　　△　　　　　　　　　　　△
朝思夜想無見面，越思越痛心油煎。
　　　　　　　　　　△
（以下諸段略）

〈嘆煙花〉[18]
一更裡來嘆煙花，罵聲爺媽做事差，
　　　　　　　　△　　　　　　　　△
先日（奴家）八字來排算，（算奴家）命苦（啊）
八字犯桃花（哪唉喲）。恨一聲爺怒一聲媽，
　　　△　　　　　　　　　　　　　　△
養大女兒就嫁人，嫁到貪苦奴家命
（呀），（為什麼將）奴家賣在煙花，（哪唉喲）。
　　　　　　　　　　　　　　△
（以下諸段略）

　　例子中（　）表示補字補詞。一般在民間歌謠中，常利用增字以
補充說明，使句意連貫；或者是表虛腔、語氣詞的使用。此處的用
法，如同宋詞中使用「襯字」、「襯詞」一般，使句子有長短變化，
並使句子的表達更為清楚明白。在民間詩律的研究中，多將此種用法
稱之為「補字」、「補詞」，故於客語聯章體歌謠中，亦沿用此種說法。
　　〈老採茶歌─自嘆〉、〈嘆煙花〉二例皆為五章，每章八句，每
句七字。五更調形式客語聯章體歌謠的正格為每篇五章，每章四句。
此二例在句數上擴充為八句，在意義上可分成上下兩片，並多了補
字和補詞。在民間歌謠中，補字和補詞也普遍使用，補字如「啊」、
「呀」，補詞通常一般可分為頭補、尾補和嵌補。在客語聯章體歌

---

[18] 引自賴碧霞編著：《台灣客家民謠薪傳》（台北：樂韻，1993 年），頁 97。

謠中，此三者兼備，如第一例的「自嘆」就屬於頭補，第二例的「奴家」屬於嵌補，而「哪唉喲」則屬於尾補。至於押韻的位置，通常第三、六句比較少押韻，但民間歌謠的押韻較不固定，同時對韻腳的運用也相當自由，在第一例中，上下兩片有換韻的情形，上片為〔a〕韻，下片為〔ien〕韻；第二例則上下片皆押〔a〕韻。

　　2、　其他

　　客語「五更」類型的聯章歌謠中，另一部份歌謠除了保有正格的規則外，常在「五更」之後再加上幾章歌詞。一般在五更類型的歌謠中，有時會多加一章到兩章，使歌謠的篇幅加大。多加的幾章有重複使用五更為首者，如〈哭五更〉[19]：

　　　……

　　四更漏轉月斜山，痛念思親千萬般，
　　珍饈羅列空供奉，堂前難見親容顏。
　　五更明月落沉西，聽得靈雞報曉時，
　　堂前子女悲愁切，黃沙蓋面不回歸。
　　五更打了天大光，不見亡魂說言章，
　　銅盆裝水忙洗面，手巾抹濕痛肝腸。

或是多加一更為六更，忽略一夜只有五更的狀況，只將一更二更視為數序之用而已。如〈嘆煙花〉：

　　　……

　　五更五點淚淒淒，想　受盡千般憐，何時何日能見日，等待
　　雲開（自有來）見天晴。

---

[19] 引自張奮前：〈客家民謠〉，台灣文獻 18 卷 4 期，1967 年。

六更六點想到狂，一夜沒睡到天光，一夜五更想不盡，總有
一日（總會來）尋到郎。

再者如〈勸郎歌〉是在五更形式歌謠之後，再加上五首數字型
聯章歌謠：

……

五更五點進妹房，妹在房中解衣裳，乍見肌膚白似雪，一身
照眼夜如霜。

一勸郎來夜更深，莫戀嬌娥誤郎身，日夜莫來多思想，思來
想去會傷心。

（以下諸段略）

另外尚有一種是前後兩篇內容有連續的情況，如在〈嘆五更〉
和〈又嘆五更〉。〈嘆五更〉

一更鼓打响高樓，看見世人多少愁，
月照堂前人不見，六親眷屬淚雙流。
二更渺渺起寒風，萬種千愁總是空，
恰似長江千尺浪，亡魂一去永無踪。
三更明月照千庭，只見靈屋不見人，
半盞孤燈空掛壁，眼前不見舊時人。
四更月色正斜山，病念恩情千萬般，
珍饈羅烈空供養，堂前難見親容顏。
五更明月又沉西，聽見靈雞報曉時，
堂前孝子悲愁切，黃砂蓋面不回歸。
地藏菩薩在幽關，羅卜救母號目蓮，
手拿銀杖遊地府，救母出離上靈山。

〈又嘆五更〉

一更鼓打响頻頻，亡魂一去不回程，
從茲今日離別後，未知何日轉家庭。
二更鼓打响悲哀，亡魂一去不回來，
從茲亡魂離別後，滿門孝眷淚哀哀。
三更鼓打响啾啾，亡魂一去不回頭，
從茲亡魂離別後，不見亡魂志不休。
四更鼓打响連連，可惜亡魂不值錢，
從茲今日離別後，未知何日得團圓。
五更鼓打天大光，亡魂一去誰主張，
從茲今日離別後，未知何日轉家堂。
踏破青山不見家，青山依舊白雲遮，
梧桐葉落根還在，枯木逢春滿樹花。
鐵拐仙人法術多，仙姑赴會笑呵呵，
果老騎驢遊世界，國舅家下念彌陀。
韓湘會吹龍鳳笛，宗李仙人妙藥多，
洞賓原是仙家客，第八仙人藍彩和。
久聞此處好風光，此處風光勝洛陽，
八角樓台堪走馬，卅層棚上甚輝煌。

〈嘆五更〉是在五更之後，再加一章；〈又嘆五更〉則是在五更形
式歌謠後，再加上四章，主要內容為八仙故事。此二篇屬於懺
文，由於通常都是在做法事時才唱，故知二篇在意義方面是連
貫的。同時透過歌謠的篇名可知，如〈又嘆五更〉這種題名的歌
謠，因「又」字的出現，表示前面必定還有一首歌謠，如同此例
之〈嘆五更〉，因此形成二篇連貫的聯章體歌謠，使意思更能充
分的表達。

　　故知「五更」類型的客語聯章體歌謠，在齊言方面大部分以正格的形式為主，使用變格的情形只佔歌謠的少部分。

二、雜言

（一）客語聯章歌謠的雜言體，全篇為雜言五句，此類又可分為兩種。

　　1、「九（韻）、七（韻）、七、七（韻）、十（韻）。」式，如：

〈上京舉子〉[20]

一更三點莽愛進妹房，妹在房中繡鴛鴦，
　　　　　　　　△　　　　　　　　△

中央繡隻金獵子，兩邊金雞對鳳凰，心肝妹繡條寒裙送情郎。
　　　　　　　　　　　　△　　　　　　　　　　　△

（以下各段略）

　　此例為五更類型中五句形式者，全篇共五章，由一更到五更的順序不變，首尾二句皆有補詞，首句為「莽愛」，尾句為「心肝妹」。此首為每章五句，每句字數為「九、七、七、七、十」。各章句首是以「一更三點」、「二更三點」為開始，亦與其他首不同。在押韻方面則是除第三句不押外，其他各句均押韻。

---

[20] 引自徐進堯編著：《客家三腳採茶戲的研究》（台北：育英，1984 年），頁 69。

2、「九、六、七、四、七。」式，如：

〈苦裡娘〉[21]

頭更割禾嫂嫂攔路打，苦那係麼苦哪！二更捕穀上礱磨，苦啊裡娘，未得我郎回家鄉。

（以下各段略）

嫂嫂問俚摘菜怎麼摘，苦那係麼苦哪！先摘黃來後摘青，苦啊裡娘，未得我郎回家鄉。

（以下各段略）

　　此例亦為五更類型較為少見的一種，每章五句，歌謠的順序是從頭更與二更一組，中間間隔「苦那係麼苦哪」，連續到五更之後，又接著「嫂嫂問」為首的歌謠共四章。雖然此處每章皆為五句，然第二句「苦那係麼苦哪」及第四句「苦啊李娘」皆可算為套句，因此實際上這首歌每章歌詞只有三句，但基於套句屬於歌詞的一部份，同時透過曲調反覆文字和旋律，實可加強歌謠所欲表達的思想內涵，可知套句與曲調不可分割，故在句數上屬於五句。

　　此例押韻處少，只在第二章中偶有押韻，是客語聯章體歌謠中較少見，不重押韻的歌謠。

　　【（二）雜言二十二句以上。】（字體與前不同）在客語聯章體歌謠中，五更類型的歌謠裡有二篇較為特別的，每章多至二十句以上，數相當多者，一為〈姑嫂看燈〉，一為〈鬧五更〉。

---

[21] 引自賴碧霞編著：《台灣客家民謠薪傳》（台北：樂韻，1993 年），頁 64。

1、〈姑嫂看燈〉[22]

一更姑嫂打扮去看燈，姑正姑呀嫂正嫂，牽手一同行，
出了自家門，彩雲兩邊分，身穿八幅繡呀繡羅裙，
　　　　△　　　　　　△　　　　　　　　　　△

紅繡鞋呀繡鴛鴦，誰人有看真，倕係姑娘呀，
小小金蓮不高有三寸呀伊嘟喲，小小金蓮不高有三寸呀
　　　　　　　　△　　　　　　　　　　　　　△

伊嘟喲喲嘟喲。元宵佳節出來街路行，姑正姑呀嫂正嫂，
　　　　　　　　　　　　△

兩人牽手行，一路行等小姐樣按靚，奔看到心肝亂茫茫，
　　△　　　　　　　　　　　△

身材好呀人又靚，唔知帶奈位，裡位小姐呀，
　　　　　　　△

標準身材生來實在靚啊伊嘟喲，標準身材生來實在靚呀
　　　　　　△　　　　　　　　　　　　△

伊嘟喲喲嘟喲。

（以下各段略）

　　本例是以一更到五更的順序作為歌謠的起首，全篇共分五章，
每章二十二句，每句字數不等。此例中每一章皆可分為上下兩片，
使之成為各十一句的段落，而此十一句的字數組合各為「九、七、
五（四）、五、九、七、五、五、十三、十六」。在字數的組成上，
最少的是五字，最多的是十六字，產生字數如此龐大的原因，首先
就在補字補詞方面。

　　這篇客語聯章歌謠的補字補詞相當多，以第一章上片來說：
「一更姑嫂（打扮）去看燈，姑正姑呀嫂正嫂，牽手一同行，出
了自家門，彩雲兩邊分，身穿八幅（繡呀）繡羅裙，紅繡鞋（呀）
繡鴛鴦，誰人有看真，　係姑娘呀，小小金蓮（不高）有三寸（呀
伊嘟喇），小小金蓮（不高）有三寸（呀伊嘟喇喇嘟喇）。」括號
中的是補字和虛腔，這裡除了第一句句首固定的兩字「姑嫂」，
和時間序數「一更」（到五更）的變化外，可知每句的字數不會
超過七字，與古典韻文中一個句子的音節數大抵不超過七音節的
原則相合。然在第一、三章下片及第五章上片的第四、五句，與
其他章有較為不同處在於，第一章是二句合為一句，成為九字的
「一路行等小姐樣按靚」，第三、五章是第四五句共十字，中間
用補字連結，「今年（介）花燈（色呀）色樣新」「今年（介）花燈
（真呀）真迷人」，成為一個七字句，而非如其他各章組成兩個五
字句。

　　再者補字、補詞在十一句中，都有一定的出現規律：在各章第
六句的五六字，如繡呀、一呀；第七句的第四字為虛字「呀」；第
十、十一句的襯字相同，皆出現在第五六字處，如第四章下片的「保
佑父母（身體）愛健康」；同時在第九字以後皆為虛腔「呀伊嘟喇」、
「呀伊嘟喇喇嘟喇」。此篇聯章歌謠的補字補詞用得相當多，將音
樂的抒詠和日常生活語言結合起來，使人感到親切，富有生活氣
息，補字的使用往往也可體現地方語言的特點，此處的每章尾聲的
補腔，亦可增加活潑歡樂情緒的表現。

　　此外，在此篇歌謠的十一句中，第二句的「姑正姑呀嫂正嫂」
是屬於套語的運用，第九句「偓係姑娘呀」則是固定的句子，少有
更動，而上下片歌謠的尾聲都有虛腔作為結尾。同時歌謠上下片
的第十、十一句，屬於疊句形態，兩句重複，其中也有用字不同
但意義相同者，如第五章的「保佑父母身體愛健康」和「保佑雙

親身體愛健康」、第三章「年更十八有配成雙，青春年少未有配成雙」等。

在押韻方面，大體上五章皆有押韻，上下兩片有換韻的情形。如此例中「一更」這章的用韻情形為上片押〔un〕韻，下片則押〔ang〕韻。

2、〈鬧五更〉[23]

> （男）娘呀娘（女）一更裡（男）相思悶（女）情哥來去睡斯那唉喲（男）來呀來呀來去睡呀那唉喲（女）有聽到聽到蚊蟲叫斯那唉喲（男）蚊蟲怎呀怎般叫呀叫給我聽（女）嗡呀嗡呀嗡嗡叫斯那唉喲（男）嘻呀嘻呀嘻嘻叫斯那唉喲（女）嗡嗡嗡，嗡嗡嗡，嗡嗡叫斯那唉喲（男）嘻嘻嘻，嘻嘻嘻，嘻嘻叫斯那唉喲（女）叫得奴家傷了心（男）叫得阿伯開了心（女）緊叫緊傷心斯那唉喲（男）緊叫緊開心斯那唉喲（女）傷呀傷了心（男）開呀開了心（女）情事在（男）鴛鴦枕（女）鴛鴦枕上（男）小妹好調情（合）鬧到二更裡。
>
> （以下各段略）

這篇〈鬧五更〉歌謠共有五章，每章粗算共有二十六句，每句字數不定。但經過分析可知，此篇歌詞本身並不複雜，實為三言與五言組成的歌謠。以第一章為例，經過整理，不計補字補詞虛腔可得出以下歌詞：「一更裡，相思悶，情哥來去睡，聽到蚊蟲叫，蚊蟲叫我聽，嗡嗡叫，嘻嘻叫，嗡嗡叫，嘻嘻叫，傷了心，開了心，情事在，鴛鴦枕，鴛鴦枕上，小妹好調情，鬧到二更裡。」然而當我們把套語、補子補詞及和聲虛腔剔除後，光讀正字，活潑的氣氛頓失，便顯得平板而了無生氣了。同時這裡的補字多用音節較輕快

---

[23] 引自賴碧霞編著：《台灣客家民謠薪傳》（台北：樂韻，1993 年），頁 42。

的字詞作轉折聯繫和形容情景，如「有聽到」、「來呀來呀」、「嗡嗡叫」，故能造成歌謠的流暢和頓挫情調。

　　同時在結構上第一句的「娘呀娘」，屬於套語的成分。歌謠中運用相當多的疊句，如第四五句「什麼東西哭（斯那唉喇），什麼（東呀）東西哭」就是疊句，再加上虛腔和補字加以變化。從第八句到第十五句都是由昆蟲或動物叫聲的狀聲詞所構成，如嗡嗡叫、息息哭等。此外從第十八句到第二十一句皆可算是重複的句子，如「（哭得奴家）傷了心，（哭得阿伯）開了心，緊哭緊傷心（斯那唉喇），緊哭緊開心（斯那唉喇），（傷呀）傷了心，（開呀）開了心」，都是重複「傷心」、「開心」兩詞語。而第二十二句開始到結束句「情事在，鴛鴦枕，鴛鴦枕上，小妹好調情，鬧到二更裡」，每一章都相同，只有最後一句會依時間順序替換而已。

　　此篇〈鬧五更〉相較於其他客語聯章體五更類型的歌謠，雖然在篇法上的組成類似，然無論在章法結構上，或是句式上，都相當與眾不同，似乎除了「五更」的形式相同之外，關聯性並不是這麼高。然而在大陸地區的民間歌謠中有一種〈五更蟲調〉，歌中多有對家畜和昆蟲啼鳴的模仿，各地曲調都不相同，江南流行的一種，又名〈五更相思〉或〈鬧五更〉。此處舉江蘇江陰〈五更相思〉為例，以供對照參考[24]。

　　　　一更裡來啥个勒篤叫呀？黃貓勒篤叫呀，黃貓勒篤叫呀，
　　　　妙胡妙胡叫呀，叫得我傷心呀，叫得我開心呀，傷傷心，
　　　　開開心，哎喲喔喲哎喲喔喲哎哎喲，叫到大天明那個哎
　　　　咳喲。

---

[24] 見江明惇：《漢族民歌概論》（上海：上海音樂，1991 年），頁 256。

可見客語聯章體的〈鬧五更〉，實屬於「五更蟲調」一類，亦可從中窺得歌謠的流傳性與本有所承，並非台灣本地獨創者。

　　透過以上對客語聯章體「五更」類型的分析，可知全篇五章，每章七言四句，共二十八字為正格，數量也最多。但其中有一些以雜言方式的變例，呈現出不一樣的歌謠風貌，在題名上不只侷限在「五更」方面，不一定完全以五更為名。在客語聯章體歌謠中，「五更」形式雖然以七言為基礎，但各種句式皆有，並且做了種種變化，整齊的七言歌謠很多，但在實際歌唱時，或多或少都會嵌入補字補詞，使之成為長短句，讓歌謠句式活潑多變。補字和補詞可以用語氣詞，也可以使用實詞，重點在於使歌謠在傳唱的過程中，聽者更容易瞭解歌詞的意義與學習歌謠。關於補詞在民間歌謠中使用頻繁，除了上面了解詞意與學習的因素外，尚有其他屬於歌者本身的因素，因為歌者可以任意添加補詞，以顯示其歌才，熟練的歌者使歌詞語言可增可減，運用自如，增不覺多，減不顯其少，變化無窮，使聽眾百聽不厭，同時也使歌謠益發生氣勃勃。

　　對於「五更」這種結構型態歌謠上被人們廣為使用，最重要的原因在於人們對於時間的流逝，特別是在夜晚，萬籟俱寂，更易顯出寂寞的情懷。歷代無論是民間歌謠也好，文人詩歌也罷，對於感時傷逝情懷的體現作品，實在是不勝枚舉，但由於從日落至日出五個時辰，對人們來說是完全貼近生活的，不只是時間，其中尚包含許多情緒變化轉折，因此「五更」形式的歌謠，往往以表現愁思幽怨者居多。同時客語聯章體歌謠依照時間的順序，是一種由低潮慢慢透過思緒的流動起伏，再慢慢步向高潮的一種過程與期待，故此類歌謠有其特定情感表現的作用。

第三節　月份的排序：月令調

「月令」類型的民間歌謠，大部分是十二月形式為主，以一年十二個月份為單位，並以此作為分章的依據。除了十二月形式之外，客語聯章體歌謠中亦出現單月排這類歌謠，不過所佔比重較小。此外尚有與時序有關之十二時辰歌謠與春節歌，因月令與時序與時間有關，故合併於此，以下分別就此三類歌謠論之。

一、以「十二月」排序

關於十二月型歌謠的來源，據推測西曲中的〈月節折楊柳歌〉[25]，分十二月述情，並加一閏月，疑為近世〈十二月唱春〉一類小調所從出[26]。如：

正月歌

春風尚蕭條，去故來入新。苦心非一朝，折楊柳，愁思滿腹中，歷亂不可數。

二月歌

翩翩烏入鄉，道逢雙燕飛。勞君看三陽，折楊柳，寄言語儂歡，尋還不復久。（以下各段略）

---

[25] 同註 1，第四十九卷，頁 722-725。
[26] 見朱自清：《中國歌謠》（香港：中華，1982 年），頁 91。

十二月歌

天寒歲欲暮，春秋及冬夏。苦心停欲度。折楊柳，沈亂枕席
間，纏綿不覺久。

閏月歌

成閏暑與夏，春秋補小月。念子無時閑。折楊柳，陰陽推我
去，那得有定主？

此篇在句首方面，尚不見依序排列的月份名，只將月份標於歌前。
將月份敘述規則的冠在句首之前例，敦煌歌辭中的十二月型歌謠就
已具備此種形式，茲舉〔十二月〕（遼陽寒雁）十二首斯六二〇八
為例，以資參考。

> 正月孟春春漸暄。狂夫一別□□□。無端嫁得長征婿。教妾
> 尋常獨自眠。
> 二月仲春春未熱。自別征夫實難掣。貞君一去到三秋，黃鳥
> 窗邊喚新月。也也也也。
> 三月季春春極暄。忽念遼陽愁轉添。賤妾思君腸欲斷。君何
> 無行不歸還。
> 四月孟夏夏漸熱。忽憶貞君無時節。妾今猶存舊日意。君何
> 不憶妾心結。也也也也。
> 五月仲夏夏盛熱。忽憶貞夫愁更發。一步一望隴山東。忽見
> 君糸□愁似結。
> 六月季夏夏共同。妾亦情如對秋風。□容日日□胡月。後園
> 春樹□□□。
> 七月孟秋秋已涼。寒雁南飛數萬行。賤妾思君腸欲斷。□□
> □□□□□。
> 八月仲秋秋已闌。日日愁君行路難。妾願秋胡速相見。□□
> □□□□□。

九月季秋秋欲末。忽憶貞君無時節。鴛鴦錦被冷如水。與向將□□□□。

十月孟冬冬漸寒。今尚紛紛雪敷山。尋思別君盡憔悴。愁君作客在□□。

十一月仲冬冬嚴寒。幽閨猶坐綠窗前。戰袍緣何不開領。愁君飢瘦恐嫌寬。

十二月季冬冬極寒。晝夜愁君臥不安。枕函褥子無人見。忽憶貞君□□□。

　　初唐時沈佺期詩有「……九月寒砧催木葉，十年征戍憶遼陽。白狼河北軍書斷，丹鳳城南秋夜長。」盛唐袁暉有詩十二月「閨情」，如二、三月首句為「二月韶光好」、「三月春將盡」[27]，可知十二月形式歌謠自南朝樂府時期，就已經在民間流行，十二月月份名嵌入句首的使用，依敦煌歌辭來看，約早在初唐前就已定型，而且有嫻熟的運用。

　　「十二月」型歌謠在中國各地的民間歌謠裡，是相當重要而且數量亦多的一種類型，舉凡如貴州〈十二月幫工歌〉、土家族〈探妹調〉、吳江縣〈十二月長工〉、大連〈戀妹十二月〉、姚沍花兒〈十二月牡丹〉等，或是台灣地區閩南語民間歌謠的〈桃花過渡〉、〈點燈紅〉、〈雪梅思君〉等，都是十二月形式的歌謠。在客語聯章體歌謠中，以十二月形式作為表現方式的歌謠有四十七首，其中有五分之一題名中，直接點出歌謠的形式如〈十二月梅花歌〉、〈十二月祝英台〉、〈十二月時歌〉等，其他五分之四歌謠題名則不具備「十二月」，然形式上實為十二月型歌謠，如〈病子歌〉、〈撐船歌〉、〈思戀歌〉等。

　　客語聯章體「十二月」類型的歌謠，在體制章句方面，首先可大別為齊言與雜言兩類，以下分別敘述之。

27　同註9，頁1259。

（一）齊言

1、正格：「七、七（韻）、七、七（韻）。」

〈十二月相思—仿孟姜女調〉[28]

正月到來是新春，恁久見妹到如今；
　　　　　　　　　　　　△

燈草拿來打鞋底，枉為妹子過得心。
　　　　　　　　　　　　△

二月十九觀音生，相思妹子快發癲；
　　　　　　　　　　　　△

上村人講姻緣定，滿堂菩薩笑漣漣。
　　　　　　　　　　　　△

三月到來是清明，舊年想妹想到今；
　　　　　△　　　　　　　△

別人都有雙雙對，𠊎俚　來打單身。
（以下各段略）

〈下南調〉[29]

正月裡來梅花開，舊年過了新年來，
　　　　　△　　　　　　　△

風吹蛾眉霜雪大，綾羅帳內望哥來。
　　　　　　　　　　　　△

---

[28] 引自謝樹新主編：《客家歌謠專輯（第五集）》（苗栗縣：中原苗友，1973
　年5月），頁16。
[29] 引自賴碧霞編著：《台灣客家民謠薪傳》（台北：樂韻，1993年），頁49。

二月裡來榴花開，榴樹抽心葉下來，
　　　　　　△　　　　　　　　△
榴樹抽心葉下出，爬床抓蓆望哥來。
　　　　　　　　　　　　　　　△
三月裡來桃花開，手搬花枝望哥來，
　　　　　　△　　　　　　　　△
手攀花枝花還嫩，踏出踏入望哥來。
　　　　　　　　　　　　　　　△

（以下各段略）

〈茶山情歌〉
正月裡來是新年，卜得今年大賺錢；
　　　　　　　　　　　　　　△
茶青定來十二月，茶哥茶妹結茶緣。
　　　　　　　　　　　　　　　△
二月裡來正採茶，茶樹枝枝生嫩芽；
　　　　　　△　　　　　　　　△
郎在左來妹在右，郎摘上來妹摘下。
　　　　　　　　　　　　　　　△
三月裡來茶葉青，送哥一條花手巾；
　　　　　△　　　　　　　　△
繡個山茶花一朵，望哥只愛妹一人。
　　　　　　　　　　　　△

（以下各段略）

　　此式體制以十二章為一篇套，每章四句，每句七言，共二十八字，句首以正月至十二月（或後二月稱之為冬月、臘月）起始，此為正格。在押韻方面，多是二、四句押韻，然並未有嚴格限定。客

語聯章歌謠「十二月」體制中，以正格為數最多。除上述三例之外，尚有如〈國民生活須知歌〉、〈客家採茶歌〉、〈夫妻相好歌〉、〈春節農家樂〉、〈農村長工嘆苦歌〉、〈賣菜歌〉、〈種田情歌〉、〈採茶〉、〈下南調〉、〈分群歌〉、〈病子歌〉、〈撐船歌〉、〈月情古賢人〉、〈十二月梅花歌〉、〈十二月春〉、〈十二月古人〉、〈十二月花歌〉、〈十二月時歌〉、〈十二月祝英台〉等。此處屬於正格的歌謠中，除了起首第一句有套語形式出現之外，其餘三句皆無套語或是重疊。同時此類型歌謠的補詞補字語虛腔也相當少。但在正格中〈四季農家好〉這一首，歌謠形式結構屬於「十二月」形式，但題名卻出現「四季」，這種情況實為少見。同時〈四季農家好〉與〈夫妻相好歌〉在每一章歌謠中間，夾有四句說白，有附和與補充歌謠意義的作用，是較為不同者。舉例如下，以資參考：

> 〈四季農家好〉
> 正月裡來是新年，今年不比是往年，往年新年到處嬲，今的新年雨綿綿。
> 今年不文是前年，一年四季哈好天，恩裡兩家要協定，會做人說出頭天。
> （以下諸段略）

> 〈夫妻相好歌〉
> 正月裡來是新年，夫妻相好應當緣，你聽父母心歡喜，雖然辛苦當有錢。
> 山歌唱來鬧洋洋，夫妻相好係應當，家娘家官要孝順，孝順家官家娘名譽傳。
> （以下諸段略）

此外在正格的規則中，尚有擴充為七言八句，形成上下兩片者，不過在十二月型歌謠中，七言八句結構比較少，舉例如下：

〈**奉茶經**〉[30]

正月奉茶是新年，觀音面前好結緣，
　　　　　△　　　　　　　　　△

善人結上龍華會，陰功積在子孫邊。
　　　　　　　　　　　　　　　△

奉勸世人食齋好，免得胞胎苦牽連，
　　　　　　　　　　　　　△

男人修得龍獻寶，女人修得月團圓。
　　　　　　　　　　　　　　△

（以下各段略）

〈**老採茶歌**〉

正月賣茶到興寧，長樂十二便登程，
夜半三更思想起，不覺五更雞又啼。
　　　　　　▲　　　　　　▲

你去賣茶正月尾，仰頭看見天上星，
　　　　　▲

望星旺日望郎轉，時把二月說奴聽。
（以下各段略）

　　例一〈奉茶經〉每篇十二章，每章共有八句，可分為上下
兩片，每句七字，共五十六字。在用韻方面，此例之韻腳為
〔ien〕韻。

　　第二例〈老採茶歌〉每篇十二章，每章八句，每句七字，共五
十六字。此例屬於對答式的歌謠，一個月份包含兩片，上片是賣茶

---

[30] 引自張奮前：〈客家民謠〉，台灣文獻 18 卷 4 期，1967。

郎說明出外賣茶的經過，下片則是賣茶郎妻對賣茶郎的詢問。在用韻方面，此例韻腳為〔i〕韻。

　　以上這一類七言四句體歌謠，承襲中國古典詩詞的特徵，具有古體詩的形式[31]，自唐代七言詩盛行以來，七言句式無論在文人詩歌或是民間歌謠都成為典型的主體。然而產於民間的歌謠是多樣化的，七言四句只是其中較普遍的一種，除了典型的四句體外，其他各種句法的變體在民間歌謠中，也是屢見不鮮[32]。

　　2、變例

　　（1）「七、七。」式，如：

〈客家民歌〉
正月就把燈籠耍（呀）！人人歡樂笑哈哈（喲）！
二月就把風箏紮（呀）！青青地上放紙鳶（喲）！
三月清明墳上拜（呀）！祭祀祖先理應當（喲）！
四月秧苗田中插（呀）！家家希望有豐收（喲）！
五月龍船下河埧（呀）！競渡龍舟弔屈原（喲）！
六月扇子手中搖（呀）！搧去炎熱享清涼（喲）！
七月就把穀子打（呀）！黃黃稻子裝滿倉（喲）！
八月中秋看月華（呀）！桂子飄香月兒光（喲）！
九月重陽登高望（呀）！遍處農田水汪洋（喲）！

---

[31] 「客家歌謠與傳統客家詩，幾乎可說是同義詞，不管是人所寫的竹枝詞，或民間所唱的山歌平板，都有非常一致的形式，無論就內容的類別或表達的方式，在在都顯示了『歌詩不分』的典型。」見羅肇錦：〈無聲勝有聲─論臺灣現代客語詩的反歌現象〉，收入彰化師範大學主辦《第三屆現代詩學會議論文集》，1997 年 5 月，頁 123-156。

[32] 見段寶林：〈論民歌的體式與詩律〉，收入段寶林、過偉編：《民間詩律》（北京：北京大學，1987 年），頁 8-30。

十月菊花齊怒放（呀）！滿地金黃好風光（喲）！
冬月圍爐敘家常（呀）！闔家團聚樂逍遙（喲）！
臘月就把年豬殺（呀）！家家戶戶備酒餚（喲）！

　　本例全篇十二章，每章二句，每句七字，共十四字，其中每句句尾都有一個補字「呀」和「喲」。在用韻方面，此篇聯章歌謠完全沒有押韻，這種情形與其他篇客語聯章體歌謠相較之下，非常少見。此篇亦是客語聯章體歌謠中，極少見的二句式歌謠，目前僅見此首。這種二句型的歌謠若是配合歌調來說，一定是存在的，因為客家山歌的三大調老山歌、山歌子、平板，或是小調，常常曲子起首到結尾，剛好唱完兩句歌詞，若是七言四句者，還要重複唱兩次才能唱完一章，因此這種兩句就表達完一個意義的歌詞，相較於四句來說，是相當罕見的。

2、「七（韻）、七（韻）、七、七（韻）、七（韻）。」
　　式，如：

〈五句落板十二月相思歌〉
正月相思想親郎，孤枕獨眠夜又長，
　　　　　△　　　　　　　△
三更兩點思想起，兩腳縮下又縮上，谷種生芽會作秧。
　　　　　　　　　△　　　　　　　　　△

二月相思想親郎，單身隻影苦難當，
　　　　　△　　　　　　　△
一心都想守婦節，那知住倒花地方，火燒博売黏熱槍。
　　　　　　　　　△　　　　　　　　　△

三月相思想親郎，目汁雙雙濕衣裳，
　　　　　△　　　　　　　△

213

這條床秤妹眠爛，久裡床秤會生秧，雞公啼啼夜更長。
　　　　　　　　　　　　　△　　　　　　　△

（以下各段略）

本例全篇十二章，每章五句，每句七言，共三十五字，與正格最大的差異在於句數上增加一句，形成五句型歌謠。同時以一、二、四、五句押韻為主，多押〔ong〕韻。本例在題名上直接出現「五句落板」，點明其與音樂間密不可分的關係，同時在首句就點出主旨，後面四句都做鋪墊之用，用來襯托強化主題。七言五句形式的歌謠，於此類型中僅見此首。

（二）雜言

1、「七（韻）、七（韻）、七、七（韻）、三、七（韻）。」式，如：

〈夫妻不好歌〉
正月裡來是新年，夫妻不好真可憐，共床共蓆麼話講，
　　　　　　　　△　　　　　　　　　△
恰似冤仇一般般。苦正苦，仰得夫妻來團圓。
　　　　　　　　　　　　　　　　△

（以下各段略）

〈夫妻相好歌〉
正月裡來是新年，夫妻相好應當然，得到爺娘心歡喜，
　　　　　　　　△　　　　　　　　　△
雖然貧窮當有錢。好正好，相好靚這也麼嫌。
　　　　　　　△　　　　　　　　　△

（以下各段略）

　　以上二例均係由十二章組成，每章六句，每句字數為「七、七、七、七、三、七」，共三十八字，在十二月形式的歌謠中，僅此二首。其中第五句的套語「苦正苦」、「好正好」，基本上是呼應前面的敘述，算是帶有感嘆意味之語氣詞，同時引出後面所要強調的結語。此種三、七言夾雜的形式在民間歌謠中至為常見，但在客語聯章體歌謠則較少。押韻句沒有限定，但以第一、二、四、六句押韻為主，上二例皆押〔ien〕韻。

2、　「七（韻）、七（韻）、七、六（韻）、七（韻）、七（韻）、
　　　 七、八（韻）。」式，如：

〈雪梅思君〉
唱出一歌給您聽，雪梅做人真端正，堅心為大守清節，
　　　　　△　　　　　　　　△

人流傳好名聲；奉勸大家姊妹聽，要學雪梅此樣行，
　　　　△　　　　　　　　△　　　　　　　　△

莫學別人做壞子，沒丈夫生子壞名節。
　　　　　　　　　△

正月十五人迎龍，橫街小巷鬧容容，紅男綠女雙對雙，
　　　　△　　　　　　　　△　　　　　　　　△

手相牽看迎龍；雪梅守節在房中，目汁流來淚雙雙，
　　　　△　　　　　　　　　△

希望我兒趕緊大，作成人守節正有功。
　　　△　　　　　　　　△

（以下各段略）

此例目前僅見一首，〈雪梅思君〉一共六章，第一章為引子，第二章至第六章分別由正月至五月為起首。但閩南語民間歌謠中的〈雪梅思君〉則有完整的十二章。依章句結構來看，可分為上下兩片，各為四

句，各句字數為上片「七、七、七、六」，下片則是「七、七、七、
八」，此處上下片的差異在第四句和第八句。上下片的最後一句字數
改變，可使句式更為豐富，語勢更為緊湊之外，也加強了歌詞的渲染
力與肯定的力量。在押韻方面，三、七句通常不押韻，偶有例外。

二、以「單月」排序

　　〈單月排〉[33]
　　正月來排是元宵，打扮倕郎上高樓，打扮倕郎上（高）樓嫐，
　　　　　　　　△　　　　　　△　　　　　　　　　　　　　　△
　　難得倕郎賞年宵。
　　三月來排三月三，請得亂彈做一棚，做得貂嬋弄董卓，
　　　　　　　　　　　　　　　　　△
　　弄得久來也會成。
　　　　　△
　　（以下各段略）

此例在題名上就清楚的標出了「單月」這個重點，「單月」意為奇
數月。全首以正月、三月、五月、七月、九月等五章構成，每章四
句，每句七言，章句結構上與十二月型相同為「七（韻）、七（韻）、
七、七（韻）。」，押韻方面以第一、二、四句押韻為主，在第一章
和第三章有補字。這種歌謠只有此例，目前未見相同他例。

---

[33] 引自賴碧霞編著：《台灣客家民謠薪傳》（台北：樂韻，1993 年），頁 103。

三、以「時序」排序

　　客語聯章體歌謠中有部分是以時序為首者，分別為〈十二時辰歌〉和〈春節歌〉兩種。

（一）十二時辰

　　所謂「十二時」，即是將一日二十四小時，分為十二個單位，每一個單位稱為一個時辰，以十二地支為名。以「十二時」造為歌曲，一時辰一首，始見於北魏楊衒之《洛陽伽藍記》。目前所見定格聯章「十二時」，以敦煌寫卷中出現之數量為最，同時在禪宗諸大師之語錄中，也普遍運用。敦煌寫卷中「十二時」體制句式的正格為「三（韻）、七（韻）、七、七（韻）。」[34]，茲錄一例，以供參考比較。

> ### 〈十二時—天下傳孝〉
> 平旦寅。叉手堂前咨二親，耶娘約束需領受。檢校好惡莫生嗔。
> 日出卯。情知耶娘漸覺老。子父恩憐沒多時。遞戶相勸須行孝。
> 食時辰。尊重耶娘生爾身。未曾孝養歸泉路。來報生中不可論。
> 隅中巳。耶娘漸覺無牙齒。起坐力弱須人扶。飲食喫得些些子。
> 正南午。董永賣身葬父母。天下流傳孝順名。感得織女來相助。
> 日昃未。入門莫取外婿意。六親破卻不須論。兄弟惜他斷卻義。
> 晡時申。孝養父母莫生嗔。第一溫言不可得。處分小語過於珍。

---

[34] 見鄭阿財：〈敦煌寫卷定格聯章「十二時」研究〉，木鐸 10，1984 年 6 月，頁 229-260。

日入酉。父母在堂少飲酒。阿闍世王不世人。殺父害母生禽獸。
黃昏戌。五穘之人何處出。空裡喚向百街頭。惡業牽將不揀足。
人定亥。世間父子相憐愛。憐愛亦沒得多時。不保明朝阿誰在。
夜半子。獨坐思唯一段事。縱然妻子三五房。無常到來不免死。
雞鳴丑。敗壞之身應不久。縱然子孫滿堂前。但是恩愛非前後。

以下茲舉客語聯章體歌謠〈十二時辰歌〉[35]：

阿哥想妹正子時，今晚睡目真出奇，同妹分群麼幾久，目睡
覺裡都想你。

阿哥想妹正丑時，偃今想妹妹不知，妹做女人麼口齒，今晚
約哥麼定期。

阿哥想妹正寅時，五更雞子叫悽悽，面容落肉因為妹，今夜
雞啼麼定期。

阿哥想妹正卯時，偃今到妹床唇企，早知阿妹情按假，當初
不敢來連你。

阿哥想妹正辰時，照見東片日出裡，路上逢時麼話講，眼箭
丟來你愛知。

阿哥想妹正巳時，一對鴛鴦樹上企，二人正好風流嫐，何人
同哥拆散裡。

阿哥想妹正午時，早早想妹妹不知，阿哥先行妹在後，黃昏
近前麼人知。

阿哥想妹正未時，阿妹做事照天理，阿妹帶在路頭遠，阿哥
實在真孤西。

阿哥想妹正申時，偃今想妹笑咪咪，阿哥青春妹年少，驚帕
交情麼了時。

阿哥想妹正酉時，天烏地暗麼人知，阿哥想妹男開口，不得阿妹近身裡。

阿哥想妹正戌時，二人行前對面企，二人正好風流嬲，心心相印兩相依。

阿哥想妹正亥時，兩人相好麼人知，妹子姻緣哥有份，前生姻緣注定裡。

　　敦煌歌辭〈十二時辰歌〉全首共十二章，每一時辰為一章，每章四句，每句七言，每章共二十八字。其句式為「七（韻）、七（韻）、七、七（韻）」，為整齊七言歌詞，在押韻方面為第一、二、四句押韻。其與「十二時」之三七言句式並不同，但符合客語聯章體歌謠七言四句的齊言正格。同時〈十二時辰歌〉首句屬於套語形式，皆為「阿哥想妹」，之後為時辰的嵌入，意思很簡單，直接點明時間為子時或丑時或其他，而不若古代民間習俗用夜半子、雞鳴丑、平旦寅、日出卯、食時辰、隅中巳、日中午、日昳未、晡時申、日入酉、黃昏戌、人定亥等以繼一日之畫夜時候[36]。

　　在客語聯章體歌謠中，以十二時為記數的歌謠僅此一首，目前亦很少傳唱，究其原因或許可從兩方面看：一為收集的過程中或有遺漏，或目前書面紀錄的歌詞皆未收錄，而在口頭傳唱中仍有此歌謠存在。二為客家民間歌謠通常是在戶外工作或工作之餘閒暇時所唱，基本上歌唱的地點皆為戶外茶山、田園或其他場所，在戶外工作所關注的必定是時令與季節，因為時令與季節與農事息息相關，在前幾類歌謠中就已呈現此種情形，五更類也比較少。由性質來看，十二時與五更形式的歌謠一般傳唱都是在室內比較多，如禪宗、淨土歌讚，同時早年客家人亦有晚上在家不唱山歌之一說，故「十二時辰」歌謠較少。

---

[36] 同註 34。

在十二月型歌謠中，以全篇十二章，每章四句，每句七字，共二十八字為正格，同時在押韻方面，相當自由，以二、四句押韻韻為多。在變格方面，僅見兩例，分別為全篇十二章，每章二句，每句七字，但完全不押韻；及全篇十二章，每章五句，每句七字者。在雜言方面，出現的比例亦不高，只有兩種。故十二月型客語聯章體歌謠，以正格居多。至於在單月排和十二時辰這兩類歌謠，目前於所收客語聯章歌謠資料中，分別僅出現一首，實為少見，亦顯其珍貴。

（二）春節歌

在客語聯章體歌謠中，有二首〈春節歌〉，依時間排序，從正月初一到十五元宵節為止。舉例如下：

〈春節歌〉

大年三十除夕天，交通工具盡加班，在外客商齊返里，闔家歡樂慶團圓。

正月初一頭一天，家家戶戶過新年，男女老幼互恭喜，到處爆竹響連天。

正月初二碧雲天，大家忙著去拜年，長街小巷迎燈綵，到處狂歡慶豐年。

（中間各段略）

正月初七到十三，生兒人家做賞燈，好久好肉忙請客，親朋喫得好開心。

十四十五過元宵，施放煙花真熱鬧，寶島軍民何幸福？毋忘大陸苦難胞。

春節過後要復原，革新戰鬥與動員，全國軍民齊奮發，返攻勝利在眼前。

此首〈春節歌〉全篇共十章，每章四句，每句七言，句式結構為「七（韻）、七（韻）、七、七（韻）」。此例從除夕（大年三十）當天算起為第一章，之後初二到初六各一章，初七到十三為一章，十四十五為元宵合為一章，而最後一章為尾聲。押韻處為第一、二、四句。

第二例之〈春節歌〉如下：

〈春節歌〉（陸豐客家民謠）[37]

初一天光人拜年，清香蠟燭拜祖先，保佑佢哥平安福，出門到處賺大錢！

初二婿郎來上廳，頭顱低下唔敢聲，佢在房裡偷眼看，斯斯文文面貌靚！

初三窮鬼送出門，各人在家嬲新春，斟壺燒酒佢哥飲，引得佢哥醉醺醺。

（中間各段略）

十五月圓是元宵，想起佢哥心頭焦，人人都是成雙對，佢哥在外自逍遙。

迎仙橋上月如銀，橋上遊人愛認真，明月雲遮朦朧影，佢哥切莫認差人！

姊姊拔菜佢拔蔥，保佑嫁個好老公，月影朦朧無人見，回家洗手心正鬆。

元宵明月徹夜光，月下看燈好輝煌，同行姊妹多歡樂，心事重重念在郎。

街頭看燈街尾來，燈心蠟燭淚成灰，阿妹唔知佢心事，哀聲嘆氣只自哀！

---

37 引自謝樹新主編：《客家歌謠專輯（第三集）》（苗栗縣：中原苗友，1969年 5 月），頁 29。

　　　　偃是羅敷自有夫，阿哥妳莫恁糊塗，深情只好等來世，元宵
　　　　過後莫招呼！

此例共二十章成篇，每章四句，每句七字，句式結構為「七（韻）、
七（韻）、七、七（韻）」，第一章至第十五章分別為初一至十五，
依序排列構成，同時並將過年初一到十五的習俗做一呈現，第十六
章到第二十章則是加強意象，並透過元宵習俗抒發個人情感。全篇
各章以第一、二、四句押韻為主。

　　　　基於中國人過新年通常要到元宵節之後才算過完年，但此類型
的時序排列是亦是配合「春節」這種特定的時日，因此將此列入時
序這個部分討論。

第四節　數字的迴旋：數目調

　　　　就目前筆者所得客語聯章體歌謠文本資料中，以數目型歌謠所佔
的比例最大，約有一百零四首。其中最大的特徵，為絕大多數的歌謠
都是以「十」為單位。「十」這個數字在一般民眾心理中是完美與吉祥
的象徵，因此與幸福、團圓、期待等有關的歌謠，多用每篇十章的結
構形式組成，如上海山歌中有〈十姐妹〉、〈十見郎〉、〈十只台子〉，閩
西小調中有〈農民十痛苦〉、〈十月花〉，河南民歌中有〈吃行十想〉等。

　　　　客語數目體聯章歌謠依題名可以分為三類，一為以十為題名
者，如〈十月懷胎〉、〈十勸妹〉、〈十娶妻〉、〈十想度子歌〉、〈十思
量〉等。二為以其他數目為題名者，如〈十二想招親歌〉、〈十二歸
空〉、〈仙伯英台十八相送〉等。三為不以數目字為題名者，如〈吳
阿來歌〉、〈勸良言〉、〈妹子行嫁歌〉、〈中部地震歌〉等，這個部分

包含了一篇十章，或一篇超過十章，其中亦有一篇八章者如〈麼錢歌〉，然為數較少。數字型歌謠中仍是以全篇為十章歌詞所組成者為數最多。

數目型歌謠因為篇幅較大，同時因數目可以無限延伸，便於敘事，因此在客語聯章體歌謠中，出現最大篇幅者為〈清水歌〉，共六十三章；其次為〈吳阿來歌〉，共有四十章；再者為〈二十八想招親歌〉，共有二十八章，內容皆以敘事為主，眾多篇幅是為了便於描述事情的經過。至於抒情方面，一般多半只用十章就能完全表達。

再者，數目型歌謠的共同點在於皆以數字起首，如「一想」、「二想」或「一勸」、「二勸」。在這一類的客語聯章體歌謠中，〈老採茶歌〉[38]和〈送郎送到十里亭〉（二者內容相近）比較特殊，首句並不以數字起首，而是嵌在其中，舉例如下：

> 送郎一里又一里，問郎肚中飢莽飢，肚飢俚郎尋飯食，莫來過飢沒藥醫。
> 賢妻送我我也知，你哥出門沒定期，寧可酒多肉來少，出外想轉家中妻。
> 送郎二里又二里，囑哥出門看天時，天晴愛來尋茶食，落雨愛緊尋傘雨。
> 賢妻送俚又二里，你哥出門看天氣，朝看東南知天色，夜看西北識天時。
> 送郎三里又三里，俚郎出門看地皮，腳指踢倒完過得，茶擔倒踢正惠氣。
> 賢妻講話真無理，腳著草鞋當驢騎，頭帶笠子共出屋，各人有路各人去。

---

[38] 引自謝樹新主編：《客家歌謠專輯（第三集）》（苗栗縣：中原苗友，，1969年5月），頁1。

（以下各段略）

送哥送到十里亭，回頭不見有親人，自古單客也難做，叫妻
安能不落心。

賢妻送我十里亭，出外不論故鄉人，同府同縣親兄弟，不論
遠退取回身。

　　這首歌可分一段分為由兩章組成，首句以送郎為始，後接「一
里又一里」、「二里又二里」等，由於此首為男女對唱，次章首句亦
嵌入數字「一里」、「二里」等，這種用法在客語數目類型聯章歌謠
中，僅出現此一次，其他皆為直接用數字順序排列。

　　關於數目調客語聯章體歌謠的體式結構，可先大別為齊言與雜
言二類，再細分數種，分別舉例說明之。

一、齊言

（一）、正格：「七（韻）、七（韻）、七、七（韻）。」

　　〈招親歌〉[39]

一想後生奔人招，一重歡喜一重愁，
　　　　　　　△　　　　　　　　△
心中都愛春光日，唔知狼狽在後頭。
　　　　　　　　　　　△

（以下各段略）

---

[39] 引自謝樹新主編：《客家歌謠專輯（第三集）》（苗栗縣：中原苗友，1969
　　年 5 月），頁 39。

〈想妹歌〉

一想妹子真有情，山頭路遠妹來尋，
　　　　　△　　　　　　　　　△
雖然酒淡人意好，錢銀使了也甘心。
　　　　　　　　　　　△

（以下各段略）

　　此種體制基本上以十章為主（或有例外），十章為一套，每章四句，每句七言，共二十八字，句首以數字為序，依序排列，為正格。至於押韻方面，大多數是一、二、四句押韻。這種數屬於齊言正格形式的數目體歌謠，約佔全體的五分之四，為數最多。同時在這個基礎上，數目體歌謠亦有擴充為每章八句，每句七言者。如：

〈送郎出征歌〉

一送我郎去出征，走馬揚鞭快起程，後方事務莫顧慮，對內對外有奴身。堂上父母奴孝敬，家中田產我管緊，望你放心休掛念，掛念家庭非軍人。

二送我郎去鳳山，一路之上心莫煩，涼水清冰莫亂吃，愛惜鎗枝和子彈。遇見長官要敬禮，見著戰友要相親，對待百姓要和善，採買東西要公平。

三送我郎去台北，台北不少電影院，五彩電影雖然好，奉勸我郎莫留戀。俄寇毛賊無人性，殺害同胞萬萬千，全國同胞天天望，光復大陸見青天。

（以下各段略）

〈拜血盆〉[40]

一拜拜到滑台崗，滑台崗上免娘行，滑台崗上琉璃瓦，琉璃

---

[40] 引自張奮前：〈客家民謠〉，台灣文獻 18 卷 4 期，1967。

　　瓦上白茫茫，代娘合掌來禮拜，禮拜一殿秦廣王，秦廣明王
開赦宥，引魂童子帶娘行。

　　兩拜拜到竹枝崗，竹枝崗上免娘行，百草生來多叉路，莫來
挽爛娘衣裳，代娘合掌來禮拜，禮拜二殿楚莊王，楚莊明王
開赦宥，引魂童子帶娘行。

　　三拜來到蚨蜞崗，蚨蜞崗上免娘行，蚨蜞冉冉娘心怕，兩邊
綠水甚悽惶，代娘合掌來禮拜，禮拜三殿宋帝王，宋代明王
開赦宥，引魂童子帶娘行。

（以下各段略）

　　此二例全篇由十章組成，每章八句，每句七言。此處八句為意
義連貫，並不能將其分為上下兩片看待。第一例押韻韻腳並不規
律，第二例中第一、二、四、六、八句固定押韻。此外〈拜血盆〉
由於與十殿閻王故事有關，故其十章之排序，與其中各殿閻王的配
合有固定不能改變。

　　在數字型歌謠中，有幾篇聯章歌謠與婦女懷孕生子有關。其由一
月至十月排序，實因婦女懷胎十月之故。所以此類歌謠通常各篇皆以
十章為準，亦有十章唱完再加一二章尾聲者。目前所得約有五篇，其
中四篇屬於齊言正格，一篇屬於雜言者，此處舉齊言之例說明之。

〈十月懷胎〉
　　正月懷胎需露水，桃李開花正逢春，兩人平平桃李樣，未知
何日得來生。

　　二月懷胎不及時，懷胎娘子苦難裡，頭濃訛排難疏起，百般
針線荒了裡。

　　三月懷胎三月三，懷胎娘子心頭淡，三餐茶飯唔想食，緊想
楊梅口裡淡。

　　四月裡來結楊梅，楊梅樹下結成臺，心中都想楊梅食，唔得

樹上跌下來。

五月懷胎分男女，分男分女變成人，係男係女心中想，未知
何日得相逢。

六月懷胎三伏天，懷胎娘子真可憐，食飯恰似吞石子，食茶
恰似上高山。

七月裡來七月秋，八卜羅褲掛金球，羅褲唔敢長安帶，一腳
唔敢躍上腰。

八月懷胎苦娘身，懷胎娘子羅漢身，堂裡掃地難轉側，驚怕
物壞（折壞）孩兒身。

九月懷胎菊花黃，懷胎娘子面皮黃，老個懷胎完靠得，後生
懷胎苦難當。

十月裡來日當滿，懷胎娘子開便天，牙齒咬得硬鐵斷，腳著
繡鞋都著穿。

孩兒落地叫三聲，婆婆攬出笑連連，孩兒攬在妹身上，心肝
肉切莫聲。

　　〈十月懷胎〉這首是以十章成一套，每章四句，每句七言，共
二十八字，章句結構為「七（韻）、七（韻）、七、七（韻）。」在第
十章之後附加一章，作為尾聲之用，把情緒和歡樂的氣氛推向高潮。

（二）變例

　　1、「七（韻）、七（韻）、七、七（韻）、七（韻）。」
　　　　式，如：

　　〈十想妹子歌〉
　　六想妹子人分明，句句言語都動人，
　　　　　　△　　　　　　　　　△

鏡箱落甑蒸梳格，棉紗串針難捨情，老薑炒酒熱死人。
　　　　　　　△

（以下各段略）

此例為數目型歌謠中，唯一一首齊言五句型歌謠。此例由十章成篇，每章五句，每句七言，共三十五字。押韻處大都位在一、二、四、五句，第三句皆不押韻。

2、「七、七（韻）、七、七（韻）、七、七（韻）。」
　　式，如：

〈奉勸世間人歌〉[41]
一來奉勸世間人，愛知父母恩義深；細細食娘身上血，
　　　　　　　　△
苦心養大得成人；此個深恩若不報，定然天地不容情。
　　　△　　　　　　　　　　　　　　△S
二來奉勸世間人，為人兄弟愛同心；莫聽婦人三八話，
　　　　　　　　　　　　　△
認清兄弟骨肉親；大家同心同協力，一定黃泥變黃金。
　　　△　　　　　　　　　　　　　　△

（以下各段略）

此例由六章組成，每章六句，每句七字。由一至六依序為各章起首，同時每章首句皆為套語「奉勸世間人」，固定不變，押韻處為第二、四、六句。

---

[41] 引自謝樹新主編：《客家歌謠專輯（第六集）》（苗栗縣：中原苗友，1976年9月），頁41。

　　每章六句的客語聯章體歌謠數量並不多，目前所見僅有此首。這種每章六句的民間歌謠，無論是在客語聯章體歌謠或是客家山歌中，除了這一首外，目前尚未得見其他相同句式之歌謠。此首歌謠由於沒有曲調的紀錄，因此無法推斷是否完全為歌詞與歌曲之間的關係造成，但從民間詩律的角度來看，六句型的歌謠可證明客語聯章體歌謠句式結構的多樣性。

二、雜言

（一）、「三（韻）、七（韻）、七、七（韻）。」式，如：

〈十思量〉[42]

一思量，思量兩人結鴛鴦。
　△　　　　　　　　△

門前鑼鼓叮噹響，手牽手來去拜堂。
　　　　△　　　　　　　　△

二思量，一心做個李家娘，
　△　　　　　　△

家官家娘會服侍，耕田種地也在行。
　　　　　　　　　　　△

三思量，嫁到李家一年長，
　△　　　　　　△

---

[42] 引自謝樹新主編：《客家歌謠專輯（第六集）》（苗栗縣：中原苗友，1976年9月），頁5。

唔曾同人吵半句，亞叔亞伯都讚揚。

△

（以下各段略）

此例為十章成篇，每章四句，每句字數各為「三、七、七、七」。歌謠除了透過由一到十的順序相接外，首句三字，似可視之為套語。主要押韻處在第一、二、四句，第三句通常不押，但第一章四句皆有押韻。在三七言夾雜的歌謠中，四句式僅此一例。

（二）「五、五（韻）、六、五（韻）」式，如：

〈懷胎歌〉[43]

懷胎喜歡歡，奴家心歡喜，思想啊郎君啊，綾羅帳內眠。
懷胎喜歡歡，奴家心歡喜，思想啊懷胎啊，到低男也女。
懷胎三月三，奴家心頭驚，青春啊年少啊，變到面皮黃。
懷胎四月長，奴家心茫茫，思想啊想食啊，鳳梨口味香。
懷胎五月五，奴家心中苦，思想啊楊梅啊，未食三四五。
懷胎六月六，奴家真艱苦，思想啊鞋尖啊，腳細難移步。
懷胎七月秋，奴家真無修，思想啊想食啊，麻豆文旦柚。
八月秋風涼，奴家拜月光，思想啊保佑啊，奴家愛健康。
懷胎九月長，肚大真郎碰，思想啊寸步啊，難移苦難當。
懷胎十月中，奴家肚子痛，思想啊生產啊，日期到來臨。

此首〈懷胎歌〉全篇十章，每章四句，四句字數分別為「五（韻）、五（韻）、六、五（韻）」，其中第三句的三、六字皆為補字「啊」。此例中的月份並不冠在句首，而是接在「懷胎」之後，同時第一、

---

[43] 引自賴碧霞編著：《台灣客家民謠薪傳》（台北：樂韻，1993 年），頁 92。

二章直接是「懷胎喜歡歡」，而無出現一月與二月。此例除了形式上的差別之外，以五言和六言所組成的歌謠，在客語聯章體歌謠中，也僅此一例，相當罕見。但在天津民間歌謠中，有一首〈十月懷胎〉[44]，與〈懷胎歌〉類似，共十章，每章四句，為雜言歌謠，字數分別為「五、六、六、五」，茲錄於後，以供參考，

> 懷胎正月正，小奴家頭發朦，自從小到如今，沒得這樣病。
> 懷胎二月多，小奴家不敢說，不想吃不想喝，嘴裡吐粘沫。
> 懷胎三月正，小奴家嘴發乾，叫丈夫買冰糖，買上三兩三。
> （以下各段略）

（三）「三、三（韻）、七（韻）、七、七（韻）。」式，如：

〈十娶妻〉
……
二娶妻，好模樣，美容打扮巧梳妝，
　　　△　　　　　　　△
媒婆講係紅花女，事後正知二嫁娘。
　　　　　　　　△
（以下各段略）

〈十嫁夫〉[45]
一嫁夫，夫家苦，一日作到兩頭烏，
　△　　　△　　　　　　△

[44] 見陳崗、嚴福謙：〈24種天津民歌的格律特徵〉，收入段寶林、過偉、劉琦主編：《古今民間詩律》（北京：北京大學，1999年），頁133-151。
[45] 引自謝樹新主編：《客家歌謠專輯（第三集）》（苗栗縣：中原苗友，1969年5月），頁38。

無好食來無好著，油鹽柴米件件無。
　　　　　　　　△

（以下各段略）

　　以上二例分別由十章成篇，每章五句，每句字數為「三、三、七、七、七」組成。二例之首句皆為套語，透過連續兩個三言句作為中心思想的引子，進而透過第三、四、五句闡明歌謠欲陳述的主題。押韻方面大都在第二、三、五句，第一句和第三句大都不押韻。此種章句結構在數字體歌謠中，僅有此二例。

（四）「三、三（韻）、七（韻）、七、七（韻）、七（韻）。」式，如：

〈十勸妹〉

一勸妹，妹在家，切莫上家遊下家。
　　　　　△　　　　　　　　△

上家有個懶尸嫂，下家有個懶尸嬤，學懶身體害自家。
　　　　　　　　△　　　　　　　　△

（以下各段略）

　　此例全篇共十章，每章六句，每句字數各為「三、三、七、七、七、七」。由一至十順序作為篇章排序，同時每章首句可視為套語。前二句為三字句，點出此章歌謠欲表達的意義，故可說此二句在歌謠形式中，地位相當重要，尤其是第二句，具有引啟下文的作用。最後一句則是一句警句，主要作為強調歌謠所欲陳述之意，並使人加深印象。此例押韻之處為第二、三、五、六句，同時這種章句結構，在數字型歌謠中，僅此一例。

（五）「七（韻）、七（韻）、七、七（韻）、三、七（韻）。」
　　　式，如：

〈勸郎怪姐〉[46]
一勸郎來夜更深，莫作嬌蓮誤郎身，一日三餐莫思想，
　　　　　　△　　　　　　　　　　△

想來想去想傷心，哥正哥，思想得病怨何人。
　　　　　　△　　　　　　　　　　　　△

一怪姐來姐不長，姐姐可比柳樹娘，莽到春來先必木，
　　　　　　△　　　　　　　　　△

莽到秋來葉先黃，姐正姐，反面無情不認郎。
　　　　　△　　　　　　　　　　　　　△

（以下諸段略）

　　此例共二十章成篇，句首以一至十起始外，每一段落皆又由「一
勸、一怪」、「二勸、二怪」兩章所組成。其篇章結構為每章六句，
每句字數為「七、七、七、七、三、七」。此例之第五句分別為「哥
正哥」、「姐正姐」，為歌謠中的套語，而其在歌謠中的地位，基本
上是做一稱謂語[47]，為後面所要強調的結尾做一引子。此種套語做
稱謂語，具有引出結尾的功用，因此這種套語是一種有意義的套
語。此例押韻處為第一、二、四、六句，第三、五句不押韻，此種
章句結構僅見此例。

---

[46] 引自徐進堯編著：《客家三腳採茶戲的研究》（台北：育英，1984 年），頁
20。
[47] 見黃家泉：〈興國 "客家話" 山歌格律〉，收入段寶林、過偉編：《民間詩律》
（北京：北京大學，1987 年），頁 95-101。

（六）「三（韻）、七（韻）、七（韻）、七（韻）、三、七（韻）。」

〈十思量〉[48]

一思量，思量妹過七洲洋，青春年少尋夫去，
　　　△　　　　　　　　△

飄洋過海路途長，唉埃哉！難為嫩嬌娘。
　　　　　　△　　　　　　　　　△

（以下各段略）

〈十勸郎〉[49]

一勸郎，莫想妹子在番邦，三年兩載有相見，
　　　△　　　　　　　　△

嬲個日子都還長，噫知哀！半世秀才娘。
　　　　　　△　　　　　　　　△

（以下各段略）

　　以上二例各由十章成篇，每章六句，每句字數分別為「三、七、七、七、三、七」。其中各章之第一句和第五句皆屬於套語，第五句亦屬於感嘆句，作用在於引出下句，加強歌謠情緒的渲染。押韻方面，此二例第一、二、四、六句皆押韻，二首的韻腳皆為〔ang〕韻，沒有換韻情形。此種三七言句組合形式亦僅此二例，然與上述各例皆有差異，但套語皆同為三字句，並出現在句首或句中。

48　引自張奮前：〈客家民謠〉，台灣文獻 18 卷 4 期，1967。
49　引自張奮前：〈客家民謠〉，台灣文獻 18 卷 4 期，1967。

（七）句數不定

在客語聯章體歌謠長短句形式中，句數不固定者較少，目前所見僅有一種為〈勸世文〉。

〈勸世文〉[50]

一勸世間人，兄弟姊妹骨肉親，大家同心同協力，人講家和萬事興。

二勸世間人，兄弟手足情，莫聽婦女言，大家同協力，黃土變成金。

三勸世間人，父母恩義深，食娘身上血，養大得成人，此恩若唔報，天地不容情。

四勸世間人，夫妻要同心，莫因小小事，言語傷人心，全家要和氣，何愁家不成。

五勸世間人，近鄰勝遠親，出入要相問，做事要認真，若有急難事，也要左右鄰。

六勸世間人，手藝要堅心，早眠要早起，有藝唔愁貧，手藝做得好，到處有人尋。

七勸世間人，買賣要公平，斗秤要清楚，起頭三寸有神明，各人守本分，不可欺騙人。

八勸世間人，耕種要專心，禾苗愛去補，天旱要去淋，勤儉為根本，年冬才有好收成。

九勸世間人，相交要識人，良師益友多來往，莫要隨便得罪人，錢銀如糞土，仁義值千金。

十勸世間人，行事要小心，要行君子義，禮尚往來答謝人，

---

[50] 引自賴碧霞編著：《台灣客家民謠薪傳》（台北：樂韻，1993 年），頁 67。

忠厚正直為根本，盡忠報國要當兵「唱」愛國愛家享太平。
（尾唱）各位聽　勸世言，轉去大家賺大錢，國泰民安家和
興，榮華富貴萬萬年。

　　從歌詞看，這篇〈勸世文〉十章成篇，其章句結構大體以五言
六句為主，第三章以後至第八章完全依照這種規律進行，但第一、
二、十章則較與其他章不同。第二章是五言五句型，這種形制在客
語聯章體歌謠中至為罕見；第一章則是共由四句組成，首句五言，
二至四句皆為七言，兩章中間沒有襯字也沒有套語出現。

　　歌謠的第七、九、十章除了五言句外，中間亦夾雜了七言句，
而這些七言句是相當口語化的，如「起頭三寸有神明」、「良師益友
多來往，莫要隨便得罪人」、「禮尚往來答謝人，忠厚正直為根本」
等，可以獨自一句，或可雙句呈現。同一首歌謠的歌詞會有這樣的
差異，問題可能在於勸世型歌謠本身，一般勸世歌謠常是用唸唱夾
雜的方式，至於唸文與唱文的放置，可以先唱再唸，也可先唸再唱，
或是唱白相間，端看歌者的需要而定，不一而足。我們從第十章及
「尾唱」，可知以上的歌詞亦可以全用唸誦的方式或是邊唸邊唱的
形式表現，到最後再加上尾唱的唱詞，做為尾聲結束。

　　由上各節的討論可知，客語聯章體歌謠在體式表現上，有其共
通的特徵。首先在類型上，客語聯章體歌謠主要分成四季調、五更
調、月令調及數目調等四大類，其次每一種皆可先粗分為齊言與雜
言兩大類，之後齊言部分尚可歸納出正格與變例。客語聯章體歌謠
經歸納整理後得知，四大類的正格條件首先為四季調全篇四章，五
更調全篇五章，十二月全篇十二章，數目調則依題目數字的多寡，
大部份以全篇十章為最。其次在章法句式方面，皆為「七、七、七、
七」式，即每章四句，每句七字，押韻自由。目前所得之客語聯章
體歌謠中，仍以齊言正格佔大多數。

至於在變例和雜言方面，出現以下數種情形：

客語聯章體歌謠的四季調，並無雜言型式，同時例外的變體歌謠相當少，只出現兩種情形，一是在「春、夏、秋」之後接「十月」起首的一章歌謠，另一篇則是在春夏秋冬四章歌謠之後，又附加四章歌謠。

在五更調結構的客語聯章體歌謠，齊言變例方面，除了將原來每章四句擴充為每章八句之外，補字補詞使用相當頻繁，同時偶爾會在全篇五章的情況下，重複「五更」為首，使歌謠增加一章，成為六章；或是多加一章「六更」，忽視一夜只有五更的情況；亦有在五章歌謠另加五章，或是二篇歌謠在題目上即出現連續的情形，如〈嘆五更〉和〈又嘆五更〉。至於在雜言方面，五更調形式的客語聯章體歌謠出現每篇五句和每篇二十句以上，字數不等的聯章體歌謠，此類變例為數較少。

在月令調方面，可分為十二月與單月排序二種，同時因為月令與時序相關，同時由於屬於時辰與特定時日的歌謠較少，故將十二時辰歌謠與春節歌類暫放於此處，一併討論。其中單月排序、十二時辰歌與春節歌都屬於正格，只有十二月排序型出現齊言變例和雜言型式。在齊言變例方面，出現了罕見的二句式以及五句式歌謠。在雜言方面則出現了每章五句，字數為三七言夾雜者，與每章八句，字數不定者，但為數不多。

至於數目調歌謠方面，同樣出現了齊言變例與雜言型式歌謠。在齊言變例方面，出現了齊言五句和齊言六句的之例；在雜言方面，數目調歌謠出現相當比重的三七言夾雜情形，其中又可分為四句、五句、六句等三類。其次雜言歌謠亦有字數不定，句數不定的情形，與三七言夾雜相較，此種例子相當少。

客語聯章體歌謠在體式方面，以每章四句，每句七言的齊言正格，所佔比例最高，然而其中間有變例與雜言歌謠，可見客語聯章

體歌謠體式的多樣與變化，使得客語聯章體歌謠更為生動活潑，正因不拘泥於固定形式，板滯單調的缺點在客語聯章體歌謠中並不存在。

第六章　客語聯章體歌謠之藝術表現

　　朱光潛在《談文學》中認為「所謂表現就是藝術的完成，所謂內容就是作品裡面所說的話；所謂形式就是那話說出來的方式。」[1]這裡所謂「作品裡所說的話」，指的就是思想情感，而文學的表現方式，就是語言文字。語言是文學創作的工具，亦是文學賴以依存的憑藉。民間歌謠出自鄉村民眾之口，其中歌詞的傳唱是渾然天成，無須刻意雕琢。在同一曲調反覆歌唱的過程中，聽者聽來卻不覺得單調，反而興味盎然，主要就是因為歌謠所運用的手法，足以渲染情緒，引起聽者的共鳴。這些手法與技巧不是刻意呈現，卻是民眾對於語言靈活的使用所形成，保存了民間用語豐富多彩的生命力和感染力。

　　此外民間歌謠與地方方言口語之間，有著密不可分的關係，這種聯繫在歌謠中能夠被完整的呈現，而其中的情趣與意義，自然很快能被民眾接受，進而備感親切。在藝術特質部分，我們主要是著重於歌謠語彙、修辭及表現手法等方面的呈現，使用之歌謠材料擬選取一首之其中數章，則不另列出處。

---

[1]　見朱光潛：《談文學》（台北：國文天地，1990年），頁94。

第一節　客語聯章體歌謠的用語特性

民間文學源於民間生活，它以民間口頭語言為表達工具，故民間歌謠的語言多以順口熟悉的口頭語來表達當時的民間生活和思想。因此在探討客語聯章體歌謠的用語情形時，要關注兩個方面，一是在歌謠中曾出現運用一些特殊的構詞方式，在客語聯章體歌謠中，重疊詞的出現，同時以多種不同型態被運用在客語聯章體歌謠中，是用語部分相當值得探究的獨特之處。二是方言俗語的運用，民間作品因為運用獨特的民間語言，造成許多具形象性的詞語，同時能夠體現文化發展在時代、地域環境上的差異，這些形態上的變化，使得民歌語言的藝術表現力更加豐富。故本節從歌謠中的重疊詞運用和方言俗語兩方面，來探究客語聯章體歌謠的用語特性。

一、重疊詞

重疊方式的運用成為歌謠用語方面相當具有特色的一部份，重疊詞不僅被頻繁地運用，而且呈現出多樣的面貌，所造成的文學效果，更豐富了民間歌謠的文學性語言，重疊詞在客語聯章體歌謠中經常出現，故於此首先要探究客語聯章體歌謠中重疊詞的使用。

劉勰在《文心雕龍・物色》中曾提出運用重疊詞的效用：

> 是以詩人感物，聯類不窮，流連萬象之際，沉吟視聽之區。寫氣圖貌，既隨物以宛轉；屬采附聲，亦與心而徘徊。故灼

灼狀桃花之鮮，依依盡楊柳之貌，杲杲為出日之容，瀌瀌擬雨雪之狀，喈喈逐黃鳥之聲，喓喓學草蟲之韻。皎日、嘒星，一言窮理；參差、沃若，並以少總多，情貌無遺矣。雖復思經千載，將何易奪？

　　早在《詩經》時，字句重疊的運用就已經相當巧妙[2]，之後在漢樂府民歌[3]、古詩十九首[4]等民間詩歌中，重疊方式的運用十分常見，如〈青青河畔草〉中連用六對疊字，〈迢迢牽牛星〉中連用四對疊字，由於語言的貼切自然，使得詩歌之藝術形象格外鮮明生動。歷代無論是民間歌謠或是文人詩歌，重疊詞的使用都是相當突出的特色，如敦煌民歌中 P.3994〈菩薩蠻〉中，就有十對疊字，透過疊字反覆表現出雨水盛貌，及花朵之鮮等，造成語意與語調的和諧之美：

2　如〈周南・桃夭〉：「桃之夭夭，灼灼其華，之子于歸，宜其室家」、〈周南・兔罝〉：「肅肅兔罝，椓之丁丁。赳赳武夫，公侯干城。」、〈王風・黍離〉：「彼黍離離，彼稷之苗。行邁靡靡，中心搖搖。知我者，謂我心憂；不知我者，謂我何求？悠悠蒼天！此何人哉！」

3　如漢樂府民歌中的〈相和歌・江南〉：「江南可採蓮，蓮葉何田田。魚戲蓮葉間：魚戲蓮葉東，魚戲蓮葉西，魚戲蓮葉南，魚戲蓮葉北。」、〈牛石歌〉：「牛耶，石耶，五路客耶？印何纍纍，綬若若耶？」、〈小麥謠〉：「小麥青青大麥枯，誰當穫者婦與姑。丈夫何在西擊胡。吏買馬，君具車。請為諸君鼓嚨胡！」

4　古詩十九首之〈青青河畔草〉：「青青河畔草，鬱鬱園中柳。盈盈樓上女，皎皎當窗牖。娥娥紅粉妝，纖纖出素手。昔為倡家女，今為蕩子婦。蕩子行不歸，空床難獨守。」、〈迢迢牽牛星〉：「迢迢牽牛星，皎皎河漢女。纖纖擢素手，札札弄機杼。終日不成章，泣涕零如雨。河漢清且淺，相去復幾許。盈盈一水間，脈脈不得語。」、〈青青陵上柏〉：「青青陵上柏，磊磊澗中石。人生天地間，忽如遠行客。斗酒相娛樂，聊厚不為薄。驅車策駑馬，游戲宛與洛。洛中何鬱鬱，冠帶自相索。長衢羅夾巷，王侯多第宅。兩宮遙相望，雙闕百餘尺。極宴娛心意，戚戚何所迫。」

> 霏霏點點迴塘雨。雙雙隻隻鴛鴦語。灼灼野花香。依依金縷
> 黃。盈盈江上女。兩兩溪邊舞。皎皎綺羅光。輕輕雲粉妝。

到北宋李清照的〈聲聲慢〉中，一開始就連用七對疊字，整闋
詞共出現九對疊字，透過這些淒清的音樂性語言，更能加深藝術層
面的渲染力：

> 尋尋覓覓，冷冷清清，悽悽慘慘戚戚。乍暖還寒時候，最難
> 將息。三杯兩盞淡酒，怎敵他、晚來風急！雁過也，正傷心、
> 卻是舊時相識。滿地黃花堆積，憔悴損，如今有誰堪折？守
> 著窗兒，獨自怎生得黑？梧桐更兼細雨，到黃昏、點點滴滴。
> 這次第，怎一箇、愁字了得！

元代喬吉在越調〈天淨沙・即事〉中，連用十四對疊字：

> 鶯鶯燕燕春春，花花柳柳真真。事事風風韻韻，嬌嬌嫩嫩，
> 停停當當人人。

此處整首小令皆用疊字組成，已經不再只是著重重疊方式
在詩歌中複而不厭的作用，而是將其變成為疊字而疊字的文字
遊戲。然值得注意的是，（明）朱權於《太和正音譜・對式》
中，將「疊式」列為元曲創作時的格式之一，同時重疊詞在元
曲中廣泛運用並有所創新，可見重疊詞已成為元曲語言的一大
特色[5]。由此可見透過運用重疊方式所形成的重疊詞，對詩歌中
的修辭效用，及造成詩歌的多樣面貌等方面，皆具有相當重要的
影響性。

---

[5] 見丁文倩：《元散曲重疊詞研究》，國立中正大學中國文學研究所碩士論文，
   1997 年 5 月，頁 5。

關於類疊的原則，學者認為類疊必須借聲音的同一，擴大語調的和諧；借聲音的反覆，增進語勢的雄偉。同時類疊雖然有枯燥固定之病，造成單調的情況，但是只要在類疊詞句的上下或中間，穿插一些有變化的詞句，就能避免這些弊病產生[6]。事實上這些原則的提出，除非是特別為文字遊戲之作，否則從《詩經》以降，歌謠皆能夠運用有變化的重疊詞句，作為突破其單調枯燥節奏的侷限。在客語聯章體歌謠中，重疊是常用的表現法，其能使歌謠的語言豐富活潑，並富有音樂性。前述的原則，客語聯章體歌謠亦能符合，同時並未出現純由重疊詞所組成之歌詞。

關於重疊詞的形式，研究者認為重疊詞有許多不同的形式，但並非同時出現，而是隨著時代的變遷，逐一呈現。在《詩經》、《易經》、《尚書》中，以 AA 式的重疊詞最為普遍，至《楚辭》中始有 ABB 的形式出現，至唐代 AABB 式才正式成為詞。到了元代，ABB 式和 AABB 式至此時處於蓬勃發展的階段[7]。在客語聯章體中，重疊的構詞方式，我們可將其視為一種型態變化，也沒有固定的形式[8]，但依照客語聯章體歌謠重疊方式的運用，字詞的重疊實為主要特徵。

此處依外在詞形的不同對客語聯章體歌謠中出現的重疊詞形式加以分類，包含了 AA 式、ABB 式、AAB 式、AABB 式、ABAC 式及 ABCB 式，形式變化可說是相當豐富，其中以 ABB 與 AAB 兩式數量較多，其餘數量相對較少，以下即對不同的重疊形式進行分析。

---

[6]　見黃慶萱：《修辭學》（台北：三民，1992 年），頁 442-443。
[7]　同註 5，頁 74。
[8]　見羅肇錦：《台灣的客家話》（台北：臺原，1996 年），頁 274。

（一）AA 式

AA 式的重疊詞可分為幾種：

1、名詞重疊

客語的詞法與現行國語在某些方面有明顯的差別，如以親屬稱謂角度觀之，國語中稱之為爺爺、奶奶、婆婆、爸爸、媽媽、哥哥、姊姊、弟弟、妹妹、嫂嫂、叔叔、嬸嬸、舅舅、姑姑……等，這些稱謂在國語中大部分是用重疊方式稱呼。而在客語中，對於親屬稱謂並不用重疊方式稱呼，而是加上「阿」或「老」字[9]，如阿公、阿婆、阿爸、阿叔、阿伯、阿姑、老弟、老妹、老公……等。這種現象在客語聯章體歌謠中，最常出現的兩個稱謂就是阿哥和阿妹，歌謠中的阿哥與阿妹大部分是指情人或夫妻之間的互稱，如：

> 〈十想交情〉
> 六想交情笑美美，**阿哥**想妹妹唔知，兩人都有相合意，樣般唔來結夫妻。
> 七想交情笑吟吟，**阿妹**聽哥說原因，台灣婦人千千萬，仰般唔來結婚姻。

> 〈拾想分群歌〉
> 二想分群在山林，同妹分群淚淋淋，同妹交情無幾久，唔知**老妹**怎樣心。

---

[9] 同註 8，頁 274。

〈送郎歌〉

妹今送松口墟，**阿哥**出外妹啼啼，想起**阿妹**情義好，朝晚思
念妹言語。

　　除了阿哥、阿妹之外，客語聯章體歌謠中出現的親屬稱謂
並不多見，只零星在〈離別相勸歌〉、〈勸郎怪姐〉中出現了「姐
姐」一詞，及在〈五更歌〉出現一次「妹妹」，舉例如下，以資
參考。

〈**離別相勸歌**〉

七勸郎來淚瑩瑩，勸郎回家轉本鄉，西涼為王薛仁貴，寒窯
受苦王寶釧。哥正哥，早日過關轉長安。反勸姐來姐無緣，
姐姐莫學武則天，父王過世來篡位，私謀篡位十八年。姐正
姐，奸梟兩字總逆天。

〈**勸郎怪姐**〉

一勸郎來夜更深，莫作嬌蓮誤郎身，一日三餐莫思想，想來
想去想傷心，哥正哥，思想得病怨何人。一怪姐來姐不長，
姐姐可比柳樹娘，莽到春來先必木，莽到秋來葉先黃，姐正
姐，反面無情不認郎。

〈**五更歌**〉

四更想郎淚淒淒，**妹妹**想哥麼人知，唔敢對娘來講起，請問
哥哥知唔知。

因此除了稱謂部分，在客語聯章體歌謠中出現的名詞重疊詞並不
多，根據筆者所蒐輯的客語歌謠，計有事事、年年、日日、朝朝、
天天、人人、家家、村村等，茲舉例如下：

〈古歌〉

三不孝來你不知，日後老裡正受虧，別妻流浪十餘載，<u>年年</u>
望歸你不歸。

〈十二月春〉

五月石榴火樣紅，美男淑女熱戀中；芳心無主郎意淡，<u>日日</u>
相思懶慵慵。

〈無妻歌〉

一想無妻正孤悽，<u>朝朝</u>跣起來洗衣，手拿衣裳放落水，目汁
流來無人知。

〈十想交情〉

一想交情笑微微，天遠路頭來尋你；<u>人人</u>講哥風流子，前生
因緣催定俚。

〈客家採茶歌〉

正月採茶茶葉青，<u>村村</u>茶女笑相迎。明朝我欲五更去，莫待
人行催正行。

　　此處重疊詞可單獨使用，意義不變，但若是連用，則可加強語
氣以突出該事物的功用，這裡「朝朝」所指的是每天早上，「事事」
有每件事之意，「天天」與「日日」含有每一天之意，家家也有每
一家之意。此外其亦附帶有「泛指」之意[10]，如「人人」、「村村」、
「年年」、「家家」，都有「眾多」之意。因此這裡屬於名詞類的重
疊詞本身也可說是具有量詞的特色。

---

[10] 同註5，頁81。

2、形容詞重疊

客語聯章體歌謠中，重疊詞的使用為 AA 式，且屬於形容詞重疊者，計有尖尖、茫茫、輕輕、深深、彎彎、慢慢、金金、齊齊、靚靚、細細、同同、蔭蔭等，為客語聯章體歌謠 AA 式重疊詞中種類最多的。舉例如下：

〈上京舉子〉
雙手牽哥出間房，腳步**輕輕**送情郎，手搬門閂出目汁，同哥分開痛心腸，心肝哥囑咐上下愛來往。

〈行善經〉
十二月行善月已完，**深深**合掌謝娘恩，靈山佛祖連聲喊，善人快樂轉天庭。

〈農村長工嘆苦歌〉
三月長工係可憐，揹擔秧苗去蒔田，十指**尖尖**插落去，背囊（背部）**彎彎**向上天。

〈十尋親夫〉
九尋親夫三百里，腳底行穿無人知，人海**茫茫**何處找，爬山越嶺苦盡裡。

〈五更鼓嘆夫歸〉
五更過了天大光，開門來問我親郎，兩眼**金金**看不見，麼（沒）魂麼影斷妹腸。

〈嫩正月〉
八月十五是中秋，王母壽誕慶千秋，象星**齊齊**來相會，壽年如同天地休。

〈撐船歌〉

九月裡來是重陽，走路婦人無想長；本庄阿哥你無愛，打扮**靚靚**出外鄉。

〈尋夫歌〉

四想尋夫到路亭，來來往往按多人，列位客官親眼看，大路**同同**愁死人。

〈十想造林歌〉

三想燒炭在深山，深山**蔭蔭**不見天，自己唔係燒炭客，燒炭怎得出頭天。

此處的「金金」義為睜大了眼睛的樣子；「齊齊」有整齊、眾多之貌；「靚靚」則為很漂亮之貌；「同同」則有都相同之意；「蔭蔭」被樹蔭遮蔽貌。在客語聯章體歌謠中，此類形容詞性的重疊方式，像「輕輕」、「細細」等，有少而輕之意，有顯示程度輕重的意味在。但在歌謠中除了少而輕之意外，尚有持續而綿長的狀態；「深深」、「金金」、「齊齊」、「同同」、「蔭蔭」等則屬於程度的加強，有重而多之意。但在客語聯章體歌謠中我們發現，幾乎所有的形容詞都可以用重疊形式，作為加強形容的方式。儘管是少而輕，亦有加重表現的程度在其中，比如說像形容漂亮的「靚」字，常使用「靚靚」加強形容漂亮的程度；再者如「尖尖」、「彎彎」、「茫茫」等，皆更加強調現有狀態之意，因此在 AA 式形容詞的重疊方面，加重表現的程度，是其最為一致的作用。

3、動詞重疊

關於動詞的重疊，所指的是在歌謠中重疊後仍是屬於動詞的形式，同時具有反覆多次的意思。這種動詞形式在客語聯章體歌謠中並不多見，出現屬於的動詞重疊詞有「團團」和「啼啼」各一。舉例如下：

（老採茶歌）

九月賣茶到惠州，兵馬**團團**在煙墩，兵馬打在城下邊，城中驚恐亂紛紛。

（五句落板十二月相思歌）

三月相思想親郎，目汁雙雙濕衣裳，這條床稈妹眠爛，久裡床稈會生秧，雞公**啼啼**夜更長。

上述的「團團」，有團團圍住之意；而「啼啼」所指的是公雞不斷的啼叫聲，以上皆有持續之意。故可知 AA 式動詞重疊，需要配合句中之意做判斷。

4、量詞重疊

量詞是對人、事、物或動作進行計量的單位詞，除了重疊原有加強語氣的作用外，同時尚有「每一」、「逐一」和「接續」的意義。在客語聯章體歌謠中，量詞的重疊為數不少，計有條條、枝枝、陣陣、句句、雙雙、少少、聲聲、點點等，舉例如下：

〈等妹歌〉

十四等妹長崎下，**條條**樹仔開兩椏，**條條**樹仔有雙對，虧個老妹打單丁。

〈茶山情歌〉

二月裡來正採茶，茶樹**枝枝**生嫩芽；郎在左來妹在右，郎摘上來妹摘下。

〈四季花開〉

冬季到來臘梅香，香聞十里散芬芳；情哥好像臘梅樣，**陣陣**飄香到妹房。

〈無妻歌〉

十想沒妻真可憐，**句句**講來無虛言，流水落花無了日，總愛
妻子正值錢。

〈五句落板十二月相思歌〉

四月相思日子長，妹在家中掛念郎，黃蟻草蟀有雙對，蝴蝶
雙雙花下藏，鳥雀都會結鴛鴦。

〈把酒曲〉

亡魂且飲下馬酒，羅隱求官去不回，出門遇著梁山伯，**聲聲**
借問祝英臺。

以上的「條條」、「句句」、「雙雙」等，都有「每一」的意思，
指每一條樹枝、每一句話或是一對蝴蝶。再者如「陣陣」有「接續」
的意義，指臘梅的香味隨風一陣陣接連不斷地飄進房內；而「聲聲」
是一次次地詢問。

5、代詞重疊

客語聯章體歌謠中屬於代詞的重疊只有一個，即為「奴奴」。
例句如下：

〈五更鼓嘆夫歸〉

三更鼓子響裁裁，倕郎出屋丟了倕，翻身不見親哥面，想起
奴奴命真歪。

〈老採茶歌〉

奴奴出來扛煙筒，丟別**奴奴**兩三年，你去賣茶三年久，有茶
去賣也無錢。

此處的「奴奴」，為妻子的自稱，有「奴家」之意。「奴」亦可單獨使用，意思不變。

經過統計，在客語聯章體歌謠 AA 式重疊詞中，出現的詞性共六類，其中以形容詞重疊為最多。而 AA 式中則以「人人」、「雙雙」、「句句」三種，為使用頻率較高者。

（二）ABB 式

ABB 式重疊在客語聯章體歌謠中非常普遍，數量也最多。在 A+BB 的結構中，A 的詞性有名詞、動詞、形容詞和數詞四種，分別舉例說明之。

1、A 為名詞

在客語聯章體歌謠中，A 為名詞的重疊詞計有以下幾種：淚連連、淚紛紛、淚淋淋、淚茫茫、淚淒淒、淚盈盈、淚漓漓、淚汪汪、淚雙雙、淚沉沉、淚嘰嘰、淚哀哀、淚悲悲、淚洋洋、淚依依、妹啼啼、目淒淒、目亡亡、目迷迷、目盈盈、心驚驚、心冷冷、心茫茫、心歡歡、心亂亂、心重重、雪飛飛、尾翹翹、尾彎彎、水忙忙、水淋淋、血洋洋、雨濛濛、雨淋淋、雨漣漣、雨茫茫、雨霏霏、頭來來等。舉例如下：

〈送郎歌〉
七送親郎到丙村，兩人牽手**淚紛紛**，心中思念情難捨，哥就難捨妹難分。

〈妹子行嫁歌〉
一想妹子行嫁時，爺娘愁切**目淒淒**，妹子心中偷歡喜，爺娘愁切莫管佢。

〈嘆煙花〉
五尋親夫石子崗，腳趾踢到<u>血洋洋</u>，手拿羅裙包腳趾，緊想緊真緊痛腸。

〈夫妻不好歌〉
二月裡來<u>雨淋淋</u>，夫妻不好麼傷心，頭燒額痛麼人問，三分病體七分深。苦正苦，仰得雲開見天清。

〈拾勸從夫〉
七想種竹<u>尾彎彎</u>，別人丈夫久會懶，對妹較好也難講，唔係老妹靠壁山。

〈老採茶歌〉
賢妻說話你莫驚，各人有路各人行，大大財主你哥做，莫做了<u>頭來來</u>行。

　　例句中的「目淒淒」是眼睛流露出不捨的樣子；「淚紛紛」是淚流不止的樣子；「血洋洋」是形容血流不止，且不停湧出的樣子；「頭來來」則是依客語記音而來，意指低著頭而不抬起來的樣子。我們可知「淚」、「目」、「血」、「雨」、「雪」、「心」等等，都是名詞，而其後接的重疊詞都是用來形容這些名詞的狀態和樣貌。

　　ABB 形式屬於名詞重疊者，約出現三十八種，其中佔最高比例的是與「淚」有關的重疊詞，出現十七種。其中「雪飛飛」出現一次，形容大雪紛飛貌。「尾翹翹」與「尾彎彎」各出現一次，形容竹子的樣貌。其餘皆是「淚淒淒」、「心亂亂」、「雨濛濛」等比較憂傷，或氣氛較為低沉的詞組。「心歡歡」通常是指內心歡喜之意，然而這裡卻是出現在〈嘆煙花〉二點鼓聲的歌詞中[11]，其餘一點至

――――――――――
[11] 〈嘆煙花〉：二點鼓聲心歡歡，趕快來去煙花店，一路行等謹來想，想偓命

五更歌詞都是「心茫茫」、「心亂亂」等，可見這裡出現的「心歡歡」也許是歌謠在傳唱的過程中的誤差罷了，歌詞中既已嘆命苦，怎有「心歡歡」可言？故由此可知，ABB 式重疊詞中，以 A 為名詞的重疊詞主要在針對事物狀況，使其更能意象鮮明，使聽者印象深刻。

2、A 為動詞

在客語聯章體歌謠中，A 為動詞的重疊詞計有以下各種：笑迷迷、笑吟吟、、笑歡歡、笑連連、笑哈哈、笑容容、笑呵呵、笑嘻嘻、笑紋紋、笑微微、笑鬆鬆、笑邪邪、笑呀呀、笑悅悅、笑洋洋、鬧淒淒、鬧彩彩、鬧容容、鬧連連、鬧煎煎、鬧洋洋、鬧台台、鬧華華、喜歡歡、哭哀哀、哭啼啼、哭連連、喜漣漣、叫淒淒、緊啾啾、響嘩嘩、響非非、響淒淒、響盈盈、響裁裁、響沉沉、響連連、響嘈嘈、睡沉沉、睡痴痴、喜洋洋、樂洋洋、樂融融、採秋秋、走忙忙、醉醺醺、叫哀哀、叫連連、亂翻翻等[12]。舉例如下：

〈十想妹子歌〉
二想妹子正當時，頭髮剪來齊目眉，牙齒相似銀打個，眼線丟來<u>笑迷迷</u>，好比蓮花出水皮。

〈送茶郎回家〉
六送茶郎到大街，兩邊人馬<u>鬧彩彩</u>，四門六親來取笑，取笑

苦到今來還單身。
[12] 其中「笑咪咪、笑美美、笑咪咪」，「笑吟吟、笑陰陰、笑殷殷」，「笑連連、笑漣漣」，「笑吓吓、笑哈哈」，「笑融融、笑容容」，「笑何何、笑呵呵」，「笑西西、笑嘻嘻」，「笑邪邪、笑些些」，「叫悽悽、叫淒淒」，「鬧綵綵、鬧猜猜、鬧彩彩」，「響嘩嘩、響華華」，「響非非、響輝輝」，走忙忙、走茫茫等重疊詞，由於各組雖紀錄的文字有所出入，但客語發音相同或相近，可視為同一種。

茶郎丟別。酒娘送到大街，朋友姊妹**鬧彩彩**，知沙講　愛轉
屋，不知講酒娘丟別　　。

〈採茶〉
九月採茶係重陽，三人共同愛商量，四向姊妹**採秋秋**，阿哥
壢底採光上。

〈老採茶歌〉
自嘆一更鼓來**響嘩嘩**，當初勸郎去賣茶，囑咐一年半載轉，
奈知三年亡轉家。

〈十二月梅花歌〉
二月單鳥**叫哀哀**，父母家中寫信來，家中父母妻兒望，回家
不得心傷哀。

　　例句中的「笑迷迷」為客語「笑咪咪」之意，「鬧彩彩」是形
容很熱鬧之意，「採秋秋」則是全部採光、採完之意。在這個部分
我們可知 BB 的作用大多是形容 A 部分，比方說以「笑」為首的重
疊詞，多是形容笑的狀態，其他如笑哈哈、響嘩嘩之類，則是屬於
象聲詞。雖然大部分的 BB 作用屬於突顯主體，但在意義上必須與
A 密切相關，如哭啼啼，故這種組合可加強修辭的效果。

　　同時此類重疊詞在客語聯章體歌謠中約出現四十九種，可見
ABB 式中 A 為動詞的重疊詞數量為數頗眾。其中以「笑」為首的
ABB 是重疊詞出現了約十五種，佔了此種重疊詞的三分之二，比
例最高，出現之處常屬於較為歡樂的時候。其次是以「鬧」為首的
重疊詞出現計二十一次，通常出現在敘述喜慶或是拜拜節慶時，可
透顯出客語聯章體歌謠反映生活情調的作用。

3、A 為形容詞

在客語聯章體歌謠中，A 為形容詞者，計有下面幾種：亂忙忙、亂紛紛、亂叢叢、亂翻翻、亂糟糟、熱煎煎、熱洋洋、暖洋洋、香噴噴、甜沁沁、懶慵慵、嫩蔥蔥、苦淒淒、白茫茫、熱啾啾、白連連、暗昏昏、高茫茫等，舉例如下：

〈清水歌〉
四一想妹到花蓮港，接客阿哥**亂忙忙**。得哥相送當酒肉，得哥言語當乾糧。

〈**種田情歌**〉
二月耙田**暖洋洋**，阿妹心中正想郎，情梅竹馬情難捨，祈禱上蒼多幫忙。
八月花生**香噴噴**，阿哥想妹妹想郎，為了結成連理夢，鈍刀切菜愛缸幫（作）。
九月蕃薯**甜沁沁**，倆儕愛情真又真，莫看米篩千隻眼，要項蠟燭一條心。

〈**十二月春**〉
五月石榴火樣紅，美男淑女熱戀中；芳心無主郎意淡，日日相思**懶慵慵**。

〈**中部地震歌**〉
二想地動**亂翻翻**，山崩地裂沉一般，有錢無錢也受害，大人細子叫連連。

在客語聯章體歌謠 ABB 式重疊中，A 為形容詞者，A 和 BB 的關係大部分是以 A 為主，再用 BB 補充說明 A。例句中皆以 A

為主體，以疊義的 BB 做為輔助之詞，加強 A 原欲陳述的意思，如亂忙忙，就是因為重疊「忙忙」二字，更能突顯出忙亂的景象；地震過後的亂，透過「翻翻」的疊字，使人輕易就能聯想到當時大地如同翻滾一般的動搖。再如形容蕃薯的甜，加上「沁沁」，就是一種甜進心裡的感覺，於是不止蕃薯甜，引申到連心也都是甜的，自然能夠呼應下文。「暖洋洋」、「香噴噴」是加強對暖與香的感受，至於「懶慵慵」原本即是「慵懶」一詞所轉變，二字意義接近，故使得運用 ABB 形式時，使原欲表達一種無心力做事的情景，更為有力。因此可知此處形容詞重疊，實具有摹態狀物的效果。

ABB 式形容詞重疊，在客語聯章體歌謠中計出現十八種，，其中以「亂」為主的重疊詞有五種，而「亂紛紛」出現次數較多，計有九次，其他各種出現次數則相當平均。

4、A 為數詞

客語聯章體歌謠中，ABB 式重疊詞 A 為數詞的形式，為數不多，計有以下幾種：一般般、一雙雙、一幢幢、六陽陽等，茲舉例如下：

〈夫妻不好歌〉
正月裡來是新年，夫妻不好真可憐，共床共蓆麼話講，恰似冤仇一般般。苦正苦，仰得夫妻來團圓。

〈十二月時歌〉
三月二十三媽祖生，上府割香轉來迎，連上上府兩三日，剐雞殺鴨一般般。

〈尋夫歌〉
七想尋夫大路中，目汁流落一雙雙，家中孩兒小哩年紀老，叫倕心肝樣般安。

〈反共民謠〉

五月裡來榴花紅，十室就有九室空，餓殍載道無人睬，白骨堆得**一幢幢**。

〈十二月梅花歌〉

六月六日**六陽陽**，到處青禾幾時黃，到處有禾出白米，到處有錢好風光，思量出屋無衣伴，父母喊　轉家鄉。

　　當 A 為數詞「一」或是其他數字時，B 多為量詞或具有量詞性質的名詞[13]。如例句中之「一雙雙」、「一幢幢」，和量詞的重疊意義相近。而「一般般」則有持續之意，如例句〈十二月時歌〉中一如往昔在拜神明時要殺雞宰鴨；另一例句〈夫妻不好歌〉中則表示夫妻感情不好，同床共枕彼此都沒話說，就如同對待有冤仇的人一樣，沒有分別。至於「六陽陽」，則可能是當時天氣已熱，為了配合季節情形與整首歌謠形式的一致，如同首「四月禾苗漸漸青」，故有如此的重疊組合，本身可能並無意義。

　　A 為數詞的重疊在客語聯章體歌謠中明顯出現較少，計出現七次，共四種，相對於其他三種，可知 A 為數詞的重疊方式並不常用。

　　在客語聯章體歌謠中，ABB 形式透過以 A 為主題進行分類，可知此類重疊方式共出現上百次以上，A 以動詞最多，名詞次之，形容詞又次之，數詞最少。歷來研究者曾對歷時的 ABB 形式進行研究，發現先秦時期狀況 A 為形容詞最多，少數為動詞，無名詞；元散曲中 A 詞性以形容詞居首，次為動詞，名詞稍少；現代漢語中，順序為形容詞、名詞、動詞[14]。以客語聯章體歌謠為語料所呈現的結果，與歷來研究者的結果差異極大，主要原因在於民間歌謠原為一般民眾日常

---

[13]　同註 5，頁 92-93。
[14]　同註 5，頁 94。

生活所唱，同時為了更加引人注意，使用動詞的形式可使歌謠更為生動活潑。同時在歌唱時若於此處加上動作手勢，也可以呈現出誇張的娛樂效果。可見同一種形式的詞彙在不同的語料和時間點上，會表現出相當大的差異，此亦是客語聯章體歌謠在語彙方面的價值所在。

（三）AAB 式

AAB 式重疊在客語聯章體歌謠中，出現的頻率僅次於 ABB 形式重疊。在 AA+B 形式中，以 B 為主，AA 重疊作用在於補充說明 B，做為修飾。以下將 B 的詞性區分為四部分，分別舉例說明之。

1、B 為名詞

在客語聯章體歌謠 AAB 式重疊詞組中，B 為名詞者，數量不多，計有萬萬年、四四方、滿滿穗、雙雙對。例句如下：

〈思戀歌〉
十二月思戀真思戀，叫哥買紙寫對聯，對聯吊在廳堂上，滿堂富貴<u>萬萬年</u>。

〈綉香包〉
四綉香包<u>四四方</u>，阿哥帶等出外頭，路上野花哥莫採，家中還有一隻香。

〈勸郎〉
四勸郎來<u>四四方</u>，勸郎回家落早秧，只有耕田分租谷，奈有戀妹分孩郎。哥正哥，將錢打扮別人娘。
五勸郎來五句言，勸郎回家愛耕田，勸郎回家耕田好，半年辛苦半年閒，哥正哥，後生唔做老裡難。

〈農家樂〉

春天百花處處開，田中稻麥<u>滿滿穗</u>，寶島人人都富貴，阿娘
疏草哥落肥。

在以上的例句「萬萬年」與「滿滿穗」兩個詞組中，重疊的
部分作為對內心期望的強調。富貴滿堂是一般人都期望能夠實現
的理想，而且最好能夠永久保有，因此在最後免不了要再一次強
調這種的期望，一輩子不夠，最好是富貴綿長，直到永遠。因此
無論是為了希望感情的永久持續或是家運昌盛，這兩項歌謠中常
見的期待，都常用「萬萬年」用來表達內心最終的想望。另外像
「滿滿穗」，是形容稻穗的豐收，亦是用來強調主體，表示對豐收
的期待。

至於「四四方」，「方」有方位之意，也有形狀的意義在，像例
句中的香包四四方，就有說明形狀的意義；而例句之二的「四四
方」，則有方向的意味在，因為歌謠中的主角陳述對丈夫離家的思
念，希望丈夫早日回家團圓。然另外在民間歌謠中，常因為形式的
需要，尤其在數目型歌謠中，為了要配合數序，內容亦常出現順序，
如例句是第四章，因此說「四四方」，之後第五章用「五句言」，或
許可以將其視為一種民間歌謠歌唱的習慣，而不必一定有特殊的意
義，只要符合內容的要求即可。

「萬萬年」在客語聯章體歌謠中出現十次以上，而「滿滿穗」
只出現了一次，可知在歌謠裡，加強語氣的作用佔了大部分。

2、B 為動詞

在 B 為動詞這一部份，客語聯章體歌謠中計出現以下數種：
個個慌、條條捆、項項有、疊疊愁、件件有、處處開、件件無、上
上準、哈哈笑、哈哈上、碌碌翻、天天望、人人愛、人人知、人人

恨、人人會、人人有、惛惛醉、暈暈醉、吟吟笑、連連笑、漸漸起、漸漸下、深深拜、慢慢行、慢慢想、早早回、早早歸、慢慢歸、亂亂花、亂亂摸等。例句如下：

〈種田情歌〉
七月黃麻節節高，今年麻價特別好，黃麻搓繩**條條捆**，越捆阿妹心越牢。

〈老採茶歌〉
三人採茶到山排（山腰），八幅羅裙遮秀鞋，伯公面前**深深拜**，伯公伯婆庇祐　　。

〈撐船歌〉
四月裡來日頭長，撐船阿哥花樣多；撐船阿哥了尾子，見到婦人**哈哈上**。

〈十二想招親歌〉
五想招親**疊疊愁**！兩耳鑊子（鍋子）吊上鉤；公婆無緣扯字紙，一付本錢付水流！

〈夫妻相好歌〉
人說相好兩公婆，父母看到心歡喜就來笑哈哈，人說相打相罵**人人會**，恩你（我們）床頭相打床尾合。

〈勸孝歌〉
十月懷胎月足滿，肚中孩兒**碌碌翻**，口中交得鐵釘斷，腳穿繡鞋踏得穿。

　　例句中的「碌碌翻」為不停地滾動，「哈哈上」指對事物表現出很有興趣的樣子。事實上我們從中可以發現幾個現象，首先 AAB 式

的重疊仍具備有重疊詞強調的作用，如「拜」時要「深深拜」，意味著鞠九十度的躬，對神明（歌謠中所指的是土地公土地婆，客語中的伯公伯婆）表現出很虔誠祭拜的樣子。再者，憂愁是如何愁法？一件件憂心的事情層層堆積，所以說是「疊疊愁」。此外還有一些像漸漸下、處處開、條條捆等，重疊的部分都是為了強調主體，突顯出動作的狀態，進而加深印象。至於有一些重疊詞像「亂亂花」、「亂亂摸」，其實即為「亂花」與「亂摸」，用重疊詞呈現，是為了加重語氣。

再者，AAB 式重疊詞中常出現「人人有」、「人人愛」、「人人知」等一類的用法，主要原因在於民間歌謠是在民眾間傳唱的，如果要引起共鳴，就必須選擇一般民眾印象裡俯拾可得的概念，讓人有感同身受，或身歷其境之感，故這一種重疊詞所運用的是陳述所謂的「普遍性」特色，進而加深印象。

其次，部分的 AAB 式其實是 ABB 式的對應式，這是相當特殊的用法，如哈哈笑與笑哈哈、笑連連與連連笑、惛惛醉（暈暈醉）與醉醺醺等，皆是經過倒裝的重疊形式。資舉例如下：

〈老採茶歌〉
十盃算來紹興酒，客官愛食也邊有，送郎飲得**惛惛醉**，乘酒貪花好風流。承蒙大姐紹興酒，食了心頭熱啾啾，十件好酒卻飲盡，已條（這條）人情罕得（難得）有。

〈十尋情人歌（大陸→臺灣）〉
十尋情人見郎面，一見情郎笑連連，二見倕郎**連連笑**，恰似烏雲開片天。

〈十二月祝英台〉
八月好唱祝英台，八大仙人下凡來，八大仙人**哈哈笑**，一心要等祝英台。

261

　　這種倒裝的重疊形式，AA 部份大多為形容詞，有一部份屬於象聲詞，但是在倒裝之後，並不會改變原意。會形成這種倒裝用法，主要仍是基於對所歌之事物作一強調突顯的作用，使用重疊詞即有加強語氣的功效。若將重疊詞再予以倒裝變化，就更能顯出更高一層表達的意象，如「醉醺醺」是喝醉的樣子，而「惛惛醉」是不僅喝醉，還有繼續不停之意；「笑哈哈」是笑的很開懷，而「哈哈笑」是不止開心，還有笑聲不止的感覺。倒裝重疊詞的使用還是需要考慮與歌詞間的配合，這種方式對民間歌謠情境的鮮活度提昇功效，是無庸置疑的。

　　3、B 為形容詞

　　在 AAB 式重疊詞中，B 為形容詞者，計有以下幾組：節節高、個個黃、久久長、朵朵紅、團團圓、渺渺茫、樣樣新、種種難、噴噴香、紛紛亂、漸漸高、漸漸青、漸漸涼等。例句如下：

〈種田情歌〉
七月黃麻**節節高**，今年麻價特別好，黃麻搓繩條條捆，越捆阿妹心越牢。

〈種田情歌〉
冬月柑桔**個個黃**，同將心事告親娘，我非你來不想娶，你非我來不嫁郎。

〈十想連妹〉
九想連妹**久久長**，爺娘打罵哥痛腸，心中都想來救妹，恐怕雪上又加霜。

〈十二月春〉
六月扶桑**朵朵紅**，山盟海誓不變心；海枯石爛情永在，水盡山窮又一春。

〈姑嫂看燈〉

順路行來，行到人群中，姑正姑呀嫂正嫂，物色**樣樣新**，街上人迎龍，八音響無停，看到迎龍獅呀獅子陣，景棚上呀看一下，小姐對倕笑，金童玉女呀，金童玉女，打扮實在靚呀伊嘟喲，姑嫂看到心內真歡喜呀伊嘟喲喲嘟喲。

〈十想公務員〉

一想謀事**種種難**，不如來做公務員，實物配給有安定，來比做工有較贏。

　　從例句來看，B 為形容詞的重疊詞中，前面的 AA 部分重疊多為形容詞，如久久長、噴噴香、紛紛亂等，或是量詞如朵朵紅、種種難、個個黃等。而這些用語的用法皆相當一致，做為加強語氣用。像久久長、種種難、紛紛亂等，就有很長、很難、很亂之意；其他的像個個黃、朵朵紅、樣樣新等，就有一種普遍性存在，指「每一個」柑桔都黃、「每一朵」花都紅、「每一件」物品都新。其中的「噴噴香」與「紛紛亂」用法如同前一小節所論，為「香噴噴」和「亂紛紛」的倒裝用法。

　　無論是 ABB 式或是 AAB 式的重疊詞，出現的位置大都在每章歌詞中的第一句和第三句較多，偶有少數的例外。但這種重疊詞型態佔客語聯章體歌謠重疊詞的大多數，最重要的原因是客語聯章體歌謠的句法多為上四下三的句型，因此 ABB 式與 AAB 式重疊詞常出現在下三的位置，可見句型與語言之間的關聯性。

（四）AABB 式

　　在客語聯章體歌謠中，AABB 式的重疊也是較為常見的型態。A 與 B 的組合多半是疊義的，其他則是屬於象聲詞。因此這種結

構大致可以 AB 的詞性作區分，可分為皆為名詞、皆為形容詞、皆為副詞、皆為象聲詞等，不屬於上述四類者，則歸入其他類之中。

1、AB 皆由名詞組成

A 與 B 為名詞的 AABB 式計有以下幾種：杯杯盞盞、朝朝暮暮、家家戶戶、年年月月、老老幼幼、家家廟廟、是是非非、心心念念、卿卿我我等。例句如下：

〈四季花開〉
夏季到來蓮花芳，蓮開並蒂伴情郎；郎妹好比蓮花樣，**朝朝暮暮**在身旁。

〈春節歌〉
正月初一頭一天，**家家戶戶**過新年，男女老幼互恭喜，到處爆竹響連天。

〈農村（十二唱）〉
九月九日係重陽，後生死在亂葬崗。**年年月月**有人拜，真係做鬼也淒涼。

〈嘆五更（五唱）〉
五更想起外家娘，**老老幼幼**死到光。血海深仇我要報，要把毛匪夾硬　。

〈春節歌（陸豐客家民謠）〉
初四神明降下天，**家家廟廟**盡香煙，一年四季平安順，求得上籤笑漣漣。

〈行善經〉

九月行善梨花香，莫聽閑言亂心腸，**是是非非**無了日，各人修善轉天堂。

以上的例句中可見這一類型的重疊詞有兩個意義存在，一是具有「每一」之意，二是有「概括」之意。如「朝朝暮暮」、「家家戶戶」、「年年月月」等，皆有「每一」的涵義，指每一朝暮、每家每戶、每年每月之意；而「是是非非」、「老老幼幼」、「心心念念」等，則有「概括」之意，指一切的是非、全家老少、心中全部的掛念等。雖然在例句中各有所偏重，但如「朝朝暮暮」可泛指全部的時光、「家家戶戶」亦可泛指所有的家庭，因此是否可二意兼具，仍要以重疊詞在整首歌中的位置而定。

2、AB 皆由形容詞組成

在客語聯章體歌謠中，A 與 B 皆為形容詞的重疊結構計有以下幾種：大大小小、斯斯文文、好好歪歪、好好壞壞、渺渺茫茫、偎偎依依、平平白白等。例句如下：

〈農家樂〉

秋天清涼月光暝，山歌琴聲起唇邊，**大大小小**賞月圓，家家戶戶慶豐年。

〈春節歌（陸豐客家民謠）〉

初二婿郎來上廳，頭顱低下唔敢聲，偃在房裡偷眼看，**斯斯文文**面貌靚！

〈無夫歌〉

一想無夫真悽慘，幾多暗切（痛苦絕情之事）無人知，命歪（壞）出世來當界（這個世界），**好好壞壞**著（就）戀渠（他）。

〈中部地震歌〉

渺渺茫茫空世界，不曉行善真可憐，看來天災末劫事，黃金堆棟也聞情。

〈十二月春〉

正月花開滿園春，男歡女愛各情鍾；卿卿我我真情好，**偎偎依依**投懷中。

在這個部分 A 與 B 以形容詞並列方式組成，例句中「偎偎依依」其實就是「依偎」，此處為倒裝用法。在意義方面，一為類義的組合，如斯斯文文、渺渺茫茫、偎偎依依，這種重疊具有修飾的意義，類似「很」的意思，即很斯文、很渺茫、很親近。二為反義的組合，這種組合在客語聯章歌謠中出現的次數較多，如好好壞壞、好好歪歪、大大小小等，除了加強意象之外，同時也經由對比呈現同一環境之下，無論好或是壞、大人或是小孩，皆有相同的想法或做法。

3、AB 皆由動詞組成

在客語聯章體歌謠中，A 與 B 為動詞所組成的 AABB 式重疊詞計有以下數種：來來往往、行行走走、遙遙排排（搖搖擺擺）等。例句如下：

〈十尋親夫〉

八尋親夫伯公亭，**來來往往**幾多（這麼多）人，再三詳細來訪問，全然不知夫情形。

〈賣菜歌〉

二月賣菜豌豆鮮，**行行走走**又一天，有　阿哥同一路，行情唔好當賒錢。

〈老採茶歌〉

三等親人到九嶺，九嶺坡角路難行，石古（石頭）潭中又駕來，**遙遙排排**南山下。

AABB 式動詞的重疊在客語聯章體歌謠中，出現的種類並不多，次數上則以「來來往往」較常用。此處 AB 的結構都是類義的並列，像來來往往、行行走走與遙遙排排（搖搖擺擺）三者皆是。這些 AABB 式動詞的重疊詞在歌謠中使用的涵義，主要是描摹長時間持續的動作狀態，並加重語氣。

4、AB 皆由象聲詞組成

在客語聯章體歌謠中的 AABB 式象聲詞數量很少，只有以下三種：吱吱喳喳、鏗鏗鏘鏘、淒淒唧唧等。例句如下：

〈十想度子歌〉

一想度子大工程，沒好食來沒好眠；最怕頭燒額又痛，**吱吱喳喳**吵死人！

〈去探娘歌〉

初十朝晨去探娘，齋功師父（為人作喪事的法師）排兩行，手拿鼎鍾并牛角，**鏗鏗鏘鏘**到天光。

〈怨嘆風流〉

三更雞子鬧淒淒，**淒淒唧唧**受孤希，恰似老妹尋哥嬲，幾多辛苦無人知。

以上三種象聲詞，除了修辭的意義外，主要的作用在透過對聲音的描寫，進而強調當時的景況，使歌詞中富有音效，利用嘈雜的聲響與安靜悲淒的情緒作一強烈的對比。

5、其他

除了以上四種詞性之外，還有零星出現以下幾種詞性，分別是屬於副詞的「平平白白」、「實實在在」、「時時刻刻」；屬於量詞的「聲聲句句」；屬於疑問代詞的「多多少少」等。這些除了「聲聲句句」外，其餘每一種都只出現皆不多，有些只出現過一次。

（1）副詞

〈下南調〉
十二月裡來枕花開，鴛鴦枕上無人來，鴛鴦枕上無人瞈，**時時刻刻**望哥來。

〈仙伯英台十八相送〉
九送梁哥到水口，雙手般在哥肩頭，生生（聲聲）句句勸哥轉，認真打併會出頭。**實實在在**講你知，丟踢山伯按孤西（孤單），仙伯看迫（破）來丟轉，日後沒命好見你。

此處的時時刻刻表達對情人無時無刻的思念，實實在在則表認真又清楚的說出自己的想法。二種皆是對所陳述事情的強調，此處兩個重疊詞配合詞義，突顯出的情感是堅定而又強烈的。

（2）量詞

〈怨嘆風流〉
一想風流哥心酸，自己伸手槌心肝，三言兩語相得失（得罪），**聲聲句句**情愛斷。

〈夫妻不好歌〉
十月裡來小陽春，夫妻不好會失魂，三分事情又喊打，**聲聲句句**喊離婚。苦正苦，麼面（沒臉）見人難出門。

這裡的聲聲句句，具有量詞的特性，也同時具有「每一」與持續一段時間的意義，亦即每一聲每一句，重點即在用「聲聲句句」作一種強調，使聽者如臨其境。

（3）疑問代詞

〈做茶歌〉

十想做茶茶摘完，就喊頭家算茶錢，**多多少少**也愛算，愛摘唔摘過了年。

這裡的多多少少，意指不論多少，但有較偏重「至少」的意味。

（五）ABAC 式

在客語聯章體歌謠中，ABAC 式亦常出現。此式為書面與中最通行的構詞方式，客語方言由於亦受到書面語的影響，故在歌謠中也溶入此類詞。在 ABAC 形式中，AB 與 AC 的結合，以動詞加動詞、形容詞加形容詞為多，故此類將針對 A 的詞性，區分為三種，分別是 A 為動詞、A 為形容詞與其他。

1、A 為動詞

在 ABAC 式中，A 為動詞者，又以下幾種：麼（沒）子麼（沒）孫、作牛作馬、看去看轉（看過去看回來）、踏出踏入、飛出飛入、想來想去、算來算去、貼來貼去、愛（要）生愛（要）死、愛講愛笑、落霜落雪、串（賺）錢串（賺）銀、要錢要銀、賺錢賺銀、莫（不要）啼莫（不要）哭、無信無息、麼魂麼影、無情無義、無桌無燈、瀉祖瀉公、克苦克難、望星望月、愛國愛家、洗裙洗衫、早起早眠、對內對外、好嫖好賭等。例句如下：

〈種田情歌〉

四月耘田滿段青，紅男綠女路上行，妹個姻緣有倻份，**做牛做馬**心也甘。

〈十二月花歌〉

八月排來海棠開，樑上燕子含泥來，樑上燕子雙雙對，**飛出飛入**望郎來。

〈十想交情〉

一勸妹子愛嫁郎，嫁郎日後有春光，食穿兩事唔使急，**落霜落雪**哥會當。

〈焗腦歌（製腦歌）〉

十一想焗腦件件有，**賺錢賺銀**做生理（生意），賺到錢銀歸家嬲，不怕風來不怕水。

〈十勸哥〉

二勸阿哥愛光明，莫同妓女談愛情，**好嫖好賭**無結果，回心轉意做好人。

〈渡子歌〉

三想渡子（育子）實在難，肚飢（肚子餓）想食手無閑，正扛起碗子又叫，**洗裙洗衫**又盲（沒）完。

〈十勸妹〉

七勸妹，莫怕羞，阿哥過苦妹過有。妹子有錢貼郎用，**貼來貼去**一樣有，河裡出水望長流。

〈夫妻相好歌〉

十一月裡冬至來，夫妻相好心頭開，別人過靚我麼愛，**愛講愛笑**兩人來。好正好，可比仙伯對英台。

以上例句中的 ABAC 結構，大體上可分為兩種，較多數是可將其視為 ABC 結構，如「做牛做馬」可為「做牛馬」、「落霜落雪」可為「落霜雪」、「好嫖好賭」可為「好嫖賭」，形成 ABAC 形式主要是為了加重語氣，加以強調事件狀態的多與重。至於另一種如「飛出飛入」、「想來想去」、「看去看轉」這一類，則表現出反覆與持續意味。

2、A 為形容詞

在客語聯章體歌謠 ABAC 結構的重疊詞中，A 為形容詞者，計有以下幾種：又紅又白、又燒又冷、冷酒冷肉、冷床冷蓆、共床共蓆、細心細意、全心全意、不知不覺、半飢半餓、半飢半飽、緊（越）想緊（越）真、緊想緊奇、好修好煉等。例句如下：

〈十二月相思－仿孟姜女調〉

四月到來禾苗青，相思得病得人驚；**又燒又冷**睡唔得，唔知死來唔知生。

〈尋夫歌〉

一尋親夫到馬頭，吾郎出屋妹心愁；**全心全意**想郎轉，奈知團圓難追求。

〈做苧歌〉

三想做苧真苦裡，已多目澀無人知，好在朋友來講嘢，**不知不覺**日落西。

〈無夫歌〉

十想無夫妹想真，情願從良改嫁人，嫁介丈夫會相惜，**半飢
半餓**也甘心。

〈無妻歌〉

六想無妻哥想長，朋友勸（我）討甫娘（妻子），生子好來
傳後代，**緊想緊真**緊痛腸。

由例句來看，A 為形容詞者，有下面兩種情形，一種是單純的
形容當時的情形，如冷酒冷肉、全心全意、半飢半餓、不知不覺等；
一種則是含有反覆和層次的意味在，通常以「又……又……」、「緊
（越）……緊……（越）」形式出現，使語句中更有形象性和靈活性。

3、其他

客語聯章體歌謠 ABAC 形式中，還有兩種分別為疑問副詞和
名詞。副詞方面是「何時何日」，名詞方面則是「一夫一妻」。例句
如下：

〈四季思情曲〉

秋天裡來桂花香，秋風陣陣透間房，妹在房中繡鴛鴦，**何時
何日**配夫郎。

〈拾勸從夫〉

十想種竹葉轉鳥，莫來想爭人丈夫，**一夫一妻**天註定，榮華
富貴一生有。

我們從 ABAC 形式的重疊詞來看，通常用重疊詞表現的詞語，
皆是歌詞中最重要也最需要強調突顯之處。從詞的結構方面做變化，
最重要的意義即在加深聽眾的印象與點出真正想表達的重點所在。

（六）ABCB 式

ABCB 式的重疊詞在客語聯章體歌謠中，出現的種類並不多，使用頻率也較不頻繁，計有以下幾種，分別為：愛轉唔轉（要回不回）、向天拜天、衫爛褲爛、千怪萬怪、有買沒買等。例句如下：

〈清水歌〉
十一想你母來玉里，天遠路遙渡你來。兩人共下麼幾久，**愛轉唔轉**自在你（由自己決定）。

〈行嫁歌〉
三想妹子到廳堂，**向天拜天**鬧洋洋，兩人雙雙來拜祖，恰似金菊對芙蓉。

〈無妻歌〉
四想無妻好寒酸，自己洗衫自己漿，**衫爛褲爛**無人補，又無妻子煮三餐。

〈招親歌〉
十想招親正知差，**千怪萬怪**怪自家（自己），好個人家沒招到，壞命招到你屋下。

以上例句中的重疊詞，如「愛轉唔轉」、「千怪萬怪」強調的是自己的決定，亦是歌謠的重心部分。而「向天拜天」與「衫爛褲爛」是用以形容事情的狀態。

對客語聯章體歌謠中運用重疊詞的情形加以細分，可知重疊詞在客語聯章體歌謠中以相當多樣的面貌出現。除了豐富歌謠的詞彙

之外，通過同音同字的連接反覆，能夠進而獲得音響和諧、節奏整齊等兩種音樂性效果。同時對歌謠出現的重疊詞加以歸納，可知重疊詞最重要的作用除了修飾語句外，並有加強個別性的語義功能。此外透過不同形式的重疊，能夠造就語言延展的感覺，並且使語言富有輕快的節奏感。客語聯章體歌謠中的重疊詞常附加了「每一」、「泛指」、「頻繁」、「反複」、「加強描摹」和「程度輕重」等意義，但每一個重疊詞究竟帶有何種意涵，仍需視整首歌詞的詞義而定。故即興的民歌在口傳的過程中，為了使民眾能夠朗朗上口，以重疊的型態增進聲音的抑揚起伏，形成聯綿和諧的韻律，是語言運用上重要的表現。

二、客語聯章體歌謠中常見的用語

自《詩經》以降，代代都有民間歌謠的產生與流布，這些民間歌謠流傳至今者並不多，原因首先在於歷代文人學士看不起民歌，謂其為「田夫野豎寄興之所為，荐紳學士家所不道也」[15]，因不受重視而逐漸在時代的洪流中被淹沒。其次是民歌所使用的方言難以筆錄[16]，清人黃遵憲在《山歌・題記》中認為「然山歌每以方言設喻，或以作韻，苟不諳土俗，即不知其妙。筆之於書，殊不易耳。」[17]雖然方言難以筆錄，但是同樣的也點出屬於方言俗語本身所獨具的的特質。

---

[15] （明）馮夢龍：《山歌・敘》，收入《明清民歌時調集》（上海：上海古籍，1987 年），頁 1。

[16] 見周振鶴、游汝杰：《方言與中國文化》（上海：上海人民，1997 年），頁 219。

[17] 見（清）黃遵憲：《人境盧詩草箋注》（上海：上海古籍，1981 年），頁 55。

　　我們從唐五代敦煌民歌所用的詞語多為普遍通俗的方言俗語來看，任二北在《敦煌曲初探‧修辭》中對敦煌民歌之方言俗語，其認為：「雖由不足稱為『於新文體中自由使用新言語』，但其用方言俗語之深與廣，王國維宋元戲曲史內論元戲曲。已超過唐代其他一切韻文。」[18]可見民間語言對一般民眾來說，是一種最能夠流傳與記憶，同時深植於民眾的意識中，依附著民眾生活的每個層面。既然如此，要唱出民眾的情緒，方言俗語在民間歌謠上的運用就相當重要。

　　方言就是地區性語言，古今任何語言，都有方言的地域性差異[19]。黃慶萱在《修辭學》一書中，對語言中使用方言俗語者，稱之為「飛白」。「飛白」的效用與功能在於「方言的使用，對懂得此種方言的人，有一種親切感；對不懂此種方言的人，有一種新奇感。更要緊的是，方言豐富的國語的辭彙，使國語永保其新鮮而不致腐朽。」[20]至於俗語，則是流行於民間口頭通俗的固定詞語。「俗語代表我同胞們的集體智慧與集體幽默。裡面常含有顛撲不破的真理，嘻笑怒罵的機智，以及面對無可奈何的人生的自我嘲弄。……它同樣地源於人類行為的復演論；能使語言豐富、精練和形象化；加強了語言的穩定性和藝術性。」以上說明了俗語的產生、功能和效果[21]。由此可知，方言俗語皆為民間歌謠中的口語特徵，亦是探討民間歌謠通俗性的語言時，所不可或缺的基本資料。客語聯章體歌謠在這方面，透過客語常用的詞彙抒發民眾共同的生活體驗與感受，而這些口語化的詞彙運用在歌謠中，使歌謠具有單純流暢的風格，此皆是屬於語言方面的特質，因此以下分別說明之。

---

[18]　見任二北：《敦煌曲初探》（上海：上海文藝 1954 年），頁 369。
[19]　同註 17，頁 4。
[20]　同註 6，頁 138。
[21]　同註 6，頁 122。

（一）名詞

- 蝦公、老蟹：蝦、螃蟹。「蝦公老蟹都來爭。」〈十想妹子歌〉
- 貓公：貓兒。「貓公看到想落該。」〈十想妹子歌〉
- 雞公：公雞。「雞公相打路中央。」〈等妹歌〉
- 水皮：水面。「好比蓮花出水皮。」〈十想妹子歌〉
- 紙鷂：風箏。「手拿紙鷂盡線放。」〈單月排〉
- 傘子：傘。「手擎傘子遮一遮。」〈等妹歌〉
- 目汁：眼淚。「手搬門閂出目汁。」〈上京舉子〉
- 茶米：烘焙過的茶葉。「曬好就係變茶米。」〈採茶〉
- 眠床：床。「雙手牽哥上眠床。」〈採茶歌〉
- 薑麻：薑。「殺到鴨子煮薑麻。」〈送情人〉
- 日頭：陽光。「郎出門妹憂結，妹愁有天無日頭。」〈送郎歌（其二）〉
- 床唇：床邊。「今到妹床唇企。」〈十二時辰歌〉
- 草蜢：蚱蜢。「黃蟻草蜢有雙對。」〈五句落板十二月相思歌〉
- 河壩：河。「行進幾多河壩路。」〈清水歌〉
- 牛、牛子：母牛、小牛。「牛　唔知牛子叫。」〈清水歌〉
- 爺：父母。「爺　愁切妹唔知。」〈行嫁歌〉
- 子嫂：妯娌。「子嫂不和時口角。」〈十娶妻〉
- 湖蜞：水蛭。「湖蜞專望水浪深。」〈十勸妹〉
- 被骨：棉被。「手攬被骨當可憐。」〈夫妻不好歌〉
- 湖鰍：泥鰍。「湖鰍曬死滿田央。」〈十二月時歌〉
- 外方：孤魂野鬼。「準備三牲祭外方。」〈十二月時歌〉
- 且姆：親家母。「親家且姆一齊來。」〈春節歌〉
- 當晝：中午。「無介當晝嬲一時。」〈拾想摘茶歌〉

・伙房：客家人的住屋。「不知　郎奈伙房。」〈十尋情人歌〉

以上二十四例皆為名詞，由於名詞是時代性和地域性最強的語詞，而客語一方面保存相當多的古音義，同時也保有自己本身形成的特殊語彙，故可見客語名詞的豐富性。這些名詞至今仍流傳在一般民眾的口中，屬於活語言，並未隨時間的流逝而消失，因此民歌運用這些名詞，除了豐富歌謠的語彙外，多樣性與鄉土性的語言特徵，使歌謠更能貼近民眾的日常生活，進而倍感親切，並使歌詞更有變化。

（二）動詞

・著：穿。「著個衫褲又儒雅。」〈十想妹子歌〉
・惹：親近。「人人看到都想惹。」〈十想妹子歌〉
・落該：吃掉。「貓公看到想落該。」〈十想妹子歌〉
・嫐：遊玩、聊天。「打扮偓郎上高樓嫐。」〈單月排〉
・食：吃。「手攬孩兒來食乳。」〈等妹歌〉
・丟踢、丟撇：丟掉。「上背老情著丟踢。」〈等妹歌〉
・擎：撐。「手擎傘子遮一遮。」〈等妹歌〉
・攬：抱。「婆婆攬孫笑容容。」〈十月懷胎歌〉
・蹶：暫住。「一心都想北埔蹶，可惜北埔無店歇。」〈等妹歌〉
・相：看。「兩人都有相眾（中）意。」〈十想交情〉
・連：交往。「有情阿妹唔使多，有情阿妹連一個。」〈十想連妹〉
・㓾：殺。「石上（犀刂）魚難脫鱗。」〈十想連妹〉
・祿：攪拌。「買來烏糖祿井水，肚渴口燥好食涼。」〈採茶〉
・挼泥、湯喙：搓掉身上的穢物、漱口。「挼泥洗手唔湯喙」〈十想交情〉

- 緊工：趕工。「緊工時節請人做。」〈十送情郎〉
- 兜：端。「兜張凳子樹下坐。」〈十送情郎〉
- 摺：叫。「恰似雞（女麻）摺雞子，你做你來偃作偃。」〈清水歌〉
- 榜酒：下酒。「肉圓榜酒吞唔下。」〈清水歌〉
- 物壞：折壞。「驚怕物壞孩兒身。」〈十月懷胎〉
- 帶念：記得。「帶念雙親在家鄉。」〈五更歌〉
- 揩：挑。「揩擔肥料交糞草。」〈春節農家樂（三）〉
- 勞較：打擾。「出門三步勞較人。」〈拾想單身歌〉
- 長錢：長為藏，意為存錢。「克苦克難無長錢。」〈十想公務員〉
- 賺：賺。「阿姆希望賺大錢」〈賣菜歌〉
- 乒乓漂：心不停的跳。「小生不知酒性急，食了心頭乒乓漂。」〈老採茶歌〉
- 撸：拉起。「阿哥撸褲妹撸裙。」〈十想挑柴歌〉
- ：壓。「三想地動真悽慘，死多少也不知。」〈中部地震歌〉

　　以上二十七例為客語聯章體歌謠中常見的描述動態的詞語，動詞在民間歌謠中佔有重要地位，因動詞本身固然為表示動作和狀態，但使用的動詞不同，所表現動作的輕重緩急、強弱、情狀、範圍也都不一樣。如果用傳統古典詩的觀點來看，動詞通常是「詩眼」所在，為寫景狀物、敘事抒情的關鍵詞語，在客語聯章體歌謠中亦符合這種精神。動態語出現的場景，通常都是需要強調之處，民間歌謠本身就有其寫實性，故敘述民眾的實際生活，大半需以具體行動來表現，而形容心境，也常用行動來描寫。故客語聯章體歌謠中出現的動態語詞，除能展現出民間生活的活力外，亦能突顯民眾的心理需求。因此用通俗的方言詞彙來表達，具有原景重現的作用，

也如同親臨其境，感受動作的正在進行，使意象更為鮮明，形象性更為生動逼真。

（三）形容詞

- 靚：漂亮。「唔高唔矮相貌靚。」〈十想妹子歌〉
- 後生：年輕。「一想妹子正後生。」〈十想妹子歌〉
- 老情：以前的感情。「上背老情著丟踢。」〈等妹歌〉
- 孤悽：孤單。「丟撇　郎好孤悽。」〈老採茶歌〉
- 晦氣、惠氣：麻煩。「茶擔倒踢正惠氣。」〈送郎送到十里亭〉
- 落肉：消瘦。「面容落肉因為妹。」〈十二時辰歌〉
- 天烏地暗：天色很暗。「天烏地暗麼人知。」〈十二時辰歌〉
- 軫：太過。「一人難合千人意，做到軫好人愛嫌。」〈招親歌〉
- 細：小。「腳細難移步。」〈懷胎歌〉
- 春光：好光景、得意貌。「愛想日後春光日。」〈十想度子歌〉
- 懶尸：懶惰。「上家有個懶尸嫂，下家有個懶尸嬤。」〈十勸妹〉
- 顯風神：很愛現。「賺錢不可顯風神。」〈無妻歌〉
- 衰：倒霉。「來了共匪實在衰。」〈反共民謠〉

　　以上十三例為客語聯章體歌謠中常見的形容詞詞彙。歌謠運用客語中屬於形容詞性的詞語，來表達他們所要呈現的人事物狀況或是情貌。客語中有一些相當有趣與活靈活現的狀態形容詞，這些形容詞獨具特色，不了解客語，就無法體會詞語的感覺。像「顯風神」，指的是愛現；像「落肉」，是很具形象性的說明情形，肉都沒了，人也就消瘦了。運用這些狀態形容詞，使人容易理解詞意，而這些狀態形容詞的具象性也很高，對所形容的人事物，也有加強描寫程度的作用。

（四）量詞

- 幅：片。「八幅羅裙（八片裙）遮秀鞋。」〈老採茶歌〉
- 頭：棵。「手攀茶樹兩三頭。」〈老採茶歌〉
- 皮：片。（指葉子）「採茶愛採兩三皮。」〈採茶〉
- 片：邊。「一片茶園採光轉。」〈採茶〉
- 項：樣。「十項好來無一項。」〈十二想招親歌〉

以上五例為客語聯章體歌謠中較常見之量詞詞語。這些量詞出現在歌謠中，使欲說明描寫的狀態變得實在，而且簡練明白。無論是「八幅羅裙」也好、「兩三頭」茶樹也罷，透過量詞突顯出欲說明的事實，更能簡潔有力地觸及生活層面，描寫的情況也更為具有渲染力。

（五）其他

這個部分又可分為兩種，一為客語俚語，，二為具有固定形式的熟語。

1、客語聯章體歌謠中的俚語

- 口舌蓮花：很會說話，有舌燦蓮花之意。「口舌蓮花也時開。」〈清水歌〉
- 打單丁：單身。「條條樹仔有雙對，虧個老妹打單丁。」〈等妹歌〉
- 風吹日炙：風吹日曬。「風吹日炙嫩蔥蔥。」〈十想連妹〉
- 採光上：往上採。「阿哥壢底採光上。」〈採茶〉
- 採光轉：採完一圈。「一片茶園採光轉。」〈採茶〉

- 兩頭烏：很累，有蠟燭兩頭燒之意。「切莫做到兩頭烏。」
  〈十送情郎〉
- 年三夜四：農曆春節的前幾天。「今日年三夜四到，丟別爺
  娘恁慘悽！」〈清水歌〉
- 濫散行：胡亂走。「人個南針定子午，佢個南針濫散行。」
  〈十二想招親歌〉
- 姣潭精：貪玩的人。「句句罵佢姣潭精。」〈二十八想招親歌〉
- 疲迒極踜：爬上爬下，很忙碌的樣子。「疲迒極踜手無閒。」
  〈做芋歌〉

　　以上十例為客語聯章體歌謠中出現其他常見的通俗用語，這些
通俗用語一般也出現在日常生活的口語中，歌謠中運用這些語詞，
使得民眾不僅對歌詞具有一種親切感，特別是有些詞語如姣潭精、
疲迒極踜等，直接將這些與一般大眾行為和意識有關的常用語運用
至歌謠中，可提高歌謠語言的靈活性。

　　2、客語聯章體歌謠中的成語、熟語

　　成語與熟語，主要所指為習用的古語、俗諺、格言等等，以及
各方面能獨立表意的詞組、短句，其特點大都是約定俗成，結構固
定，往往多引申、比喻等用法[22]。首先一部份是曾出現在歷代詩詞
小說中，迄今已成為一種「成語」的句子，非客語歌謠所獨有者，
共八例列舉如下：

- 「早起三朝當一工。」〈十二月時歌〉
  三個早晨早起，所做的工作抵得過一整天工作的總和。如
  宋代樓鑰〈午睡戲作〉詩：「早起三朝當一工，老來貪睡

---

[22]　見劉葉秋等編：《成語熟語詞典‧序例》（北京：商務，1992 年），頁 1。

不相同。偶然一次五更起，卻用重眠到日中。」[23]此句意指做人要勤勞。

- 「有緣千里來相會，無緣對面不相逢。」〈十想交情〉

  此句強調人之遇合，必須機緣湊巧。如《清平山堂話本・董永遇仙傳》：「豈不聞古人云：『有緣千里能相會，無緣對面不相逢。』」「能」亦作「來」[24]。

- 「恐怕雪上又加霜。」〈十想連妹〉

  「雪上加霜」是比喻禍患接踵而來。《景德傳燈錄八・大陽和尚》：「伊（禪師）退步而立，師云：『汝只解瞻前，不解顧後』。」伊云：「雪上更加霜。」師云：「彼此無便宜。」[25]

- 「春宵一刻值千金。」〈十想交情〉

  此句意指情侶在一起的時間很寶貴。如元代賈仲明《蕭淑蘭》第三折：「這生好不知音，虛度了春宵一刻價千金，空閑了瑣窗朱戶鴛鴦枕，翡翠羅衾。」[26]

- 「踏破鐵鞋無覓處。」〈尋夫歌〉

  此句形容平日有心求之而不得，一朝忽無意而得之。例如《古今雜劇・元馬致遠呂洞賓三醉岳陽樓四》：「由你到大處告去只揀愛的做，踏破破鐵鞋無覓處，得來全不費工夫。」[27]

---

[23] 見孟守介等編：《漢語諺語詞典》（北京：北京大學，1990 年），頁 589。
[24] 同註 22，頁 261。
[25] 同註 22，頁 473。
[26] 同註 23，頁 79。
[27] 同註 22，頁 434。

- **「鳥為食亡人為財。」**〈送郎歌（其二）〉

  在俗諺中，此句通常作「人為財死，鳥為食亡。」人為金錢而死，鳥為美食而亡，意指人可以為錢財不惜犧牲性命的錯誤思想。如東漢趙曄《吳越春秋》「大夫種田：『臣聞高飛之鳥，死於美食。』」[28]

- **「自古家貧出孝子。」**〈賣菜歌〉

  此句意指貧窮的家庭往往能養育出有才華的孩子。然此句往往是「家貧出孝子，國亂識忠臣」連用。

- **「走盡天下無人問，家在深山有遠情。」**〈十二月梅花歌〉

  此句意近「貧居鬧市無人問，富在深山有遠親。」意指富貴人家即使住在山村荒野，也會有人前來探望；貧窮人家住在鬧市也無人過問。指世態炎涼，一般人都是嫌貧愛富。此句可為「富家山野有人瞅，貧居鬧市無人問。」元・無名氏《殺狗勸夫》一折之例：「俺哥哥出門來賓客相隨趁，俺哥哥還家來侍女忙扶進，你兄弟破窰中忍冷耽愁悶。俺哥哥富家山野有人瞅，你兄弟貧居鬧市無人問。」[29]

　　這些句子的出現可見客語聯章體歌謠創作的過程中，吸收了書面語的成分，而將其用客語方言唱出而已。或許客語聯章體歌謠的產生除了民眾的集體創作之外，同時還涉及當時略知文墨的下層文人的創作或修飾，同時有些聯章歌曲與地方小戲有關聯，因此這些小戲語言亦被吸收至方言口語中。這些「熟語」無論出現於說唱、故事或是地方戲中，其出現時間已相當久遠，對民眾來說也如同「欲之後事如何，且待下回分解」這種章回小說常用的結尾一般

---

[28] 同註 23，頁 336。
[29] 見《中國俗語大詞典》（上海：上海辭書，1989 年），頁 271。

的熟悉。因此被運用在客語聯章體歌謠中，不足為奇。同時這些近乎成語般，民眾皆能隨手捻來的詞句，亦能豐富聯章歌詞的內容，給予鋪敘的聯章歌詞一些變化。

　　其次是在客語聯章體歌謠中，所出現的簡潔的警句格言式俗諺：

- 「急水也有回頭浪，囑郎丟浪莫丟　。」〈送郎歌（其二）〉
  用湍水的流動尚會往回沖激一些水花做比喻，盼離家的丈夫不要因為出外，而貪戀外面的世界。

- 「鈍刀破竹想唔開。」　〈送郎歌（其二）〉
  鈍刀無法剖開竹子，所以其意即為後頭三字：想不開。

- 「啞子食倒單隻筷，心想成雙口難言。」　〈五句落板十二月相思歌〉
  啞巴吃飯時拿到單枝筷子，無法進食，然此刻其又無法言語，故只能苦在心裡，有口難言。故即利用此例，點出真正之意為妻子盼夫歸的心情。

- 「枯木逢春猶再發，人唔兩度再少年。」〈清水歌〉
  樹木冬天落葉完後，到春天仍會發芽，但人度過年少時光後，卻不能回頭。意謂需珍惜時光。

- 「隔山砍竹太貪財。」〈十囑妹〉
  此句意謂勸人不要太貪財。

- 「平地無風會起塵。」〈十勸妹〉
  此句意指人言可畏。

- 「樹葉總要落根底，人到老哩總想家。」〈古歌〉
  落葉歸根，勸人離家要早歸，別讓親人掛念。

- 「嫖賭兩字來放踢，南蛇（蟒蛇）反身變成龍。」〈拾想單身歌〉
  意指戒除嫖賭這種壞習慣，就算是一條蛇也會變成龍。喻人改過向善。

- 「各人食飯各人飽，切忌窮人莫窮心。」〈麼錢歌〉
  雖然人窮但是心不能窮，意即要有志氣。

- 「一勸（勤）天下無難事，自有雲開見日頭。」〈麼錢歌〉
  勸人只要勤勞，任何困難皆可被克服。

　　由以上十例中，可見民間文學具備著指引民眾生活的直接與間接作用[30]，並真實生動地反映一定時期的社會現實。透過作品的口頭傳播，接受者對客觀的事物和正確道理有所認識。如果反覆地接受這類作品，就會加深這種認識，健康的思想情感也會逐漸得到培養，從而指引民眾的生活實現。

　　上列的俚諺藉由歌謠教育人民勤勞勇敢的觀念，追求美好的理想，和不合理的事物抗爭的精神，這種思想品德會遷移默化深植在民眾心中，進而啟發正確的觀念，面對一切的問題。透過歌謠直接地抒發自深的痛苦與生活經驗的感受，可以給失意的人安慰，給挫折的人鼓勵，使得民眾在生活過程中，永保積極上進的信念。這些俗諺式的語言相當巧妙，能夠將此類歌謠用語轉化為口頭格言，展現出深刻藝術力量。

　　客語聯章體歌謠無論在重疊詞彙的使用上，或是摻入常用詞語，可見其語言方面的特點有二，一為樸素平易，二為用語精練與自然。歌謠中的語言乾淨俐落，單純流暢，有什麼就說什麼，不拖泥帶水，矯揉做作，將道理寄寓於平易的語句中，使一般民眾能夠

---

[30] 見譚達先：《中國民間文學概論》（台北：貫雅，1992年），頁186-241。

接受之外，同時又能充分呈現民眾生活，雖無刻意雕飾，卻在方言口語的平易中透顯美感。由於為了要更深刻的刻化人物與事件，往往在歌謠中自覺或不自覺就將富有生活氣息和地方色彩的語言運用進去，作品的中的傳神和活潑，與作家書面文學作品中刻意鍊字鍊句的美感透顯，完全不同，自有一番清新面貌。

第二節　客語聯章體歌謠的修辭技巧

　　對民間文學來說，隨口即興是相當重要的一個部分，因此不會為歌謠特意去字斟句酌，而「修辭」技巧的運用，多半是文人有意為之。在客語聯章體歌謠中，歌詞可依當時唱者的情緒、環境、機智、唱腔或是個人文采等，隨時加以變化，並且透過這些變化成就歌詞本身的音樂性，不僅是依賴曲調的表現而已。客語聯章體歌謠的篇幅較一般客家山歌為大，因此為了使聽眾不致覺得單調，並能覺得韻味無窮，在歌謠中出現各種運用語言的具體表現，使欲表達的抽象情感轉化為具體的形象。歌謠中有幾種修辭方式是較常用同時具有特色者，也能夠標誌著歌詞與語言之間的關係。因此於此節將透過歸納的方式，再配合修辭學理論，以呈現客語聯章體歌謠獨特的修辭藝術之處。

一、頂真

　　「頂真」又名頂針、連珠等，「頂真」的形式，就是用前一句的結尾當作下一句的開頭，用同一詞語貫串上下句。「頂真」的作

用主要做為句子和句子間的橋樑，使句意延伸，並造成一種緊湊之感，同時亦有上遞下接的趣味[31]。在客語聯章體歌謠中，「頂真」形式的修辭出現相當頻繁，舉例如下：

〈五更進妹房〉

三更三點進妹房，妹在房中燒好香，好香燒在香爐內，庇祐日短夜裡長。

四更四點進妹房，妹在房中繡鴛鴦，繡隻鴛鴦對獅子，繡隻金雞對鳳凰。

此例中「燒好香」和「繡鴛鴦」在句中，具有動作延伸的作用，同時亦集中歌謠所欲呈現的焦點，引出最後一句，表達兩人相愛的心情。

〈送郎歌（其二）〉

二送親郎大門前，心中想起淚漣漣，合掌燒香求庇佑，庇祐催郎早賺錢。

此處的「庇祐」，具有引出下句的功用，除了點出心中的期待，也呈現心中對於分別的無奈。

〈勸孝歌〉

三月懷胎三月三，懷胎娘子心頭淡，三餐茶飯無想食，想食楊梅也係難。

此例中連接兩句的詞為「想食」，除了具備橋樑作用外，同時因為這首歌是描寫女子懷孕時的情形，鮮活的呈現出沒有食慾，卻又對某種食物渴望的心理，歌謠用這種技巧作描寫，帶有「趣味性」的成分在。

31　同註6，頁 511-514。

〈送郎出征歌〉

七送我郎渡長江，長江流水也悲傷，望郎渡過長江去，插起
國旗任飄揚。身在戰場要鎮靜，看見敵人莫張惶，不怕飛機
和炸彈，休怕大砲機關槍。

八送我郎到黃河，瞄準敵人再放鎗，我們士氣比他旺，我們
技術比他強。一個殺他幾百個，十個殺他幾千雙，那怕匪軍
人似海，似海人群會投降。

此例中的「長江」和「人似海」，在此處由於是出征歌，故對
上下句子的連結，帶有緊湊的效果，亦強調出緊張的氣氛。

二、誇張

　　誇張有鋪張、夸飾等同義詞。誇張就是在描寫人或事物時，為
了突出其特徵，或是強調形象，抓住事物的本質與主流，加以擴大
或縮小的描寫，以便把要表現事物或道理，說的更為突出、尖銳、
鮮明[32]。文學不一定是客觀真實的，有時候它是訴諸於主觀的感
受，因此《修辭學發凡》一書中的定義為「說話上張皇鋪飾，過於
客觀的事實處，名叫鋪張。」同時它認為「誇張」的使用有兩大原
則，一為主觀方面需出於情意之自然的流露，二為客觀方面需不致
誤為事實。是故這種方式由於能獲得聽者的認同，並且較能感受蘊
含的情感而不覺得突兀，進而能打動人心。

　　一般人在日常生活中也常用誇大之語，引起共鳴或好奇，民間
歌謠中誇張手法的運用也是常見的表現方式。這種對人或事物的型

---

[32] 同註 30，頁 123-124。

態、性質、行為、情緒等等各方面的描述，往往也與整篇歌謠作品的情節表現有所關聯。〈十想妹子歌〉

一想妹子正後生，身材又好貌又靚，走到塘邊來照影，蝦公老蟹都來爭，難怪阿哥心咁生。

七想妹子一朵花，著個衫褲又儒雅，年紀不過十七八，嫩過當朝綠豆芽，人人看到都想惹。

〈勸孝歌〉

十月懷胎月足滿，肚中孩兒碌碌翻，口中咬得鐵釘斷，腳穿繡鞋踏得穿。

以上皆是描寫狀態的誇張之例，上述四例中，第一例是說明女子的美，連蝦、螃蟹等水裡的動物都被吸引住。第二例為縮小誇張，把事物盡量用小事物方面呈現。此處用剛發芽的嫩豆芽，來形容年輕女子的嬌嫩柔美。第三例則是用咬得斷鐵釘、踏得穿繡鞋來突出生子的辛苦。由上可知，誇張的技巧常與比喻手法並用，以鉤劃出誇張的形貌，進而加強其趣味性，使人印象深刻。

〈十想斷情〉

四想斷情也平常，今日斷情偃敢當。天上仙桃偃食過，地上野花唔算香。

〈十娶妻〉

四娶妻，唔好講，妻曾生活在歡場，煤（美）手早被千人枕，珠唇已經萬客嚐。

〈清水歌〉

七想妹子淚淒淒，割腸斷肚莫想佢；牛嬤唔知牛子叫，出門三步任由佢！

四六想妹子愛上船，丟別倨哥睡冷床。恰似鯉魚吞到釣，<u>割妹心肝割妹腸</u>。

〈老採茶歌〉
自嘆一更鼓來響嘩嘩，當初勸郎去賣茶，囑咐一年半載轉，
奈知三年亡轉家。
郎一去兩三年，丟撇妹妹淚漣漣，朝思夜想無見面，<u>越思越痛心油煎</u>。

　　以上四例是表達情緒的誇張。第一例是男女分手後，男子安慰自己的失落而說。既然天上仙桃這麼不易得都曾嚐過（此處指曾交往過條件很好的女子），那麼和野花般的一般女子分手，也就不需要太失落，此處是自我安慰。至於第二例，是男子娶妻之後發現受騙，妻子原來曾經在歡場生活，心情自是不能平衡，因此說出這種曾被千人枕、萬客嚐的誇張言語第三例則是男女被迫暫時分開，思難的痛苦就如同斷腸一般。第四例是描繪等夫歸的無奈與痛苦，這種思君之情，就如同心在熱油上煎般的難熬。此處誇張的運用，是為了便於表達內心情緒的強烈，並使情緒的流洩更為逼真。

〈送茶郎回家〉
三送茶郎出店外，茶郎轉去愛過來，<u>手拿絲線吞落肚，莽人（誰）解得心頭開</u>。

〈怨嘆風流〉
七想風流喊出聲，<u>石壁蒔禾樣般生</u>，三年天旱無點水，喊倨禾根對奈行。

〈四季呻吟（四唱）〉
十月到來梅花開，希望國軍快的來。毛子毛孫我捉到，當佢<u>蕃薯一樣煨</u>。

〈十望哥〉
六望阿哥在臺灣，<u>參商兩宿見面難，國仇家恨濃如霧</u>，寄語夫君志要堅。

　　以上四例是屬於情境層面的誇張。第一例是酒娘與賣茶郎分開時，酒娘的心情起伏又糾結，就像被線綁住一般，無法預期賣茶郎回家鄉後，二人是否能夠再重逢？第二例是妻子因丈夫風流之故，所表現被棄與無助的心情，就如同在石壁上種稻，沒有水沒有養分，連稻根都無縫隙可長，以這種不可能發生的是作為誇張比喻，抒發痛苦與無依的景況。第三、四例主要是表明對共匪恨之入骨的決心，國民政府撤退到台灣之際，適逢大陸地區人民也歷經勞改下放等種種苦難，因此才有將共匪當蕃薯烤這種形象化描寫。同時第四例中是新婚妻子對丈夫上戰場的勉勵，同時表示雖然二人目前要相見的機會就像要參商二星碰面一般的困難，但國仇家恨如濃霧般的深重，卻使她可以暫時放下兒女私情。

　　故由上述各例可證明誇張用法可以靈活地呈現各種狀態，通過對人事物準確的況大或縮小描寫，除了具體地突顯出特徵外，並有獨到渲染人心的力量，也能造成歌謠意象新穎之感。

三、排比

　　用結構相似的句法，接二連三地表出同範圍同性質的意象，叫做「排比」。透過排比的方式，可以更容易地說明事件的道理，除

了有一種整齊均衡的美感外，同時可以加強作品的氣勢。在客語聯章體歌謠中，亦常出現連用二三句結構相似的句子，表達一個相同或相似概念的情形。舉例如下：

〈十二月春〉

六月扶桑朵朵紅，<u>山盟海誓不變心；海枯石爛情永在，水盡山窮</u>又一春。

〈綉香包〉

八綉香包八角方，<u>綉條鯉魚下長江，綉條大路透南河，綉條小路透妹房</u>。

〈五句落板十二月相思歌〉

四月相思日子長，妹在家中掛念郎，<u>黃蟻草蟀有雙對，蝴蝶雙雙花下藏，鳥雀都會結鴛鴦</u>。

十二月相思年到裡，各人婚姻註定裡，<u>銀錢註定么人使，婚姻註定么人連，𠊎嘅姻緣么人牽</u>。

　　以上三例皆是用來抒情，第一例連續用三個整齊的排比句，皆是表達對愛情的堅定不渝，除了抒發感情之外，尚有加快節奏和使微妙的情感有了統一而具體的形象感。第二例用三個整齊的排比句子，表面上是描繪香包上所繡的圖樣，實際上還有層遞的運用，從鯉魚下長江的圖樣，進一步暗示大路是通到情郎之所，再有一條小路到女子房內，這些都是一種暗示，表達女子對男子的情感。透過一連串的排比，為刺繡這一個場景，由靜態轉為動態，並把女子的願望具象的表現出來，具有輕快之感。第三例的排比首先是連用三句動物成雙成對的意象，表達女子的相思之情。下一首則是因為一年過去，情郎未歸，對於獨自一人的心情，除了苦悶之外，加強對無法相聚共結連理的無奈與喟嘆。

〈十二月梅花歌〉

六月六日六陽陽，<u>到處青禾幾時黃，到處有禾出白米，到處</u><u>有錢好風光</u>，思量出屋無衣伴，父母喊　轉家鄉。

〈十尋情人歌〉

九尋情人到實庄，<u>不知偃郎奈（哪）伙房，不知偃郎奈隻屋，</u><u>不知偃郎奈張床。</u>

　　第四例原為男子因家裡窮困而外出賺錢，但卻無法如願。父母希望他回家，然而回家時，連三個排比句，從青禾苗想到出白米，再想到有錢時的好處，成成推進，透過景象的排比，加深對於自身貧窮的無奈與心酸。第五例則是用三句排比句說明尋夫的辛苦，三個「不知」強調女子當時六神無主，手足無措的狀況，無法確定丈夫究竟在哪裡。

　　故可見排比適合用在各種內容，其所形成的旋律可靜可動，故可用來抒情，也可用來寫景。這種形式放在歌謠中，可使人感覺激昂與輕快，也可以使人感到低迴與消沉。

四、反覆

　　反覆就是讓同一種說法，一而再，再而三的出現，用以強調一個情節、突出一個重點，或渲染一種氣氛。一般而言反覆的目的有助於突出其思想意義或某種特殊的韻味，或者也使之更便於記憶。反覆大致可分為四種：字的反覆、詞的反覆、句子的反覆、情節的反覆[33]。在客語聯章體歌謠中，關於字詞的反覆，筆

---

[33] 同註30，頁129。

者將其歸於重疊詞中，在歌謠中最常出現的則是句子的反覆，這種形式的反覆在客語聯章體歌謠中也有相當廣泛的運用。反覆的運用方式，是把句子裡個別的字或詞換掉，其他部分則全部再現而不改。

〈洗手巾〉

七姐看妹起床來，<u>不高不矮好人才，不高不矮人才好</u>，借到錢銀討到來。

〈等妹歌〉

十四等妹長崎下，<u>條條樹仔開兩椏，條條樹仔有雙對</u>，虧個老妹打單丁。

〈下南調〉

二月裡來榴花開，<u>榴樹抽心葉下來，榴樹抽心葉下出</u>，爬床抓蓆望哥來。

八月裡來棠花開，<u>八仙過海下凡來，八仙下凡來遊嬲</u>，口含八味望哥來。

十一月裡來雪花開，<u>手拿掃把掃唔開，手拿掃把來掃雪</u>，掃開大路望哥來。

〈招親歌〉

七想招親真寒酸，<u>衫爛褲爛膝頭穿，衫爛褲爛都無補</u>，鈕子斷來都無按。

以上各例中變換的詞語除了「八仙過海下凡來，八仙下凡來遊嬲」這一組換字較多外，其餘各組重複的兩句更動的地方都在第五、六、七字上，使歌謠不僅容易上口，同時也突出所強調的重點，使平淡的句子有所變化，增加韻味。

至於情節的反覆，在客語聯章體歌謠中亦曾出現，較明確的例子如下：

> **〈佛曲「拜血盆」〉**
>
> 一拜拜到滑台崗，滑台江上小心行，滑台崗上琉璃瓦，琉璃瓦上白茫茫，娘今合掌來禮拜，拜裡一殿秦廣王，秦廣明王開赦佑，引魂童子帶娘行。
>
> 二拜拜到魯箕崗，魯箕崗上小心行，百草生來多碍路，莫來吊爛娘衣裳，娘今合掌來禮拜，拜裡二殿楚江王，楚江明王開赦宥，引魂童子帶娘行。
>
> 三拜拜到蝴蝶崗，蝴蝶崗上小心行，蝴蝶冉冉娘心怕，兩邊綠山甚淒涼，娘今合掌來禮拜，拜裡三殿宋帝王，宋帝明王開赦宥，引魂童子帶娘行。（以下略）

此例與目連救母故事有關，亦與道教中的「奈何橋科儀」（「拜路關科」）僧道引亡靈度過十個路關的順序雷同[34]。歌謠的情節大體上是相同的，改變的則是每一殿的閻王和所配合的路關。其餘的情節和說詞，幾乎都是反覆使用。

五、對偶

在詩歌當中，上下兩句字數相等，句法相似，平仄相對的就叫「對偶」。客語聯章體歌謠中，對偶句子不一定是必須者，但在其中亦用對偶句來加強語言的效果。舉例如下：

---

[34] 見陳健銘：〈曾二娘歌和金橋科儀〉，收入《野台鑼鼓》（台北縣：稻鄉，1989年），頁 137-155。

〈十想連妹〉

五想連妹笑殷殷，唔得兩人來兼身，<u>鐵打荷包難開口，石上剮魚難脫鱗</u>。

〈老採茶歌〉

日日離家日日新，<u>可比孤鳥歇山林，可比清魚游江海</u>，思想出外一片心。

〈茶山情歌〉

十月裡來係立冬，十處茶園九處空；<u>茶簍掛在金鉤上，妹心放在郎肚中</u>。

〈清水歌〉

一想同哥清水坑，路途偌險妹唔驚；<u>行進幾多河壩路，過盡幾多萬重坑</u>！

〈十想斷情〉

二想斷情就斷情，唔管阿妹連別人。<u>大船唔入小港口，貴腳唔踏賤門庭</u>。

　　客語聯章體歌謠中的對偶，以上述各例來看，這種對句出現在歌謠中的標準比較寬鬆，不若古典詩歌中的對偶句嚴格，故可以同字相對，不論詞性、平仄，只要意義相對即可。同時對句的出現，大都出現在歌謠的第三、四句，少部分是出現在第二、三句，故對句的位置並不固定。

〈夫妻不好歌〉

四月裡來四四方，夫妻不好麼商量，<u>出外麼人來叮嚀，入門麼人問短長</u>。苦正苦，誤了青春受凄涼。

〈十勸妹〉

六勸妹，妹無雙，汝愛善待惹老公。<u>東西至怕人眼賤，湖蜞</u>
<u>專望水浪深</u>，細妹有了莫露風。

以上二例則是客語聯章體歌謠中，五句以上的歌謠，其對句的
位置亦與四句型歌謠類似，出現在第三、四句，或是第四、五句，
最後二句是對句者，並非常見。

六、其他

客語聯章體歌謠中，除了上述五種常見的修辭方式，還有一些
修辭法的運用，以下分別舉例說明。

（一）雙關

雙關法就是一與同時關顧到兩種事物的修辭方式，利用詞語的
音同或音，使事物具有雙重的意義。雙關在六朝民歌中，已廣為採
用，在民歌中，雙關的使用非常普遍，其最大原因在於歌謠為「口
唱的文學」，所以能適合於這種「利用聲音的關係」的表現[35]。在
客語聯章體歌謠中，雙關語偶有出現，茲舉例如下：

〈種田情歌〉

九月蕃薯甜沁沁，倆儕愛情真又真，莫看米篩千隻眼，<u>要項</u>
<u>蠟燭一條心</u>。

---

[35] 見鍾敬文：〈歌謠雜談（五則）－歌謠的一種表現法：雙關語〉，收入《鍾
敬文民間文學論集（下）》（上海：上海文藝，1985 年），頁 311-315。

　　此例是詞意的雙關，以蠟燭的「燭心」，雙關「人心」，希望二人都能齊心不變。

　　〈十想造林歌〉
　　三想燒炭在深山，深山陰陰不見天，自己唔係燒炭客，<u>燒炭怎得出頭天</u>。

　　此例是字音的雙關，又叫諧音，以燒炭的「炭」，諧音雙關嘆息的「嘆」，除了呈現燒炭原本就是一件辛苦的工作外，況且當時燒炭的所得並不高，想到未來不知何日才能有出頭天，故「嘆」字隱含在「炭」裡，充滿了無奈怨懟之感。

　　〈十想情郎歌〉
　　七想情郎月正中，交情難捨信難通，思想阿哥情義好，牡丹金菊對芙蓉。

　　此例意是屬於音近的雙關語，這裡的「芙蓉」除了原來在形式上與牡丹金菊同為花卉，可以相對舉，有相配的意思存在之外，同時亦是諧「夫容」之意，因為思念之故，便時常想起情郎的容顏。
　　由上述三例可知，民間歌謠在情緒的表達上，常是直接而且坦率。雙關語的運用可，使民間歌謠的語言表達更為含蓄與婉轉，同時也可以展現語言的巧妙與趣味。

（二）擬人

　　把植物、動物、自然物等等當作有生命的人類一般的描寫敘述，使被描寫的物類，具有人的思想情感，這種手法就是「擬人」。在歌謠中往往需借物寄情，此時就會使用此法。舉例如下：

〈十想妹子歌〉

一想妹子正後生，身材又好貌又靚，走到塘邊來照影，<u>蝦公老蟹都來爭</u>，難怪阿哥心咁生。

〈清水歌〉

十八想妹子出店外，妹子轉去妳正來。<u>柑子來尋桔子嫽</u>（嫽：遊玩），仰得團圓來作堆。

　　第一例是形容女子的美貌，連蝦蟹都忍不住來爭相目睹。通過對蝦蟹的擬人法，加強證明女子的美貌連動物都不能克制地如同人一般受吸引，就遑論一般平常人了。第二例則是用柑（橘子）和桔兩種類似的水果，將其如人一般彼此互找對方嬉戲，來襯托自己與妹的分離之苦，故可見擬人法能使歌謠更為生動有趣。

（三）擬物

　　擬物與上述的擬人法相反，這裡是把人比擬成別的事物，故稱為「擬物」。這種方法可以用第一人稱的角度作比擬，也可用第三人稱。在客語聯章體歌謠中出現的擬物，第一人稱與第三人稱角度皆有。

〈送郎歌（其二）〉

妹今送偃到社下，囑咐偃妹兩句話，<u>老妹恰似鴛鴦鴨</u>，較大霜雪郎會遮。

〈尋夫歌〉

一想尋夫到船頭，腳踏船漂搖兩搖，想起偃夫心恁掛，<u>丟下鴛鴦水上漂</u>。

　　第一例是從第三人稱角度來說，將妻子比喻為鴛鴦，有成雙成對永不分離之意。第二例則是從第一人稱作比擬，妻子出外尋夫，無助無奈的心情，自比為分離的鴛鴦一般，只能在水面上漫無目的的漂。故比擬可以把人的精神狀態透過熟知的事物加以刻劃，使之具有鮮明的形象，同時也表達了細緻的情感。

（四）示現

　　利用人類的想像力，把實際上不聞不見的事物，說得如見如聞的修辭方法，就叫做「示現」[36]。在客語聯章體歌謠中，透過了「示現」的修辭法，以文字來刻劃形容，能使閱聽者如同身歷其境、親聞親見一般。舉例如下：

> 〈十尋親夫〉
> 五尋親夫石子崗，腳趾踢到血洋洋，手拿羅裙包腳趾，緊想緊真緊痛腸。

> 〈十二月時歌〉
> 正月十五做元宵，家家門口綵花燈，牽龍做戲弄獅子，炮竹打來響連連。

> 〈雪梅思親〉
> 三月裡來是清明，家家戶戶上山頂，雪梅雪子到墓前，墓桌上排三牲；三杯老酒排面前，一對白燭排兩邊，金銀紙錢愛來領，巡墓拜尚林介各牲。

---

[36] 同註6，頁365。

以上三例皆是示現的表現，如第一例的「腳趾踢到血洋洋（血流不止的樣子）」、第二例「牽龍作戲弄獅子」（舞龍舞獅）、第三例「墓桌上排三牲；三杯老酒排面前，一對白燭排兩邊」，這些皆是把當時的狀況活靈活現地描寫出來，使人如同親身經歷其境一般。

（五）鋪陳

鋪陳的方式，即是以一定的時間、數字等順序排列，作為連續陳述，聯串各節，即《中國歌謠》所言之鋪陳的定疊式[37]。但這種方式即為本篇論文的主體聯章體，此處所論者，為客語聯章體歌謠中相當特殊的地名鋪陳。

關於對地名的鋪陳，在客語聯章體歌謠中出現過好幾次，出現的場合主要是男女分別的時刻，舉例如下：

〈送情人〉
五送情人五分埔，阿哥耕田妹耕埔，情願長工請人做，妹來做到兩頭烏。
六送情人六張犁，阿哥包割妹包挑，擔頭挑起多辛苦，做壞身體害到倕。

此例為男子出門後，妹一路送別，從家裡到街上，再到五分埔、六張犁等地，這些地名在客語聯章體歌謠中詳細說明的目的，在於要表現送別的過程與不捨。

〈清水歌〉
廿六想妹子到水尾，丟別倕哥按吃虧。來時唔知路途遠，轉時孤單獨自回。（水尾：今瑞穗站）

---

[37] 見朱自清：《中國歌謠》，（香港：中華，1982年），頁174。

廿七想妹子到仔庄，就罵我母絕心肝。按多錢銀妳麼愛，鐵打心腸也會軟。（仔庄：拔仔庄，今富源站）

廿八想妹子到大和，唔知偓哥慣也麼。飄洋過海毋來渡，十分唔慣仰奈何。（大和：今大富站）

廿九想妹到馬太鞍，偓哥恰似桂花香。千人萬人都採得，仰般掛吊妹心肝。（馬太鞍：今光復站）

此例〈清水歌〉是客語聯章體歌謠中相當特殊的一首，內容主要是說一對年輕男女，因為女方母親的反對因而分開，最後有情人還是終成眷屬。這首歌的特色不在內容，主要在六十三章歌詞中，除了前後幾章是敘述外，中間就是透過二人的分離，記錄了許多當時的地名。尤可貴者，在第八章時就點出這首歌的男女主角原來是到了後山（台灣東部）「八想妹子到如今，後山光景一時興；不覺明天媽祖到，大家來去看景新？」，之後經過的地方從花蓮縣境的末廣（今大禹站）、水尾（今瑞穗站）、馬太鞍（今光復站）、鳳林（今鳳林站）到吉野（今吉安站）等，都是火車經過的地方。雖然歌謠之後的地名一路往北走，比方經過蘇澳庄，到了龜山，之後到基隆、台北、新竹、竹東等地客家人的大本營。但是從歌謠的鋪陳可見，此首是客語聯章體歌謠中極難得的作品，一般而言客語歌謠多出現在西部，此處所紀錄豐富的東部地名，可見歌者對東部應是具備一定程度的了解，或是歌者原本就是從西部移民至東部，或者是由東部回到西部。同時歌謠中無論是對東西部早期的地名，紀錄甚詳，以現在的眼光看，其保存原始地名資料的價值是相當大的。

以上所舉為客語聯章體歌謠中常見的修辭方式，對這些修辭方法而言，通常不是獨自出現，有時候常是兩種或三種同時交叉運用，比方說像歌謠中常會用譬喻的表現手法配合排比或示現使用，呈現多樣豐富的藝術性。然這些方法並非刻意對歌謠作修飾，而是存在於民眾的生活和思想中，隨手捻來之作，亦是其可貴之所在。

第三節　客語聯章體歌謠的表現手法

　　明代著名文藝批評家胡應麟在《詩藪》內篇中，曾推崇漢代的民間歌謠為「質而不俚，淺而能深，進而能遠，天下至文，靡以過之。」足以表現出他對民間歌謠的高度評價。事實上優秀的民間文學作品除了有深刻的思想內容、具備完美的結構體式之外，不可忽略的就是藝術特色。藝術特色的範圍，除了語言運用和修辭技巧，尚包括寫作手法的表現。我國傳統的詩歌創作理論常用的寫作方法就是賦比興，從《詩經》以降，各種文體詩體可以說都不出這三種寫作方法，為後代文學作品所遵循。其在《詩經‧國風》中，更是大量的使用比興手法，迄今已有兩千多年而不衰，亦為後代詩人活用而發展出高超的風格來[38]。

　　同樣的在民間歌謠中，賦比興皆為重要的表現手法，尤其是比興更為常用。宋人胡寅從情與物的關係說明賦比興：「敘物以言情，謂之賦，情物盡也；索物以托情，謂之比，情附物者也；觸物以起情，謂之興，物動情者也。」[39]透過情與物的聯繫與和諧，是進一步從鎔鑄歌謠藝術形象的角度而論。故於此對客語聯章體歌謠的表現手法，將從賦比興三種方向來論述，並由此探究歌謠藉情與物的結合所構築的藝術形象。

---

[38] 見裴普賢：〈詩經的文學價值〉，收入《詩經欣賞與研究（改編版）四》（台北：三民，1991 年），頁 489-514。

[39] 見（宋）胡寅：《崇正辯斐然集（卷十八）‧致李叔易》（北京：中華，1993 年）。

一、賦

　　歷代關於賦比興的含義有不同的解釋，但以下說法最為人所接受。鍾嶸《詩品》對賦的解釋為「直書其事，寓言寫物，賦也。」而劉勰在《文心雕龍‧詮賦》中認為「賦者鋪也。鋪採摛文，體物寫志也。」朱熹在《詩集傳》釋賦為：「敷陳其事而直言之也。」透過以上說法，簡而言之，「賦」就是開門見山，平鋪直敘，根據以上的解釋，可知賦「直言」的特點與「事」是彼此相互聯繫，通過直敘客觀景物而將主觀情志滲入景象之中，且因為有感而發，故直言的敷陳，形成賦比興中最簡潔之表達方式，又可視為意象的直接表達。

　　事實上「賦」用現代的說法，就是指直接描寫形象的方式，即是用「白描」手法來敘寫事物。白描在民間文學作品中，是普遍存在的表現手法，只有對事情或事物的認識很深刻，才能運用得很恰當。譚達先在《中國民間文學概論》中認為「白描就是在語言上毫不修飾的直說，如能抓緊事物的本質，只要很樸素的語言就會說得很中肯、明白、有力，事物的形象給說的很真實，道理也說的很深刻。」[40]由此可知，白描不是費很多筆墨去描寫，而是以簡單樸實的敘述，而令人感到細膩逼真，並且具有樸實的美感。透過「賦」的方式，用白描手法呈現的篇章，在客語聯章體歌謠佔了相當大的比例，以下舉例說明。

　　〈嘆胭花〉
　　一更裡來嘆胭花，罵聲爺媽做事差，先日奴家八字來排算，
　　算奴家命苦啊，八字犯桃花。恨一聲爺怒一聲媽，養大女兒

---

[40] 同註 30，頁 119。

就嫁人，嫁到貪苦奴家命呀，為什麼將奴家賣在煙花。

二更裡來淚茫茫，心肝呀思想呀愛從郎，乞食羅漢催願嫁，甘願呀三餐呀吃介蕃薯湯。缺嘴孤腰嫁一介，勝過賣笑來當娼，想起其中悽慘事，唔知哪日正春光。

三更裡來淚紛紛，人客來到一大群，有介人家好款待，有介人家氣難忍。思想起來真悽慘，好好壞壞要忍渠，哪有一點無周到，己多冤枉無人知。

四更裡來淚如麻，人客來到亂亂摸，心內痛苦面帶笑，目汁流來衫袖遮。叔婆伯母聽言因，養大女兒愛嫁人，嫁到一介傳後代，莫來耽誤一生人。

五更裡來天未明，人客來到鬧無停，心中有愁面帶笑，不敢怒氣得罪人。天地神明愛有靈，保佑奴家早嫁人，日後若係年幾大，奴家愛來靠何人。

此歌通過五更形式，首先說明因為當時人的迷信，女子八字差之故，導致被賣入煙花巷中，過著痛苦的皮肉生涯。二更至五更皆說明為娼的痛苦與辛酸，只能看人臉色，毫無自尊可言。所有的苦楚只能自己獨自飲泣，就算是再難熬，也都得面帶笑容，迎接川流不息的尋歡客。煙花女子在歌謠中並不因為環境而沉淪，她也如同一般女子對未來有憧憬，也期待婚姻，就算是貧窮或是殘障的對象，也能夠使她保有獨立自由與人格，勝過現在的處境。由於一切都並非自願，透過五章歌謠，平鋪直敘的說明原因、經過，反映處於社會下層生活的無奈。語句唇用白描鋪敘，能夠清楚的呈現主題。

〈中部地震歌〉

一想乙亥三月中，忽然來個大地動，有人心驚走不動，也有走出外空中。

二想地動亂翻翻，山崩地裂沉一般，有錢無錢也受害，大人

細子叫連連。

三想地動真悽慘，　死多少也不知，有个子兒叫爺娘，亦有爺娘叫子兒。

四想地動哭連連，大小受害有萬千，也有頭破認不識，亦有死在屋間。

五想地動淚哀哀，磧死幾多無棺材，也有三人共一窟，也有愛埋無棺材。

六想地動真可憐，有個全滅無一人，錢銀數萬無人用，無人承接祖宗親。

七想地動無人情，山崩地動真驚人，有錢無錢無屋住，在外搭寮來庵身。

八想地動二州下，不成屋舍不成家，幾多東西被損害，當天煮食無灶下。

九想上官真同情，捐米煮飯救災民，若無上官來救濟，不知餓死幾多人。

十想政府愛民心，特派上官來訪明，又開軍隊來保護，總督來看真可憐。

十一同胞公德心，寄附錢財救災民，多有慷慨寄附人，亦有捐米數千斤。

各處聞佑其慘情，發動賑濟救災民，也有寄附蘿蔔干，亦有送到鹹菜根。

人生愛有遵德心，天理二事對良心，存心積德天保佑，社會事業始安平。

渺渺茫茫空世界，不曉行善真可憐，看來天災末劫事，黃金堆棟也聞情。

〈中部地震歌〉反映出地震發生當時的慘狀，地震來時大家因為受到驚嚇而慌亂不已，而這種山崩地裂不論貧賤與富貴，不論老少，都受害很深。第三章到第八章說明災區的情況，像父母子女彼此尋找，生死未卜；災區死亡人數眾多，缺乏棺木的慘狀，或是全村皆無一人倖存，簡單數語，就有無限悲淒。第九章以後就是說明政府與社會各界動員救災與捐輸的情形，官員帶了物資前來救援，民間百姓則發揮人飢己飢的精神，捐錢捐米或是蘿蔔干等易於保存的食物來賑災，同胞們都能彼此的感同身受。在歌謠的後半部除了哀傷外，沒有藻飾，還隱隱透顯出一股暖流。通過白描的手法，對事情發生的當下描寫的很詳細，卻又不失真摯的感情流露。

　　〈吳阿來歌〉
　　壹想光緒丙子年，彭蔡式家幹聲連，聲連打死吳阿富，害到連庄幹無閑。
　　式想吳塵笑西西，人強馬壯就出旗，壹程促到七十分，連庄圳水打破其。
　　三想長河正無理，自坐王法就係過，幾多好人無插事，丁遇式家正去弒。
　　四想連庄就著驚，眾請食糧就紮營，兩家紮營紛紛亂，裡擺大土做得成。
　　（以下略）
　　十想文武到下來，家艮敬福想不開，連庄又告吳阿來，家艮又告吳阿來。
　　十一想大老轉京城，眾將文武生夜行，愛開庫銀來征賊，行文奏上轉京城。
　　（以下略）
　　廿四想吳屋心就虛，四圍人馬為滿裡，朝廷用兵如水樣，是

不無奈著走佢。

廿五想文武就開聲，帶兵捉到黃麻園，誰人捉得阿來到，現賞國銀八百元。

廿六想阿來差了差，案碟江山害自家，坐惡賺錢不長久，枉來用地水浪沙。

（以下略）

卅三想阿來想不開，自己房父交出來，夫妻洗房情難捨，五百年前修到來。

卅四想是銅鑼彎庄，文武接到開片天，裡擺阿來捉不出，文武官府也艱難。

卅五想上天無門進，進退二事心茫茫，人生幾何在凡間，橫柴入灶不可行。

卅六想阿來心茫茫，文武兒事就上城，阿來命交竹塹死，名聲傳到北京城。

卅七想謠歌鬧華華，勸人世間作惡人，改作從善總巧著，善似青松惡似花。

卅八想謠歌鬧華華，勸人世間作惡人，官法如爐得人驚，作千作萬好漢人。

卅九想來個做謠歌，別人朋友歡喜麼，大家歡喜正來唱，無錢有錢口閑多。

四十想謠歌做到完，列位聽我好金言，有雙轉去生貴子，無雙轉去大賺錢。

客語民間歌謠對於事件的敘述，也是採用「賦」的手法，透過白描，把事件的來龍去脈作一個說明。像〈吳阿來歌〉，首先便點出事件發生的時間是光緒丙子年，事件發生的原因則是因吳阿富被打死及爭奪水權的問題，引發了兩莊的械鬥。之後便是敘述首領吳

阿來領莊兵禦敵，中間尚穿插被家民狀告之事。因此因出官府欲捉拿吳阿來的情節。阿來相當頑強，無論官兵人數眾多如流水，或是一路追至黃麻園，都無法成功，最後尚需懸賞白銀八百兩，可見吳阿來讓官府都束手無策。最後是因房父（宗族長老）將其交出，最後在竹塹被處死，這件事情才告一段落。

　　歌謠對敘述此事的目的主要如同歌謠之後所言，要人莫做惡事，才不會有悲慘的下場。此首歌謠雖然只是用鋪敘的手法清楚寫出事件的經過，然而卻已經有情節的出現，同時還有官兵團團將其圍住或是追捕等緊張場面出現，可見歌謠的創作者必對事情所之甚詳，才能用樸素的語言，敘述得如此精采。

　　〈麼錢歌〉
　　一想麼錢難又難！同人轉借等人閑（惹人嫌）；又愛三擔四保證，又驚日後麼好完（還不了）。
　　二想麼錢真艱辛！麼錢做事難認真；好多事業做唔到，錢多機會謀唔成。
　　三想麼錢心正煩！人窮似鬼一般般；有心去尋親戚嬲，遠遠看到把門關。
　　四想麼錢麼人情！親戚唔肯牽成（幫助）人；有錢唔敢借用，急抱佛腳也無靈。（以下略）

　　這首〈麼錢歌〉是陳述貧窮的痛苦，從因貧窮需向人借錢的困難，到連親戚朋友都不裡的慘狀，之後是自我勉勵，期待日後的發達。透過第三章「人窮似鬼一般般」，只是單純地想去拜訪親戚，親戚的態度卻是「遠遠看到把門關」，讓人對世態的炎涼，有無限的感嘆。歌謠對於貧窮者生活的悲慘，用樸素的字眼敘述的很逼真。

　　由上述各例可知白描鋪敘這種表現手法在民間歌謠中相當常用，也有很好的效果，但是必須對事情的過程與道理有充分的了解，又要善於應用此種手法，才不致使作品流於泛泛平庸。白描手法的運用能使歌謠樸素自然，且寥寥數筆即能勾勒出生動鮮明的形象。

二、比

　　一般談民歌時最常被提及的表現手法，就是「比」。從字面上來說，比就是比喻的意思，《周禮‧鄭玄注》中「比者，比方於物。」朱熹在《詩集傳》中認為「比者，以彼物比此物也。」基本上就是用具體易於理解的事物來比喻複雜難解的事務，透過描寫事物的形象來比喻作者所寄託的思想情感。依劉勰《文心雕龍‧比興》之說「且何謂為比？蓋寫物以附意，揚言以切事者也。」根據劉勰的說法可知「比」不單純只是比喻，還有突出事物形象的特質。用民眾熟知的事物以表達難懂的事物，比的使用可更為具體準確的描述事物。同時在劉勰《文心雕龍‧比興》亦對《詩經》中的「民歌」所使用比的方式做一說明，「或喻於聲，或方於貌，或擬於心，或比於事」，使被描述的對象表現更為鮮明活潑。由此可知對一般民眾而言，舉凡現實生活中的一切事物，無論是季節的交替，動植物的形貌，都是自己親身的經歷，故隨手捻來，就是富有生活氣息的比喻，意義並不高深，除了使人易懂，有時還能使人會心一笑，引起閱聽者的聯想。客語聯章體歌謠中運用比的例子不少，但並未有通篇全使用比喻之例，以下將比喻依基本型態分為三類，分別舉例說明。

（一）明喻

明喻就是非常明確地用一件事物來比擬所要表達的另一件事物，即以類似的事物，比擬特定的事物，二者在某方面如性質、型態、功用等，有某些類似之處。而二者間用「好比」、「如同」、「恰似」、「如」、「像」等譬喻語，作為綰合二者之用。明喻構成的基本格式為喻體、喻詞、喻依三者具備。如：

〈種田情歌〉
臘月準備過年忙，男女老幼喜洋洋，盼望大年三十到，<u>兩人成雙比鴛鴦</u>。

〈四季花開〉
春季到來百花開，百花園內情郎來；情哥情妹成雙對，<u>恰似蝴蝶兩伴隨</u>。

〈清水歌〉
四六想妹子愛上船，丟別𠊎哥睡冷床。<u>恰似鯉魚吞到釣</u>，割妹心肝割妹腸。

前二例是用鴛鴦和蝴蝶，將抽象的愛情和對愛情的期望，用世間人所周知成雙的景物形象性的描摹出來。第三例則是情人因故要分開，那種難忍的煎熬，就如同魚不小心吞入釣餌，而被釣鉤鉤住一般痛苦。此處之例把抽象的感覺用具象的概念，通過明喻的方式，使人容易想像，進入歌謠的情境。

〈清水歌〉
卅九想妹子到吉野，嫖賭兩事莫去惹。<u>賺錢恰似針挑刺，了</u>
<u>錢恰似水推砂</u>。（吉野：今吉安站）

〈老採茶歌〉
八月採茶百花開，夫妻姻緣天送來，<u>中秋夜月明如鏡</u>，兩人
飲酒上陽台。

〈十月懷胎〉
六月懷胎三伏天，懷胎娘子真可憐，<u>食飯恰似吞石子，食茶</u>
<u>恰似上高山</u>。

〈撐船歌〉
六月裡來人刈禾，撐船阿哥花樣多；<u>撐船恰似龜扒沙，頭搖</u>
<u>尾動背又駝</u>。

此處四例主要是針對事物的比擬。首先「賺錢恰似針挑刺，了
錢（賠錢）恰似水推砂」，這章歌詞的主題在莫近「賭博」。賭博賺
錢時就如同用針去挑不小心插在皮膚上的刺一樣艱難，而賠錢卻像
水沖砂石一般的快速容易，以此勸人莫要賭博。第二例是形容明月
的皎潔，如同鏡子一般。第三例是六月懷胎時天氣炎熱，沒有食慾，
因此進食喝水用即形象性的吞石子和爬山來比喻，使人容易感同身
受到這種困難與辛苦。最後一例是有些逗趣而巧妙，此處形容撐船
郎撐船的動作像極烏龜挖沙一般，又駝著背，頭不經意的晃動著，
使人很輕易的透過烏龜挖沙的形象，聯想到撐船郎的動作，相當傳
神又有趣。

（二）隱喻

隱喻只具備喻體和喻依，喻詞則省略不用。即把類似的事物與被比喻的特定事物之間的喻詞省去，不明確的用「好比」、「恰似」這一類詞表示。雖然隱喻的使用並不如明喻普遍，但暗喻將比喻關係融入句子中，使比喻不露痕跡。其表面上乍看之下似乎沒有比喻關係，實際上它比明喻更加強調喻體和喻依的相似處。客語聯章體歌謠中有依些屬於隱喻之例，茲舉如下：

〈送郎歌（其二）〉
十送親郎松口墟，偃郎出外妹孤淒，<u>一對鴛鴦失一隻</u>，唔知何日共樹企（樓）。

〈思戀歌〉
十月思戀真思戀，叫哥剪布做枕面，枕頭拿來繡鴛鴦，鴛鴦枕上好團圓。

〈招親歌〉
五想招親真冰波（奔波），食指尖尖做到果（禿）！百般頭路做往轉，皆因麼錢麼奈何。

〈春節歌〉（陸豐客家民謠）
初八相請食菜茶，阿妹上家搬下家，纖腰款擺風前柳，當時得令一枝花！

以上四例中，第一例是夫妻分別，丈夫外出，只剩妻子一人，既孤單又不知丈夫何時何日才會歸來，這種心情就好比成對的鴛鴦只剩一隻，使人輕易的感受這種孤寂的心情。第二例同用鴛鴦之

例，不過此處的鴛鴦是比喻二人的恩愛之情。至於第三例是說明男子只因家境貧窮而入贅女家的艱辛，他就像長工一般，每日奔波忙碌，辛苦的程度就好比尖尖的食指都做到禿了，被磨圓了一般。第四例則是用風吹楊柳擺動，搖曳生姿的形象，比擬女子的纖細，並用「當時得令一枝花」來比喻此女子正值青春年華，是富有生活氣息與靈動的比喻。

（三）、借喻

將喻體和喻詞省略者，只剩下喻依者，即為「借喻」，是一種直接用喻依來代替主體的一種比喻方式。茲舉客語聯章體歌謠之例如下：

〈十二月春〉
六月扶桑朵朵紅，山盟海誓不變心；海枯石爛情永在，水盡山窮又一春。
七月菊花透心紅，心心相印金石盟；情海波濤不掀浪，愛河永浴心一同。

此例中透過「山盟海誓」、「海枯石爛」、「水盡山窮」等比喻男女二人的情感堅定，亦是以這些詞語來代替本體，相愛的男女是主體，但在歌謠中並未為曾出現，因此借喻的方式能使歌謠的語言更為凝鍊。

〈四季思情曲〉
夏天裡來熱煎煎，妹子塘中來採蓮，蓮花開來鬧猜猜，開花結子在中間。

〈思戀歌〉
七月思戀真思戀，峨嵋月子在半天，峨嵋月子照天下，照見牛郎織女星。

　　〈四季思情曲〉是借蓮花開花結子的意象，比喻希望與情郎間的愛情能夠開花結果。〈思戀歌〉則是省略了主體男女二人，而借用牛郎織女來比喻男女二人，同時比喻二人的情感如同牛郎織女一般的堅定不移。

〈十二月春〉

　　二月到來杜鵑紅，含苞吐蕊各爭榮；等待情郎來採摘，好好安掛在郎襟。

　　此例是借杜鵑花來比擬女子自己，希望能夠等郎來摘下，而掛在郎的衣襟上，即傳遞的希望無時無刻都與情郎不分離的想望。

　　借喻相對於明喻與隱喻，更進一層，完全不寫主題的方式，使民眾更有想像的空間，又符合情境的需要，直接加強歌謠描寫，使得事物的聯繫在淡淡的雅緻中，又充滿樸素的創新意義。

三、興

　　在古代比和興是並稱的，比興在民間文學中的民歌使用最多，如《詩經・國風》中的詩篇就大量的運用著。朱熹在《楚辭集注》中說：「興則托物興辭」，又在《詩集傳》中對「興」的定義說的更明確：「興者，先言他物，以引起其所詠之詞也。」、「因所見聞，或托物起興，而以事繼其聲。」姚繼恆於《詩經通論》亦云「興者，但借物以起興，不必與正意相關也。」故簡單而言，就是要引發動機，先從別的事物說起，作為開端，再轉入正意中，這種句子就叫做「起興句」。起興句在民間歌謠中，是民眾針對眼所見、耳所聞，透過眼前事物先行引出動植物或其他相關或不相關的物類。

　　我們在觀察起興句時發現，客語聯章體歌謠首句雖然有部分是固定套語，但仍用起興來表義，但有時候與歌詠的主題無關，成為無意義的聯合[41]。這個問題學者鍾敬文認為一個原因是「山歌好唱起頭難，起了頭來便不難。」[42]這種情形在客語聯章體歌謠中，比較少出現。另外學者黃得時也認為「起興是歌者偶然看見一枝花或一隻鳥的時候，那枝花或那隻鳥突然引起他的興趣；喚起了他的藝術衝勁，於事便先把使他起興的這些花鳥歌唱在前面，然後才把由那花鳥所引起的感情表現在後面。兩者之間，一看似乎沒有什麼聯絡，其實詳細分析起來，仍然有因果關係。」至於無意義相關者他認為「歌者在歌唱之前，於無意識之中，應當先找一找自己要唱的『韻』來，……但究竟要找哪一韻呢？這是很難決定的。所以歌者於臨急之際，隨便把眼前的風物，或記憶在腦海裡的人名與地名作為材料，信口先唱一句出來做『起勢』，既然有了『起勢』，就有『韻』了。」[43]在客語聯章體歌謠中，首句因為屬於套語的形式，這種套語相對後面的本意句，大體上是有關者，這種句子的起興句都是與第二句的內容或意義有所聯繫，會成為恰當的譬喻句，或起一定程度的烘托作用。

　　由上述學者所言，起興句的出現針對客語民間歌謠而言，主要是因為即事而歌，除為押韻方便外，亦是民眾歌唱時舉熟悉的事物引發所感，進而使聽者易學易解。就客語聯章體歌謠來說，大體上皆是有意義的起興，舉例如下：

---

[41] 見臧汀生：《臺灣閩南語歌謠研究》（台北：臺灣商務，1995 年），頁 167。

[42] 見鍾敬文：〈歌謠雜談（五則）－同一起句的歌謠〉，收入《鍾敬文民間文學論集（下）》（上海：上海文藝，1985 年），頁 320。

[43] 見黃得時：〈臺灣歌謠之形態〉，臺灣文獻專刊 3 卷 1 期，1952 年 5 月，頁 1-17。

〈農村長工嘆苦歌〉

正月十外酒肉空，手巾一條鞋一雙，人人問　去奈位，　講上街接長工。

二月長工係可憐，頭家帶　到田邊，上坵巡到下坵轉，喊催趕緊做秋田。

三月長工係可憐，捐擔秧苗去蒔田，十指尖尖插落去，背囊彎彎向上天。

四月長工係可憐，捐擔肥料去落田，四個田角落到轉，湖蝦老蟹喊五天。

五月長工係可憐，手夯钁頭去巡田，田頭田尾都慶水，頭家怨催催怨天。

六月長工係可憐，捐擔穀子打腳偏，過個田缺倒了穀，頭家又罵扣工錢。

（以下略）

　　此首歌謠的首句皆為「□月長工係可憐」，此句為歌謠的主題，由此引出下面三句，身為長工的苦處為何。依照月份的鋪陳，仔細的把長工的工作不重複，而連貫性的陳述，因此「□月長工係可憐」在這首歌謠中，雖為同一起句，實有其在歌謠中的重要性，而不是單純只具有沿襲性而已[44]。這種相同起句性質的歌謠，在客語聯章體歌謠中還有幾首，如：

〈十嫁夫〉

一嫁夫，夫家苦，一日作到兩頭烏，無好食來無好著，油鹽

---

[44] 關於同一起句歌謠的產生，學者鍾敬文認為「人類是有沿襲性的（當然同時也有創造性）。借用現成的語句，完成自己的創致，這是藝人的常事。民間的作者，自然多無例外。」這裡所指的是同一起句，但全篇語意有所不同者。同注35，頁320。

柴米件件無。

二嫁夫，看錯樣，西裝畢挺空排場，正當事業唔肯做，強迫
老婆當茶娘。

三嫁夫，喚奈何，狂戀舞女做老婆，四門六親勸唔醒，掛名
夫妻有當無。

四嫁夫，夫不仁，詭計多端法律精，空頭支票三四本，專騙
忠厚老實人。

五嫁夫，夫荒唐，三餐紅露和高粱，今朝有酒今朝醉，無管
老婆餓斷腸。

（以下略）

　　這首歌謠的形式一如前例，□嫁夫是點出歌謠的主題，嫁夫之
後是好是壞？故首句的作用在引出下面各句，以證實嫁夫之後的辛
酸或是甜蜜，此處是敘述嫁夫之後發現受騙的情形。以上二例是將
主題直接說出當作起句，而沒有刻意以景物或是其他事件為開端，
單純的將主題當作是起頭，自然而然就直接敘述。

〈種田情歌〉

正月犁田天氣冷，阿哥想妹唔敢聲，只有埋頭來耕種，希望
早稻收滿棚。

二月耙田暖洋洋，阿妹心中正想郎，情梅竹馬情難捨，祈禱
上蒼多幫忙。

三月蒔田行對行，單身漢子好淒涼，衫爛褲爛無人補，半夜
想起淚滿框。

四月耘田滿段青，紅男綠女路上行，妹個姻緣有　份，做牛
做馬心也甘。

五月肥田禾花開，咬緊牙關莫自嗟，雖然祖傳無恆產，勤勞
白手可成家。

六月割禾穀滿倉，屋裡屋外忙又忙，曬穀又怕天落雨，又驚阿妹麼來往。

七月黃麻節節高，今年麻價特別好，黃麻搓繩條條捆，越捆阿妹心越牢。

八月花生香噴噴，阿哥想妹妹想郎，為了結成連理夢，鈍刀切菜愛缸幫（作）。

九月蕃薯甜沁沁，倆儕愛情真又真，莫看米篩千隻眼，要項蠟燭一條心。

十月芋頭收成多，農民口裡笑呵呵，我倆若能成雙對，合掌唸聲阿彌陀。

冬月柑桔個個黃，同將心事告親娘，我非你來不想娶，你非我來不嫁郎。

臘月準備過年忙，男女老幼喜洋洋，盼望大年三十到，兩人成雙比鴛鴦。

此例是用月份形式，配合農家歲時的農事與特色作為起句，除了引出下文外，透過月份與日常易見事物之間互相搭配作為呼應，如「七月黃麻節節高，今年麻價特別好」起首一句與承接之句為有意義的關聯，就是一種「起勢」，隨口開了頭，主要是一種即事之句，不在取義，目的在引出真正所要表達的意義，首句的作用就是借物為歌謠做一開頭。這裡第一章「正月犁田天氣冷，阿哥想妹唔敢聲，只有埋頭來耕種，希望早稻收滿棚。」首句其實意義不大，只是透過天氣冷這個概念，在寒冷的天氣獨自工作，想到自己對妹的思念，只能埋頭苦幹，希望能豐收，才有能力迎娶心愛的女子。全首無論是「八月花生香噴噴」或是「九月蕃薯田沁沁」、「十月芋頭收成多」，透過這種「豐收」的意象，就是為了最後的主旨，願「兩人成雙比鴛鴦」。

〈賣菜歌〉

正月賣菜蘿蔔甜，阿哥同妹去進城，路途遙遠要唱歌，歌唱
起來腳就輕。

二月賣菜豌豆鮮，行行走走又一天，有倕阿哥同一路，行情
唔好當賺錢。

三月賣菜甕菜長，阿哥同陣好商量，青梅竹馬情難捨，皇天
莫負兩情長。

四月賣菜有生薑，五更雞叫就起床，只望將來好日到，甜酸
苦辣也愛嚐。

五月賣菜苦瓜青，輕言細語你聽真，莫看撈飛千隻眼，愛好
蠟燭一條心。

六月賣菜豆角青，阿姆問妹唔敢聲，佢講愛倕去臺北，嚇得
阿妹盡著驚。

七月賣菜南瓜黃，阿哥想妹妹想郎，一朝半日麼見面，行唔
安來坐唔安。

八月賣菜白菜靚，阿姆希望賺大錢，一心想妹去下海，盲奈
妹心銅鐵般。

九月賣菜芥蘭花，求貴學賤在自家，安貧守分稱淑女，賢妻
多不慕浮華。

十月賣菜芥菜來，阿哥愛妹不貪財，自古家貧出孝子，願撈
（和）阿哥做一堆（結連理）。

冬月賣菜芹菜高，兩人生意都棘好，有錢今日要儉用，節下
存起好防老。

臘月賣菜葫蒜香，新年來到人更忙，年三十日收齊帳，兩人
成雙睡新房

此例透過賣菜這種農家的日常行為，以月份配合當季盛產的菜類，
如正月配蘿蔔，三月配甕菜，七月配南瓜等等，歌謠的本身並沒有

刻意去營造任何特殊的感覺，主因在於賣菜是女子的工作，有情郎阿哥同行，腳步自然輕鬆。一邊隨口唱歌，歌中便寄託自己的心願，期待與阿哥能夠有情人終成眷屬。這裡就是首句與歌謠內容並沒有直接的關聯，但是由於是平常熟悉的事物，自然便於記憶，也容易引起共鳴。

　　由上各例可知客語聯章體歌謠的起興句都在句首，並帶有「即景句」的意義存在。同時歌謠中的首句通常會為第二句做準備，有引出下文的作用。然客語聯章體歌謠起興的使用，由於首句幾乎已經是固定形式，故除了月份和季節形式的歌謠常用起興的手法之外，其餘比較不常見，以直接陳述的表現法較多。

　　在客語聯章體歌謠中，賦比興手法的運用，常常不是單一出現的，可以在鋪陳時兼用比喻，亦可比興共用，或是以興起，後用鋪陳。但就所收知客語聯章體歌謠資料來看，各篇在表現手法的運用上，仍是以「賦」的使用居多，有些幾乎全篇皆用。至於「比」則多出現在各篇中之部分章句，具有加強印象之用能。至於「興」的使用則較少，多半出現在各章的起始句，推就原因，客語聯章體歌謠的產生，雖有隨口而歌的即興成分，但由於其敘事成份高，同時聯章體歌謠的體式多半固定，因此起興的使用相較每章四句，每句七言的客家山歌來說，此種表現法相對較少出現。

　　總之，客語聯章體歌謠在藝術特質方面的種種特點，雖然僅是從語彙、修辭即表現手法三方面分析，即可知其充實豐富的題材與真摯的情感表現，往往需要與巧妙的語彙、修辭，和表現手法相互配合。民眾透過歌謠展現心中的喜怒哀樂，對生活的期望，美好的人物形象，對不公平的待遇產生反抗，歌謠為每一時期的民眾紀錄下生活的種種樣貌，對後人來說，除了作為了解前一時期人民生活的資料外，亦是屬於民眾生活歷史的一部份，彌足珍貴。

第七章　結論

　　客語聯章體歌謠為民間文學的一環，而民間文學作品，本身即具備了深刻的思想內容和獨到的藝術形式。由於歌謠出於民間，最接近民眾的生活，並富有生活氣息，為此魯迅曾說「大眾並無舊文學的修養，比起士大夫文學的細緻來，或者會顯得所謂『低落』的，但也未染舊文學的痼疾，所以他又剛健、清新。」誠如魯迅所言，民間歌謠不曾受到如同士人詩歌一般諸多的限制，反而能隨心所欲的歌唱，不是板著臉孔說教的形式，也並非裝腔作勢、惺惺作態，反而更表達民眾的心聲，使人感到無比的親切。

　　長久以來，提到「客家」，第一個聯想到的就是「客家山歌」，「客家山歌」幾乎已經成為客家文化的特徵。因此，本文針對客語民間歌謠中的「聯章體」歌謠，進行資料的收集與整理，進而探討「客語聯章體歌謠」在內容、形式、藝術特質等方面的表現。其中最重要的目的就是希望從對客語聯章體歌詞的分析，進而了解客語聯章歌謠的價值意涵呈現的方式。其次經由進一步探究客語聯章歌謠與歷史、社會、語言之間的關聯，及與民眾生活的互動。透過此種特定形式的客語聯章體歌謠，進行同一主題類型的歌謠比較，歸結出與作家文學的不同，又能呈現出民間文學在浪漫精神與務實態度相結合之下，所透顯的智慧與巧妙才情。因此透過文獻整理結果分析，我們可以得出以下結論：

一、內容方面

　　根據整理文本分析，客語聯章體歌謠在內容方面是多采多姿的，其反映民眾生活的層面也相當廣泛。本文在內容方面分為三大部分：一為歌謠中的愛情與生活，二為歌謠中的歲時與習俗，三為歌謠中的歷史與時事。

　　首先針對客語聯章體歌謠中的愛情和生活而言，愛情原本即為生活的一部份，由於情歌在客語聯章體歌謠中數量較多，因此在內容方面愛情是客語聯章歌謠中的重要主題。其中除了女子的相思之情外，所有人類在情感上會遭遇到的轉折，如愛戀、分離甚至是守寡，客語聯章體歌謠皆有仔細的勾勒，呈現出人們當時心緒上的起伏，或者是對情感的滿足、眷戀，抑或是怨懟與遺憾。由於所陳述的皆為平常人之愛情，故唱之聽之，都熟悉得有如自己的經歷一般，自然能引起共鳴。

　　在生活歌方面，敘述的範圍很廣泛，舉凡社會上對民眾規範的共識、生活中所產生的問題、工作中的反映的苦澀甘甜，以及日常娛樂等等，無一不能入歌。這個部分客語聯章體歌謠構思並不複雜，對民眾生活面貌多樣化的反應，表現得相當真實而且貼切，不僅能夠反應民眾的生活，又具有教育的意義。

　　在客語聯章體歌謠中的歲時習俗歌部分，我們可以清楚的知道客家人對於節慶的態度，及對日常風俗習慣的遵守，並在行為表現上有具體的實踐與依循。透過歌謠的紀錄，我們得知每個節慶和節氣，都有民眾的身影在其中，不會將民眾獨立於外。透過生育、婚喪歌一類的歌謠，可以讓一般民眾明白從出生、嫁娶到死亡，人的一生所需歷經的種種階段所配合的儀式禮俗，不僅只需行禮如儀，

背後仍包含著先民生活經驗的累積。同時從刻畫習俗的聯章歌謠中，也反映出像入贅這種特殊婚俗所造成的不幸，雖然目前的時空環境已有所不同，入贅的情形也相當少見，但透過歌謠的紀錄，其所表現的辛酸心情，在在都值得同情與深思。故歲時習俗在客語聯章體歌謠上的表現，實為後人紀錄保存了當時民眾以節慶習俗作為生活作息依歸的痕跡。

　　至於歷史和時事部分，客語聯章體歌謠有一部份為對歷史的敘述與紀錄。這部分首先反映出民間故事與戲曲，皆是活在人民的口中，同時透過歌謠與戲劇的傳布，忠孝節義與追求自由愛情都同樣的成為民眾意識的一部份，亦為民眾吸取知識的來源管道。此外關於客家人獨有的歷史經歷，無論是敘述客家人渡海來台或走番南洋，歌謠表面雖然看到的只是夫妻分離，實際上中間夾雜許多客族移民過程的辛酸。因此透過這些歌謠，可以讓民眾一代代皆能記得這段歷史事蹟。

　　再者，歌謠與歷史與社會的關聯性，無論是記敘客族械鬥的吳阿來事件，或是中部地震，除了在歷史層面留下痕跡之外，更重要的是記錄了當時社會上的反應，對行為的贊成與否，或是民眾血濃於水的同胞互助精神等等，都是敘事歌謠中最大的價值與意義所在。由此可知民間歌謠的宣傳、教育與娛樂作用，對於當時知識尚未全面普及的時代，實為民眾知識來源的管道之一，並且能作為民眾日常生活中的調劑與慰藉。這種「寓教於樂」的方式，賦予民間歌謠更高的藝術價值與生命力，在時代的洪流中，依然綻放著屬於它的光芒。

　　在時事部分，主要呈現的重點在民國三十八年後政府撤退來台期間，政府與民眾反共意識高漲，在當時國家風雨飄搖的氣氛下，愛國主義興盛，反映在歌謠中，無論什麼情況以國家興亡為己任，置個人死生於度外的情操，是大家一至的信念。除了可見此類歌謠的時代意義，同時也展現出歌謠傳播資訊的作用。

二、體式方面

　　一般而言，大眾對於客語民間歌謠的印象都停留在「七言四句」這個概念中。透過對客語聯章體歌謠的研究，可知聯章體這種載體較大的歌謠，因為便於敘事與抒情，在早期是有其重要性的。雖然一般山歌以七言四句為主，但這類聯章體歌謠應該也是客語民間歌謠重要的形式之一。

　　透過對客語聯章體歌謠的分析得知，「四季調」、「五更調」、「月令調」、「十二時辰」、「數目調」等形式，本身就為客語民間歌謠的體制帶來多樣豐富的變化，與生動活潑的節奏感。以上這些聯章體歌謠，依「四季調」、「五更調」、「月令調」、「數目調」與「十二時辰」等本身在形式上的限制，各篇分別以四章、五章、十二章為正格，至於「數目調」中各篇以十章組合居多。

　　在各章句式方面，以齊言正格形式：每章四句，每句七字，共二十八字，為正格。在所收集的客語聯章體歌謠中，以正格出現的歌謠，佔全體的三分之二。其中細部的章法句式結構中，首先可分齊言與雜言兩部分。齊言方面，「四季調」並無雜言型式，同時例外的變例很少，只出現兩種情形，一是在「春、夏、秋」之後接「十月」起首的一章歌謠；另外則是在春夏秋冬四章歌謠之後，又附加四章歌謠。

　　在「五更調」客語聯章體歌謠，在齊言變例不多，除了將原來每章四句擴充為每章八句之外，偶爾會在全篇五章的規則中，例外的多重複一章以「五更」為首的歌謠，使之成為六章；或是多加一章「六更」，忽視一夜只有五更的情況；亦有在五章歌謠另加五章。較為特殊者，是二篇歌謠在題目上即出現連續的情形，如〈嘆五更〉

和〈又嘆五更〉。至於在雜言方面，五更調形式的客語聯章體歌謠出現每篇五句和每篇二十句以上，字數不等的兩種聯章體歌謠。以五更調來說，這些變例與雜言歌謠，所佔比例仍不多。

在月令調方面，可分為十二月與單月排序二種，同時因為月令與時序相關，並且在客語聯章體歌謠中屬於時辰與特定時日的歌謠較少，故將十二時辰歌謠與春節歌類歸入此類。其中單月排序、十二時辰歌與春節歌全部都屬於正格，十二月排序形式大部分也是正格，但其中出現少數齊言變例和雜言形式。在齊言變例方面，這裡出現了罕見的二句式以及五句式歌謠。在雜言方面重要的是出現了每章五句，字數為三七言夾雜者。

至於數目調歌謠方面，由於所佔比重超過所收客語聯章體歌謠的二分之一強，故在各章句式方面，齊言變例與雜言型式歌謠的出現較多。在齊言變例方面，出現了齊言五句和齊言六句的之例；在雜言方面，數目調歌謠出現相當比重的三七言夾雜情形，分別為「三、七、七、七」；「三、三、七、七、七」；「三、七、七、七、三、七」；「七、七、七、七、三、七」；「三、三、七、七、七、七」等，這種三七言組合句式的出現，除了證明客語聯章體歌謠在句式方面的多變外，在民間歌謠中，三七言組合的歌謠是相當重要的形式，於此亦證明客語聯章體歌謠在體式方面，與各地的民間歌謠詩律表現雷同。

在押韻方面，客語聯章體歌謠通常不受限制，以二、四句押韻最多，第一句也可押韻，偶有出現四句全押韻、四句皆不押韻，或只押一、二句、只押三四句，間或一、四句押韻等等情形，且不避重字種種特質，實能改變一般人對民間歌謠平淡枯燥重複的看法。

在套語和補字補詞的使用方面，運用相當頻繁。由於聯章體的限制，「套語」的運用，形成了客語聯章體歌謠的特色，同時套語

出現的位置不定，以出現在句首和句中較多。至於補字補詞的使用，在客語聯章體歌謠中也普遍運用，尤其在所收之五更調形式歌謠中，出現最多。補字與補詞的使用，實字虛字皆可，同時其功能在連貫句意外，並能展現歌者隨機即興的文才。

在客語聯章體歌謠中，最難得的是出現二句型、六句型歌謠組合，五句式亦不少，配合其他雜言類型的章句結構，除豐富了客語聯章體歌謠的句式之外，可見客語民間歌謠並沒有獨立於整個中國民間歌謠體系之外。或許在流傳過程中，曾受到一些識字的民眾進行改動，但客語聯章體歌謠的章法句型如此多變化，足以打破一般人對客語民間歌謠少有變化的刻板印象。

三、藝術表現方面

關於客語聯章體歌謠藝術表現方面的特質，首先在語彙方面，重疊詞與常用詞彙的運用，豐富了歌謠的語詞。在客語聯章體歌謠中出現的重疊詞，共有 AA 式、AAB 式、ABB 式、AABB 式、ABAC 式、ABCB 式等六種，其中又可由 A 或 B 詞性的不同，呈現出不同的詞性和組合，有名詞、形容詞、動詞、象聲詞、量詞等。大體而言，客語聯章體歌謠重疊詞的運用以 AAB 式和 ABB 式最為頻繁，其中 ABB 式重疊詞在客語聯章體歌謠中約出現近百次，而 A 以動詞最多，名詞次之，形容詞又次之。客語聯章體歌謠重疊詞除了加強語氣的作用之外，常附加了「每一」、「泛指」、「程度輕重」等意義，同時重疊的運用也可以增進聲音的抑揚起伏，形成和諧的韻律，為客語聯章體歌謠在語言上重要的表現方式之一。

其次由於使用方言所造成意義的形象化，也讓歌謠的娛樂效果與生動性更為突出，也使一般民眾容易接受和學習。在客語聯章體

歌謠常見的詞彙中，名詞方面計有二十四例、動詞方面計有二十七例、形容詞方面計有十三例，其他尚有助詞和量詞等。此外客語聯章體歌謠中亦出現民眾常用的俚語和熟語運用，透過獨特的方言語彙，若了解此類語言特性，便能輕易體會歌中的比擬，有如親眼所見、親耳聽聞。這些在語言方面的特色，除了豐富客語聯章體歌詞的內容外，並能增強歌謠的語言使用的靈活性。

　　在修辭方面，民間歌謠原本就不刻意去做修飾，但不刻意並不代表不用修辭。事實上用現代的修辭名詞與定義去檢視客語聯章體歌謠，無論是誇張、擬人、排比、雙關種種，都有熟練的運用，使得句子在平鋪直敘之外，都有一種神來之筆，使人眼睛為之一亮，亦加強了歌謠的趣味性與形象性。

　　在描寫手法上，中國歷來基本的表現手法賦、比、興，在客語聯章體歌謠中也有很好的運用。透過「賦」，即鋪陳與白描的手法，客語聯章歌謠清楚的勾勒出事件的緣由，對人物與身邊其他的景物，也在恰當的位置有適切的出現。尤其是在敘事長歌中，不只記錄了時間、地點與人物，還把每一個場景做了很好的銜接，並有畫面與意象的跳躍，製造了緊張氣氛，也製造了溫馨或感傷的場面，可見歌謠描寫技巧的高妙。同時在敘述的過程中，客語聯章體歌謠由必須透過口唱，故通常使用第一人稱的敘述方式，表達自身的感受、願望與疑問。其次透過「比」的手法，以大眾熟知的事物來作為比喻，可使欲表達的內容更容易為人所了解，故在歌謠中相當常見。第三在起興方面，一般而言比興不太容易分辨，但托物起興是民間歌謠常用的手法，在即興創作時以印象中的概念，或當時眼所見耳所聞的人事物做一起首，可以有意義，也可以只是最引出下句的橋樑，都是民間歌謠運用純熟的方式。此三種方式的表現，大體而言可以各自獨立使用，但這種情形較少。大部分是同時使用兩種或兩種以上的手法，交互使用，製造歌謠情節的變化與高潮。其中

由於客語聯章體歌謠敘述性很高，因此在「賦」的使用情形上，是高於比、興二者的。

四、關於歌謠的異文問題

　　民間文學與作家書面文學不同，它不一定只有一種定本流傳，在不同地區不同人口中，都有可能出現變化產生異文。這種異文出現的情形，在客語聯章體歌謠亦有出現。在所收的歌謠中，有一些是內容相當類似，但有所出入者，舉例來說如〈十二月古人〉歌中的一句：「正月裡來是新年，抱石投江錢玉蓮，繡鞋脫踢為古記，連喊三聲王狀元。」，有些歌謠是唱「正月裡來是新年，玉石浮江雪玉蓮，脫得花鞋離苦去，連哭三聲王狀元。」，也有唱「正月裡來是新年，揭石偷光煎肉圓，奪下花鞋為憑記，連叫三聲王狀元。」等等，最大的差異在第二句。面對這種異文，只好先選擇一個較為完整的異文，將各種不同的說法加以比對，才不會產生誤解。這些異文足以證明客語聯章體歌謠是活動的，不是固定的，每個異文構成一個側面，透過異文的比對才能勾勒出作品的全貌。

五、關於客語聯章體歌謠的音樂

　　本論文在進行論述的過程中，並沒有去觸及音樂方面的問題，一方面是因為之前已有研究者專就客家民謠進行音樂性的研究工作，並有很好的成績。另一方面是因為本身個人的學養及時間的因素，故只好將這個問題於此約略說明，期待日後再進行研究。

　　客語聯章體歌謠本來就是用口唱，故音樂也是不可忽視的一環。目前所存的客語聯章體歌詞大部分並沒有紀錄曲譜，通常這些歌詞可以用客家山歌之三大調：老山歌、山歌子、平板來演唱，但是是否曾經有過特定配合歌詞的曲調，目前除了有紀錄的小調（如賴碧霞、楊兆楨書中所記載，與《客家歌謠專輯》後附錄的曲譜）之外，已不得而知。至於一些有志於從事客家音樂方面的人士如劉晏良，就有許多針對客語民間歌謠進行改編或新創的曲譜。

　　目前傳唱的一些客語民間歌謠，有部分是從三腳採茶戲中摘錄出當時受大家喜愛的片段所演變而來，但三腳採茶的歌曲中，韻板、轉板等等技巧要能夠很圓滑，對一般民眾來說並不容易，因此目前所流行的民間歌謠，仍是一般人較易學者。故地方小戲與民間歌謠的關聯，也是研究中值得關注的層面。

六、關於客語聯章體歌謠的採錄與保存

　　民間歌謠屬於音樂文學，其包括兩部分，即音樂與唱詞。在久遠的流傳時間裡，因其口傳性或變異性，改變了音樂原本的面貌，或是因為失傳而導致音樂的旋律從此湮滅，保存的工作就益發顯得困難。民間歌謠研究能進行，采錄工作是最重要的一環，雖然先前已有許多有心之士從事采錄保存工作，但論文進行之初，筆者亦曾進行訪談，企求與現有書面資料文獻加以相互比較，豐富內容。事實上采錄所得呈現一個相當重要的現象，即是一般山歌容易得，但「聯章體」歌謠這類有特殊固定形式，篇幅又長的歌謠，限於記憶或所學，目前能唱、會唱的歌謠，也只賸目前書面已有記錄者，如〈十二月古人〉、〈思戀歌〉、〈病子歌〉等等，由此可凸顯民間歌謠

的珍貴與流失的速度成正比，益發顯現傳承的重要。同時也證明先前采錄者與研究者的遠見與成就，具有極大的貢獻。

此外筆者進行訪談的過程中，從客家民謠老師葉維國先生處，得聞目前已較少人唱的哭喪歌調。因為場合及調性之故，一般人對這類歌也比較陌生，同時在目前得見的客語歌謠紀錄中，儀式歌部分的唱法似乎未見紀錄，但在客語聯章體歌謠中有一部份是數於此類型的歌詞，故筆者能聞此類歌謠的唱法，亦感彌足珍貴。

本論文從以上幾個角度來檢視客語聯章體歌謠，面對客語聯章體歌謠的大課題，似乎有如以管窺天。雖然目前已關注了客語聯章體歌謠在內容、體式與藝術表現等三方面的特質，但其中尚有若干問題，如聯章體歌謠與採茶戲、歌謠中的歷史與民眾教化的關聯、歌謠呈現出的社會性在當時環境中的社會意義、客語聯章體歌謠哭喪歌與民間宗教的關聯等等，都是值得再深入研究的部分。

參考文獻

壹、主要論著

丁文倩，1997《元散曲重疊詞研究》，國立中正大學中國文學研究所碩士論文。

不著撰者，客語說唱戲文抄本，新竹：竹林書局。

中原週刊社客家文化學術研究會編，1992《客話辭典》，苗栗：臺灣客家中原週刊社。

方美琪，1992《高雄縣美濃鎮客家民歌之研究》，台灣師範大學音樂研究所碩士論文。

牛郎搜錄，1957《客家山歌》，國立北京大學中國民俗學會民俗叢書。

王昆吾，1996《隋唐五代燕樂雜言歌辭研究》，北京：中華書局。

王金連，1952〈客家山歌輯注〉，台灣文獻專刊 3 卷 1 期。

王耀華、劉春曙，1989《福建南音初探》，福建：福建人民出版社。

王耀華，1995《客家藝能文化》，福建：福建教育出版社。

古旻陞，1993《台灣北部客家民謠之民族音樂學研究》，中國文化大學藝術研究所碩士論文。

古國順，1994〈客家歌謠的本質與語言藝術〉，收入《客家語研討會論文集》，清華大學語言學研究所。

任半塘編著，1955《敦煌曲初探》，上海：上海文藝聯合出版社。

　　　　　1987《敦煌歌辭總編》，上海：上海古籍出版社。

朱自清，1982《中國歌謠》，香港：中華書局。

江明惇，1991《漢族民歌概論》，上海：上海音樂出版社。

吳美雲總編輯，1989、1990《台灣的客家人專集》，漢聲雜誌 23、24 期。

吳榮順，1999〈六堆客家人與客家八音〉，傳統藝術研討會單篇論文，國
　　立傳統藝術中心主辦（1999 年 5 月）。

吳瀛濤，1996《臺灣諺語》，台北：台灣英文出版社。

呂訴上，1954〈台灣流行歌的發祥地〉，台北文物 2 卷 4 期。

　　　　　1992《台灣電影戲劇史》，台北：銀華出版部。

李泳集，1996《性別與文化：客家婦女研究的新視野》，廣東：廣東人民
　　出版社。

周作人等編，1970《北京大學歌謠周刊》，台北：東方文化書局。

周宗賢，1986《台灣的民間組織》，台北：幼獅文化事業公司。

周振鶴等，1997《方言與中國文化》，上海：上海人民出版社。

周純一，1989〈桃花搭渡研究〉，民俗曲藝 58、59 期。

拙緣，1989〈熬樟腦〉，民俗曲藝 60 期。

林二等編，1984《台灣民俗歌謠》，台北：眾文圖書公司。

林仁昱，1995《唐代淨土讚歌之形式研究》，國立中山大學中國文學系碩
　　士論文。

林明輝，1997《梁祝戲曲與音樂之研究》，高雄：復文圖書出版社。

林美清，1982《梁祝故事及其文學研究》，台灣大學中文研究所碩士論文。

林滿紅，1997《茶、糖、樟腦業與台灣之社會經濟變遷（1860-1895）》，
　　台北：聯經出版事業公司。

邱春美，1993《台灣客家說唱文學傳仔的研究》，逢甲大學中文研究所碩
　　士論文。

邱燮友，1993《中國歷代故事詩》，台北：三民書局。

金賢珠，1983《唐五代敦煌民歌》，台北：文史哲出版社。

段伶，1998《白族曲詞格律通論》，雲南：雲南民族出版社。

段寶林等主編，1987《民間詩律》，北京：北京大學出版社。

　　　1991《中外民間詩律》，北京：北京大學出版社。

　　　1999《古今民間詩律》，北京：北京大學出版社。

段寶林，1997《立體文學論》，台北：文津出版社。

　　　1998《中國民間文學概要（增訂本）》，北京：北京大學出版社。

胡泉雄，1980《客家民謠與唱好山歌的要訣》，台北：育英出版社。

　　　1981《客家山歌的意境》，台北：育英出版社。

胡紅波，1976〈「五更調」俗曲曲詞的蛻變〉，成功大學學報 11 卷。

　　　1977〈論歌謠之「雙關義」〉，成功大學學報 12 卷。

　　　1995〈由民間文學觀點看《思想起》的演化〉，《台灣文化發展與變遷學術研討會論文集》，1995 年 4 月。

　　　1998〈台灣月令格聯章歌曲〉，收入《台灣民間文學學術研討會論文集》，台灣省政府文化處發行。

　　　1998〈南北二鍾與山歌〉，收入《民間文學與作家文學研討會論文集》，新竹：清華大學中文系。

胡萬川編，1994《石岡鄉客語歌謠》，豐原市：台中縣立文化中心。

　　　1994《東勢鎮客語歌謠》，豐原市：台中縣立文化中心。

胡萬川，1997〈從歌謠到流行歌曲－一個文化定位的正名〉，收於《首屆台灣民間文學學術研討會論文集》，台灣省礦溪文化學會發行。

范文芳，1998〈台灣客家民間歌謠中的詩詞表現〉，客家民俗文化研討會單篇論文，桃園：中央大學客家文化研究中心（1998 年 5 月）。

徐正光編，1991《徘徊於族群和現實之間》，台北：正中書局。

　　　1994《客家文化研討會論文集》，台北：行政院文化建設委員會。

徐進堯編著，1984《客家三腳採茶戲的研究》，台北：育英出版社。

張祖基等著，1986《客家舊禮俗》，台北：眾文圖書公司。

張紹焱編，1983《客家山歌》，苗栗縣全民精神建設叢書。

張菼，1969〈同籍械鬥的吳阿來事件〉，台灣文獻 20 卷 4 期。

張禎娟，1993《台灣時令歌謠初探》，台灣師範大學音樂研究所碩士論文。

張奮前，1967〈客家民謠〉，台灣文獻 18 卷 4 期。

曹甲乙，1955〈台灣婚俗一瞥〉，臺灣文獻 6 卷 3 期。

陳支平，1997《客家源流新論》，廣西：廣西教育出版社。

陳本益，1994《漢語詩歌的節奏》，台北：文津出版社。

陳雨璋，1985《客家三腳採茶戲：賣茶郎之研究》，台灣師範大學音樂研究所碩士論文。

陳建中，1981〈談客家民謠〉，民俗曲藝 5 期。

　　　　1982〈從民歌的沒落看客家民歌的去向〉，民俗曲藝 16 期。

陳健銘，1989《野台鑼鼓》，板橋：稻鄉出版社。

陳逸君主編，1998《台灣客家關係書目與摘要－專書、論文、研究報告類》，南投：台灣省文獻委員會，1998 年 10 月。

陳運棟，1989《台灣的客家人》，台北：台原出版社。

　　　　1991《台灣的客家禮俗》，台北：臺原出版社。

　　　　1992《客家人》，台北：東門出版社。

陳運棟編著，1992《台灣的客家禮俗》，台北：臺原出版社。

彭素枝，1995《台灣六堆客家山歌之研究》，台灣師範大學國文研究所碩士論文。

　　　　1997〈台灣六堆客家山歌之表現〉，收入《首屆台灣民間文學學術研討會論文集》，台灣省礦溪文化學會發行。

　　　　1998〈從六堆客家山歌到文人山歌之初探〉，收入《民間文學與作家文學研討會論文集》，新竹：清華大學中文系。

曾光雄總編輯 1994《客家情懷九腔十八調》，苗栗：苗栗縣立文化中心。

曾瑞媛，1993《桃竹苗客家童謠之研究》，台灣師範大學音樂研究所碩士論文。

黃子堯，1997〈台灣客家民間文學〉，收入《首屆台灣民間文學學術研討會論文集》，台灣省礦溪文化學會發行。

黃心穎，1998《臺灣的客家戲》，台北：臺灣書店。

黃菊芳，1999《〈渡子歌〉所反應的文學及文化內涵》，政治大學中文研究所碩士論文。

黃恆秋編，1993《客家台灣文學論》，苗栗：苗栗縣立文化中心。

黃得時，1952〈台灣歌謠之型態〉，台灣文獻專刊 3 卷 1 期。

1955〈台灣歌謠與家庭生活〉，台灣文獻 6 卷 1 期。

黃新發總編輯，1994《客家歌謠選輯》，苗栗：苗栗縣政府出版。

黃榮洛，1997《台灣客家傳統山歌詞》，新竹：新竹縣立文化中心。

1997《渡台悲歌》，台北：臺原出版社。

黃慶萱，1992《修辭學》，台北：三民書局。

楊兆楨，1974《客家民謠九腔十八調的研究》，台北：台北育英出版社。

1979《客家民謠》，台北：天同出版社。

1982《台灣客家系民歌》，台北：百科文化事業股份有限公司。

楊佈光，1983《客家民謠之研究》，台北：樂韻出版社。

楊克隆，1998《台語流行歌曲與文化環境變遷之研究》，台灣師範大學國文研究所碩士論文。

楊國鑫，1998〈客家三腳採茶戲〉，收於台灣客家公共事務協會主編：《新个客家人》，台北：臺原出版社。

1998〈台灣客家創作歌曲的形成與發展〉，客家民俗文化研討會單篇論文，桃園：中央大學客家文化研究中心（1998 年 5 月）。

楊蔭瀏，1997《中國古代音樂史稿》，台北：大鴻圖書有限公司。

楊熾明，1992《台灣桃竹苗與閩西客家民歌之比較研究》，台灣師範大學音樂研究所碩士論文。

1998〈台灣客家戲曲文化現況之探討〉，客家民俗文化研討會單篇論文，桃園：中央大學客家文化研究中心（1998 年 5 月）。

廖素菊，1967〈台灣客家婚姻禮俗之研究〉，臺灣文獻 18 卷 1 期。

廖漢臣，1960〈彰化縣之歌謠〉，臺灣文獻 11 卷 3 期。

臧汀生，1980《臺灣閩南語歌謠研究》，台北：臺灣商務印書館。

趙景深，1959《明清曲談》，北京：中華書局。

1986《中國戲曲叢談》，山東：齊魯書社。

劉守松，1981《觀光日記與客家民謠》，新竹：先登出版社。

劉美枝，1999〈臺灣客家小調音樂初探〉，茶鄉戲韻─海峽兩岸傳統客家
戲曲學術交流研討會單篇論文，台灣省政府文化處主辦。

葉維國，1998《客家民謠研進會研習教材》，自印本。

鄭志明，1987〈台灣勸善歌謠的社會關懷〉，民俗曲藝45、46期。

鄭阿財，1984〈敦煌寫卷定格聯章「十二時」研究〉，木鐸第10期。

1987〈敦煌寫本定格聯章「百歲篇」研究〉，木鐸第11期。

鄭榮興，1983《台灣客家八音之研究─由苗栗陳慶松家族的民俗曲藝探討
之》，台灣師範大學音樂研究所碩士論文。

盧佑俞，1993《台灣閩南歌謠與民俗研究》，台灣師範大學國文研究所。

賴建銘，1958-1960〈清代台灣歌謠（上中下）〉，台南文化6卷1、4期，
7卷1期。

賴碧霞，1983《台灣客家山歌─一個民間藝人的自述》，台北：百科文化
事業股份有限公司。

1993《台灣客家民謠薪傳》，台北：樂韻出版社。

賴澤涵主編，1998-1999《客家文化研究通訊》（創刊號、第二期），桃園：
中央大學客家文化研究中心籌備處。

戴興明等編，1994《客家文化論叢》，台北：中華文會復興運動總會。

謝一如，1997《台灣客家戲曲之流變與發展─從客家三腳採茶戲到客家大
戲》，中國文化大學藝術研究所碩士論文。

謝俊逢，1988〈台灣客家民俗音樂所代表的意義及其價值（上下）〉，民俗
曲藝55、56期。

1990〈客家的民謠〉，客家雜誌1990：1。

1990〈客家音樂的民族性〉，客家雜誌1990：4。

1990〈台灣客家老山歌與賽夏族矮靈祭歌研究〉復興崗學報 43 期。

1990〈客家山歌研究書目〉，民族學研究所資料彙編 3。

1992〈民俗文化中的民歌〉，復興崗學報 48 期。

1998〈台灣客家民間音樂的再發現〉客家民俗文化研討會單篇論文，桃園：中央大學客家文化研究中心（1998 年 5 月）。

謝樹新主編，1965-1981《客家歌謠專輯》（共 7 輯），苗栗：中原苗友雜誌社。

鍾敬文，1985《鍾敬文民間文學論集》，上海：上海文藝出版社。

1998《鍾敬文民俗學論集》，上海：上海文藝出版社。

鍾敬文編，1989《歌謠論集》（影印本），上海：上海文藝出版社。

羅香林，1992《客家研究導論》，台北：南天書局（臺灣版）。

羅肇錦，1996《台灣的客家話》，台北：臺原出版社。

1997〈無聲勝有聲－論台灣現代客語詩的反歌現象〉，收入《第三屆現代詩學術會議論文集》，彰化：彰化師範大學。

1998〈客家民間文學的界域〉，客家民俗文化研討會單篇論文，桃園：中央大學客家文化研究中心（1998 年 5 月）。

羅肇錦等編，1998《苗栗縣客語歌謠集》，苗栗：苗栗縣立文化中心。

譚元亨，1997《客家聖典》，廣東：海天出版社。

譚達先，1992《中國民間文學概論》，台北：貫雅文化事業有限公司。

貳、一般論著

（宋）胡寅，1993《崇正辯 斐然集》，北京：中華書局。

（宋）郭茂倩編，1996《樂府詩集》，北京：中華書局。

（明）馮夢龍、（清）王廷紹、華廣生編述，1987《明清民歌時調集》，上海：上海古籍出版社。

（清）杜文瀾，1984《古謠諺》，北京：中華書局。

（清）黃遵憲，1981《人境廬詩草箋注》，上海：上海古籍出版社。

（日）片岡巖（陳金田、馮作民合譯），1981《台灣風俗誌》，台北：大立
　　出版社。

（日）加地哲定著，劉衛星譯，1993《中國佛教文學》，高雄：佛光出版社。

（日）伊能嘉矩，1985《台灣文化志》（中譯本），台北：台灣省文獻委員會。

（日）鈴木清一郎著，馮作民譯，1994《增訂臺灣舊慣習俗信仰》，台北：
　　眾文圖書公司。

中國歌謠集成編輯委員會

　　　　　1992《中國歌謠集成廣西卷》，北京：中國社會科學出版社。

王文寶，1997《中國俗文學發展史》，北京：北京燕山出版社。

王秋桂編，1994《民族與民俗》，板橋市：稻鄉出版社。

曲彥斌編，1996《中國民俗語言學》，上海：上海文藝出版社。

朱光潛，1990《談文學》，台北：國文天地出版社。

吳同瑞等編，1997《中國俗文學概論》，北京：北京大學出版社。

吳宏一主編，1980《中國古典文學論文精選叢刊（詩歌類）》，台北：幼獅
　　文化事業公司。

李汝和編，1971《台灣省通志卷六學藝志藝術篇》，台北：台灣省文獻委
　　員會。

李家瑞編，1974《北平俗曲略》，台北：文史哲出版社。

肖馳 1993《中國詩歌美學》，北京：北京大學出版社。

孟守介等編，1990《漢語諺語詞典》，北京：北京大學出版社。

韋蘇文，1996《廣西民間文學》，廣西：廣西人民出版社。

張夢機，1984《近體詩發凡》，台北：臺灣中華書局。

　　　　　1997《古典詩的形式結構》，台北縣：駱駝出版社。

郭乃安，1986《民族音樂概論》，台北：丹青圖書公司。

陳益源，1997《民俗文化與民間文學》，台北：里仁書局。

陶立璠，1990《民族民間文學理論基礎》，北京：中央民族學院出版社。

曾永義，1988《詩歌與戲曲》，台北：聯經出版事業公司。

舒蘭編，1989《中國地方歌謠集成》，台北：渤海堂文化公司。

黃永武，1976《中國詩學》（思想篇、考據篇、設計篇、鑑賞篇），台北：巨流圖書公司。

葉春生，1996《嶺南俗文學簡史》，廣東：廣東高等教育出版社。

葉桂桐，1998《中國詩律學》，台北：文津出版社。

劉宏度撰，1979《宋歌舞劇考》，台北：世界書局。

劉烈茂、郭精銳主編，1993《清車王府鈔藏曲本・子弟書》，江蘇：江蘇古籍出版社。

劉復等編，1973《中國俗曲總目稿》，台北縣：文海出版社有限公司。

劉葉秋等編，1992《成語熟語詞典》，北京：商務印書館。

鄭振鐸，1996《中國俗文學史》，北京：東方出版社。

糜文開、裴普賢，1991《詩經欣賞與研究》，台北：三民書局。

鍾敬文，1996《民俗文化學》，北京：中華書局。

羅宗濤等著，1985《中國詩歌研究》，台北：中央文物供應社。

後記

韶光飛逝，面對這本初次踏入學術殿堂的舊作，著實感觸良多。

這本書稿的前身，是筆者十年前的碩士論文。回想當年就讀碩士班，選題過程中，正值台灣本土文化受重視之際，基於筆者的客家背景，以及對民間文學研究的興趣，於是近距離認識與思考與客家相關的議題，也開始投入心力探索屬於自己族群的歷史足跡，不僅試圖貼近自己的族群，並期待在書面文獻與田野資料中，感受先輩的呼吸與心跳。

這樣的起心動念，正巧趕上文建會傳統藝術中心籌備處第一屆的博碩士論文獎助，才能夠專心完成這本學位論文。相對過去的沉寂，現在客家族群受到的關注實不可同日而語，許多人為客家文化的延續貢獻心力，得見令人驚喜感動的創作與創意不斷湧現。回首十年前勢單力薄的客家研究，對照現今客家學的蓬勃發展，足見文化的薪火相傳，實有賴政府、學界與大眾共同努力，才能夠造就一片繁花盛景，並結成串串豐碩果實。

時間倏忽流轉，我也從廣袤的嘉南平原北返佇足於海濱，細小之泉水終要匯入一泓清潭之後，得以觀照澄明。

學術研究的道路上，得之於人者太多，鄭阿財教授與劉文起教授引領我走上研究的道路，並為我點上燈，他們的學養與身教，每每在我瀕臨燭光黯淡之際，得以添材加火，眼潤心熱。過程中感激不吝提攜後進的鄭榮興教授與羅肇錦教授，給予寶貴意見並惠賜相

關著作。還有一起從事客家研究並彼此勉勵的朋友們，這樣因研究
而牽繫的情誼，是溫暖而堅定的動能。

　　謝謝清雲科技大學許秦蓁副教授對本書的推薦，人生中能有互
相切磋學問與生活的好友，是一生最大的福分。其次是清華大學出
納組侯宜欣小姐，筆者的研究生涯如果沒有她在圖書資料方面長期
提供協助，不會小有成果。在秀威出版社主編蔡登山先生與執編蔡
曉雯小姐的幫忙下，這本塵封多年的書稿，歷經修改，得以用新的
面貌與讀者見面。

　　而，路正長……

　　衷心感謝一切的因緣際會，成就這本書的出版。

謝玉玲　謹誌

2010　仲夏

美學藝術類　AH0037

土地與生活的交響詩：
台灣地區客語聯章體歌謠研究

作　　者 / 謝玉玲
責任編輯 / 蔡曉雯
圖文排版 / 陳宛鈴
封面設計 / 陳佩蓉

發 行 人 / 宋政坤
法律顧問 / 毛國樑　律師
出版發行 / 秀威資訊科技股份有限公司
　　　　　114 台北市內湖區瑞光路 76 巷 65 號 1 樓
　　　　　電話：+886-2-2796-3638　傳真：+886-2-2796-1377
　　　　　http://www.showwe.com.tw
劃撥帳號 / 19563868　戶名：秀威資訊科技股份有限公司
　　　　　讀者服務信箱：service@showwe.com.tw
展售門市 / 國家書店（松江門市）
　　　　　104 台北市中山區松江路 209 號 1 樓
　　　　　電話：+886-2-2518-0207　傳真：+886-2-2518-0778
網路訂購 / 秀威網路書店：http://www.bodbooks.tw
　　　　　國家網路書店：http://www.govbooks.com.tw

2010 年 10 月 BOD 一版
定價：420 元

國家圖書館出版品預行編目

土地與生活的交響詩：台灣地區客語聯章體歌謠
研究 / 謝玉玲 著 -- 一版. -- 臺北市：秀威資訊
科技, 2010.10
　　面 ；　公分. -- (美學藝術類 ; AH0037)
　BOD 版
　ISBN 978-986-221-599-9(平裝)

　1. 客家民謠　　2. 臺灣

539.133　　　　　　　　　　　　99016786

讀者回函卡

感謝您購買本書，為提升服務品質，請填妥以下資料，將讀者回函卡直接寄回或傳真本公司，收到您的寶貴意見後，我們會收藏記錄及檢討，謝謝！如您需要了解本公司最新出版書目、購書優惠或企劃活動，歡迎您上網查詢或下載相關資料：http:// www.showwe.com.tw

您購買的書名：_____

出生日期：_____年_____月_____日

學歷：□高中 (含) 以下　　□大專　　□研究所 (含) 以上

職業：□製造業　□金融業　□資訊業　□軍警　□傳播業　□自由業
　　　□服務業　□公務員　□教職　□學生　□家管　□其它_____

購書地點：□網路書店　□實體書店　□書展　□郵購　□贈閱　□其他

您從何得知本書的消息？

　□網路書店　□實體書店　□網路搜尋　□電子報　□書訊　□雜誌
　□傳播媒體　□親友推薦　□網站推薦　□部落格　□其他_____

您對本書的評價：（請填代號　1.非常滿意　2.滿意　3.尚可　4.再改進）

　封面設計____　版面編排____　內容____　文／譯筆____　價格____

讀完書後您覺得：

　□很有收穫　□有收穫　□收穫不多　□沒收穫

對我們的建議：_____

_____

_____

_____

11466
台北市內湖區瑞光路 76 巷 65 號 1 樓

秀威資訊科技股份有限公司　　　　收
BOD 數位出版事業部

....
（請沿線對折寄回，謝謝！）

姓　　名：＿＿＿＿＿＿＿＿＿　年齡：＿＿＿＿　性別：□女　□男

郵遞區號：□□□□□

地　　址：＿＿＿＿＿＿＿＿＿＿＿＿＿＿＿＿＿＿＿＿＿＿

聯絡電話：(日) ＿＿＿＿＿＿＿＿＿　(夜) ＿＿＿＿＿＿＿＿＿

E-mail：＿＿＿＿＿＿＿＿＿＿＿＿＿＿＿＿＿＿＿＿＿